JN086076

Premiere
Collection

「働くわたし」を失うとき

病休の語りを聴く臨床心理学

野田実希 著

京都大学学術出版会

京都からの発信

　京都大学には，戦前の西田哲学に始まり，史学，文学，経済学，民俗学，生態学，人類学から精神医学にまで及ぶ極めて広汎な人文・社会科学の領域で，独創的な研究が展開されてきた長い歴史があります。今日では広く京都学派と呼ばれるこの潮流の特徴は，極めて強烈で独創的な個性と強力な発信力であり，これによって時代に大きなインパクトを与えてきました。

　今，全世界が新型コロナ感染症パンデミックの洗礼を受けていますが，この厄災は人々の健康と生命を脅かしているのみならず，その思考や行動様式にも大きな影響を与えずにはおきません。時代はまさに，新しい人文・社会科学からの指針を求めているといえるのではないでしょうか。世界では，イスラエルの歴史家ユヴァール・ノア・ハラリやドイツの哲学者マルクス・ガブリエルなどの若い思想家達が，この状況に向けて積極的な発信を続けています。

　プリミエ・コレクションは，若い研究者が渾身の思いでまとめた研究や思索の成果を広く発信するための支援を目的として始められたもので，このモノグラフの出版を介して，彼らに文字通り舞台へのデビュー（プリミエ）の機会を提供するものです。

　京都大学は指定国立大学法人の指定に当たって，人文学と社会科学の積極的な社会への発信を大きなミッションの一つに掲げています。このコレクションでデビューした若手研究者から，思想と学術の世界に新しい個性的なスターが生まれ，再び京都から世界に向けてインパクトのある発信がもたらされることを，心から期待しています。

第27代　京都大学総長　湊　長博

まえがき

　本書の出発点は，私の前職での経験に遡ります。私は現在，臨床心理士・公認心理師として，心理臨床実践，そして研究・教育に携わっていますが，臨床心理学を志す前は，国際関係の仕事に就き，社会人として働いていました。仕事を通して新しい知識を身につけ，人間関係や興味・関心の幅が広がっていったこともあり，時に残業時間が深夜や早朝に及ぶような激務のなかでも，仕事にやりがいを感じ，そうした自分に充実感を抱いてもいました。一方で，職場に行き，くたくたに疲れ果てて一日が終わり，次の日を迎える——そんな毎日が続くなかで，日々の時間や気持ちの大部分が，仕事に圧迫されていることに気づくようになりました。いつしか，この「わたし」という人間が，働くために存在しているような，そんな虚しい感覚に襲われることもたびたびありました。

　ちょうどその頃，日本でも「ワーク・ライフ・バランス」という言葉が広く聞かれるようになりました。これは，仕事（ワーク）と生活（ライフ）の調和を目指すという概念です。日本人は特に仕事に熱中しやすく，働きすぎる傾向にあると言われています。こうした概念が定着するほど，非常に多くの人が仕事中心の日々を過ごしている状況を物語っていたのかもしれません。しかし，一体何をもって仕事と生活が「調和」しているといえるのか，仕事と生活の調和を目指すとはどういうことなのか，そもそも仕事と生活を切り分けることができるのだろうか——そのような問題意識が，私の心の内に湧き上がってきたのでした。仕事のことを考えながら，自分自身を見つめるようになったのもこの頃だったように思います。

　人はその時々で，さまざまな「わたし」の姿を生きているといえます。たとえば，ある組織で役割を担う「わたし」，家族の一員としての「わたし」，誰かの友人である「わたし」，勉学に打ち込む「わたし」，何かに夢中になる「わたし」などです。時には，病いを抱える「わたし」や障害を感じる「わたし」など，苦難

に直面する「わたし」を経験することがあるかもしれません。そのように考えたとき，ふいに，働くなかで経験される「いま，このわたし」とは，どのような存在なのだろう，ということを問わざるをえなくなりました。忙しさに明け暮れて，「わたしとは何だろうか」という疑問をもたない日々は，意外と心穏やかに過ぎていくのかもしれません。それほど，私たちはさまざまな「わたし」を生きていて，そうした「わたし」から離れることが困難であるともいえるでしょう。どこかに所属しているとき，何かをしているとき，誰かとともにいるとき，私たちはその時どきの「わたし」を生きることから逃れることができないのです。

　それでは，働いているとき，人はどのような「わたし」を生きているのでしょうか。仕事は仕事，と割り切ることのできる人がいる一方で，仕事の悩みを抱えて心を病む人がいます。そうした心の問題を，第三者が精神論で説明しようとしたり，もしくは見て見ぬふりをするということも，実際に起きていることなのです。昨今，過労によるうつ病をはじめとした，働く人のメンタルヘルスが問題視されています。「うつは怠け」「病気になるまで働かなくてもいいのに」「心身の健康を管理するのも仕事のうち」という言葉が，本人に直接投げかけられることも少なくありません。しかし，心を病むまで働かざるをえないその人の背景に目を向けるとき，職場環境や個人の心理的な問題を超えて，「働くわたし」を含めた「わたし」の在りようが浮き彫りになってきます。就労形態がさまざまに変化し，過酷さを増す職業生活のなかで，本来的な「わたし」を生きるという感覚を大切にすることが，管理者側からも働く本人からも，忘れ去られてしまってはいないでしょうか。そして，そうした働く人の「わたし」の声に，一体，どれだけの人が耳を傾けることができているでしょうか。

　本書では，そうした問いを起点として，臨床心理学の観点から，メンタルヘルス不調による病休（病気休業）の体験を，働く人の語りから読み解くことを目的としています。それは，病いによる休職を，精神医学的観点に基づく疾病の問題や，産業精神保健の観点に基づく職場適応の問題だけに帰してしまうのではなく，個人の「わたし」という自己の観点から，病休体験への理解を試みようとするものです。臨床心理学，とりわけ心理臨床実践は，一人ひとりの個別性を重視しますが，そうした個別性の観点から病休体験を捉えつつ，職業人のメンタルヘルスの

問題への理解につなげていくことを目指します。本書はそのために，メンタルヘルス不調によって病休を経験した方にインタビュー調査を行い，質的研究という手法を用いてその語りの理解を深めていきます。また，実際に語られた語りをいくつか提示し，聞き手である私の理解を示しながら，病休の語りをどのように聴き，支援につなげていけるかを考えていきたいと思います。

　調査を進めるなかで印象的だったことは，インタビューを通した当事者の方とその語りとの出会いが，調査やデータという言葉では還元できない体験として私のなかに残っているということです。調査場面で語られた語りは，日常でなされる語りとも心理臨床における語りとも異なるのですが，そのどれもが，切実な響きをもって聞こえてきたのです。そこから，ひとが「語る」とはどのようなことであるのか，そして語りを「聴く」とはどのようなことであるのかという探究がはじまりました。そのため本書では，働く人の病休体験だけではなく，語りを聴きとるためのアプローチ，つまり質的研究という方法論を臨床心理学の観点から捉え直すことについても言及しています。この点は，臨床心理学の方法論に関わる記述ですが，こうした考察が，当事者の語りにどのように耳を傾け，理解していくのかを考えていくきっかけになれば幸いです。臨床心理学の専門的な事柄に関わる部分は，適宜，用語解説を加えたり，本文とは別に研究ノートという形で提示しています。

　本書は，私が前職で職業人として生きてきた「わたし」を越えて，しかしその体験を基盤としながら，臨床心理学という視点に基づいて病休の語りを聴く軌跡を辿るものでもあります。そこでは，私は当事者の語りの聞き手としてだけではなく，そうした語りを聞きとり，語ろうとする語り手にもなっています。

　病休によって「働くわたし」を失うとき，人は何を，どのように語るのでしょうか。その語りに耳を傾けるとき，当事者の人々の声が，病休理解と支援のために生きられる語りとなり，そこから読者の方々の「わたし」との対話が生じ，新たな語りが広がっていくことを期待しています。

目 次

序章 「働くわたし」への探究

1 働くことと自己

　働くことは生きること——。人生を 80 年とすると，人が仕事に従事する期間は約 40 年以上にもなり，じつに人生の半分以上を職業人として生きることになる。私たちは，一定の教育課程を終えると，ある特定の職業を選択し，職業人としての役割を担うことを期待されている。そして人は，社会のなかで「働くわたし」という，新たな自己側面を形成していくようになる。そうした職業的な自己像（自己イメージ）は，私たち一人ひとりのアイデンティティの根幹をなすといっても過言ではないだろう。しかし，職業領域に大きく依存した自己は，時として大きな揺らぎに晒されてしまう。

　職業は個人の自己と密接に関わり，自分が何者であるかというアイデンティティ，自尊心，身体的・精神的健康に影響を与えることが知られている[1]。もち

---

1) 代表的な例として，Dickie(2003)，Fossey & Harvey(2010)，Fryers(2006)，Kirsh(2000)，

1

ろん，何のために働くのか，自分にとって働くとは何であるのか，といった意味
づけは個々人によって異なるが，多くの人にとって，仕事は充実感を得たり自尊
心を満たす源になっているといえる。実際に，人は就労していないとき，自分を
無力で役に立たない存在であると感じたり孤独感を抱いたりするようである
（Fryers, 2006）。Saunders & Nedelec（2014）は，一時的もしくは長期的に就労困
難な状態にある人を対象とした先行研究を調査して検討を行ったところ，人は仕
事から離れている間も，一貫して仕事は重要であると考え，仕事や仕事に関わる
自己に新たな意味づけを行うことで，多くの人が働く動機をもち続けていること
を明らかにしている。

　こうした職業人としての在りようを Erikson, E. H.（1959/1982）の心理社会的ア
イデンティティから捉えると，職業人は主体的な現実存在としての「一人の人間
としてのわたし」であるはずなのだが，社会や職場のなかで承認され，期待され
るという社会的存在としての「働くわたし」をも生きているといえる。それゆえ
に，職業は単に生計の維持という目的や経済的な自立を意味するだけでなく，社
会の一員として位置づけられると同時に，そうした「わたし」という在りようを
自己規定する意味をもつのである。働くことと自己との関係について，Svendsen,
L.（2016/2016）は，働くことがいつの間にか自分自身のアイデンティティの核に
なってしまうことがあると指摘している。また，Blustein, D. L.（2006, 2013/2018）
は，働くことは他者とのつながりや自己決定の手段を得ることでもあり，人生の
なかで中心的な役割を果たすことがあると述べている。

　日本の文化・社会的背景においては，とりわけ職業が自己の在りようやアイデ
ンティティに影響を与えることが大きい。わが国に特有の発想として，働くこと
は自己表現や自己実現を可能にするという前提に基づき，「働くことは生きるこ
と」につながるという観念があると指摘する論もある（杉村，2009；橘木，2011）。
それと同時に，個人の仕事や組織に対する献身が伝統的な職業倫理に馴染んでい
ることも強調されている（Kawanishi, 2008）。昨今の産業構造や就業形態の変化に
ともない，働き方に対する意識が変わりつつあるといえども，終身雇用や年功序

Saunders & Nedelec（2014）らの研究がある。

列制度が残っていたり，企業のために骨身を削りながら働く企業戦士信仰が全く消えたわけではないことからも，伝統的な価値観が根強く残っていることがわかる。

2 働く人の心のいま

　現代の私たちは，急激な社会変化のただ中にある。目覚ましい速さで進むグローバル化・情報化や，少子高齢化による社会構造の変遷にともない，社会の価値やニーズは目まぐるしく変化している。その影響を受けて，産業構造や就業形態は常に変革を迫られ，働く人も絶え間ない変化に対応しなければならなくなった。生活は豊かで便利になる一方で，スピードや効率性，短期間での成果が今まで以上に求められ，現場での業務は過酷さを増している。加速度的に増加する仕事量やスピードに適応しきれず，強いストレスに苛まれてメンタルヘルスに不調[2]をきたす職業人の現状は，今なお解消されない社会的な問題となっている。

　厚生労働省は定期的に，職場のメンタルヘルスについての実態調査を行っている。2018 年度の調査では，現在の仕事や職業生活に関して強い不安や悩み，ストレスを感じている人は 58.0% にのぼり（厚生労働省，2019），実に過半数以上の人が精神的な負荷を抱えていることが示されている。過去の推移を見てみると，平成 27 年度は 55.7%，平成 28 年度は 59.5%，平成 29 年度は 58.3% といずれも半数を超えており，その割合は増加傾向にある[3]。

　一日の勤務時間を 8 時間とすると，人が仕事に携わる時間は，通勤時間を含め

---

2) メンタルヘルス不調は，「精神および行動の障害に分類される精神障害や自殺のみならず，ストレスや強い悩み，不安など，労働者の心身の健康，社会生活および生活の質に影響を与える可能性のある精神的および行動上の問題を幅広く含むものをいう」とされている（厚生労働省，2006）。本書では，「精神および行動の障害」について，気分障害や適応障害，ストレス関連障害などをはじめとした Common Mental Disorders（CMDs; Arends et al., 2014）に含まれる一般的な精神障害を指すものとする。
3) 平成 26 年度，平成 31 年度（令和元年度）は，当該項目の調査は実施されていない。

ると約 3 分の 1 以上を占めることになる。そのため，仕事で受ける強いストレス負荷が仕事以外の心の在りように影響を与えるのは当然であろう。そして悩みや不安が蓄積すると，うつ病やストレス関連障害などの精神障害が生じるのである。職場におけるメンタルヘルス不調によって職業人が休業・休職[4] に至るという事例は年々増加している。過去 1 年間に，メンタルヘルス不調によって連続 1 ヶ月以上休業した人の割合は 0.4% となっている（厚生労働省，2020a）。これは，雇用者数を 6004 万人とすると（総務省，2020），休業者は約 24 万人に及んでいるということになる。また，精神障害を理由とした労災請求件数も増加傾向にある。2019年度では 2060 件の請求件数が報告されており，前年度比 240 件の増加となっている（厚生労働省，2020b）。

　職業人の自殺も看過できない問題である。わが国における自殺者数は，1998 年以降，3 万人を超えており，「自殺者 3 万人時代」と言われてきた。2010 年以降は減少し続け，2019 年では 2 万 169 人となっている（厚生労働省，2020c）。その内，勤務問題を原因・動機の一つとする人は平成 29 年から 2 年連続増加していたが，令和元年は前年度比 69 人減少の 1949 人となっている。勤務問題の内訳を詳しく見てみると，「仕事疲れ」が約 3 割を占めており，その次に「職場の人間関係」が 2 割強，「仕事の失敗」が 2 割弱となっている。前述した実態調査（厚生労働省，2019）で示された「ストレス」の内容を見ても，「仕事の質・量」が 59.4% と最も多く，次いで「仕事の失敗，責任の発生等」が 34.0% となっている。このことからもわかるように，業務上の過重労働や心理的な負荷によって，職業人は身体的にも精神的にも追い込まれ，疲弊しているのである。

4）職業人がメンタルヘルス不調により会社を休む場合，一般的に，病気のために取得できる特別休暇としての病気休暇と，休職命令を受けての休職とに分けられる。休職中は一定期間，傷病手当金が支払われるが，それ以外に，給与などの金銭が一定期間にわたって支払われる場合がある（小林ら，2012）。本書では，特別な事情がある場合を除いては，便宜上，メンタルヘルス不調によって会社を休むことを休職と表記している。

3 働く人の心の問題はどのように考えられてきたか

　職業人のメンタルヘルスの問題は，19 世紀のイギリスやアメリカの産業革命以降から出てきている（たとえば Beard, 1869；Johnson, 1831 など）。加藤（2013）に拠ってこれを整理してみよう。1900 年前後の時点では，ドイツでもイギリスでも，仕事や職場はうつ病の発病要因としてではなく，中枢神経系のエネルギーが枯渇することで生じるとされる神経衰弱（Beard, 1869）との関連から論じられていた。産業革命の圧力下で人々が大量の仕事を課され，個人的な感情が抑圧される結果として生じる心身の緊張と過労に注目が集まっていたのである。文化の発展にともなう性急な進歩によって個人に課される要求が急激に増大し，そこに神経的な過重負担の原因が存在していると Kræpelin, E.（1913/1986）が述べていることからも，個人の心身に影響を与える社会的な要因が問題視されていたようである（加藤，2013）。

　その後，発病状況と個人のパーソナリティ特性との関連についての議論がなされるようになった。たとえば，1960 年から 70 年代のドイツでは，Tellenbach, H.（1983/1985）のメランコリー親和型論や Kraus, A.（1977/1983）の実存分析と役割分析論が提唱され，人間学・現象学的視点から，仕事に関連するうつ病や病前性格が論じられていた。そこでは，うつ病を患う人は几帳面で責任感が強く，秩序志向的な人物として記述されてきた。わが国でも，下田光造（1941）の執着気質論に代表されるように，個人的要因に目を向けることがメンタルヘルスへの着目のはじまりであった。

　現代では，職業人のメンタルヘルスの問題は，職場におけるストレス要因（社会的要因）か個人の要因（性別・年齢・性格等）かのどちらかではなく，両者の関連から論じられることが多い。ストレス学説を提唱した Selye, H.（1936）やそれを発展させた Lazarus, R. S.（1966）以降，職場でのストレス（職業性ストレス）要因とそれに対する個人の反応に目が向けられるようになった。職業性ストレスには，仕事のコントロール，量的・質的負荷，役割葛藤，対人葛藤，職場環境，作業条件などがある。職場におけるストレス反応モデルの一つに，米国労働安全保健研

究所（NIOSH）の職業性ストレスモデルがある（Hurrell & McLaney, 1988）。これは，職業性ストレス要因が個人的要因や仕事以外の要因，もしくは緩衝要因（職場の上司によるサポート等）を媒介変数としてストレス反応を引き起こすと考えるモデルである。

　実際に，職業性ストレス要因とうつ病や適応障害を含むメンタルヘルス不調との関連が指摘されている[5]。岡崎・加藤（2011）の研究では，過度の勤勉性や秩序志向性をもたない性格傾向の人であっても，業務上のストレス負荷を契機に，適応障害の側面が強い気分障害を発症することが示されている。加藤（2013）はこれを，職場での過重労働を発端として発症するうつ病として「職場結合性うつ病」と称し，19・20 世紀における神経衰弱や作業神経症（Kræpelin, 1913/1986）の病態水準からより深い段階へと進行した病態として位置づけている。ここでは，課せられた課題をこなさなければならないというプレッシャーや精神的な不安，身体的な疲労に加えて，課題を達成できないことから生じる挫折体験が主な要因として挙げられている。

　現在，社会的にも，職業人のメンタルヘルスの問題に対してさまざまな取り組みが行われるようになっている（詳細は第 1 章参照）。2000 年以降，新旧のメンタルヘルス指針をはじめ，休職者に対する復職支援も本格的な発展をみせはじめた。企業における昨今のメンタルヘルス対策を主眼とする立場からは，組織でのストレスマネジメント，すなわち疾病の発生予防や早期発見を目的とした研究も行われている[6]。そこでは，職業性ストレスやその対応策に関する研究に焦点が当てられている。また，2015 年には，従業員のストレスチェックの実施を義務づける制度[7]が導入された。このように，職業性ストレスとメンタルヘルスの問題への

---

[5] たとえば，加藤（2006），岡崎・加藤（2011），Wang（2005），Weinberg & Creed（2000）の研究などがある。

[6] 主として定量的研究が行われている。代表的な研究例として，Kawakami et al.（1992），Paterniti et al.（2002），Weinberg & Creed（2000）などがある。

[7] 通称，ストレスチェック制度。2015 年 6 月 25 日に公布された「労働安全衛生法の一部を改正する法律」において，新たに創設された。事業者に対して，従業員のストレスチェックと，その結果に基づいた医師による面接指導や相談の実施等を義務づける制度である。

関心はいっそうの高まりを見せている。しかし，メンタルヘルス不調を抱える職業人は依然として高水準で推移しており，問題解決に至るためのさらなる努力と工夫が求められている。

　それでは一体，どのような取り組みが必要なのだろうか。この問題を考えるうえで一つの重要な視点となるのが，冒頭で挙げた「働くわたし」という自己像であることを本書では描き出していきたい。働くことのなかに自己の成長や社会貢献を達成しようとしたり，生きがいを求めようとする在りようは，一人の人間としての「わたし」という自己全体に大きく関わり，メンタルヘルスにも影響を与えると考えられる。それゆえに，職業人のメンタルヘルスの問題を自己との関連から検討する必要があるだろう。しかしながら，職業人の心理的側面は，企業・組織における生産性や安全性といった観点から論じられる一方で，自己と職業との関連から論じられることは少ない。就労形態や労働環境がさまざまに変化するなかで，人はどのような「働くわたし」を生きているのだろうか。そして，「働くわたし」を失うとき，人はどのようなことを体験するのだろうか。これらの問いに答えていくことで，メンタルヘルス不調による病休の体験を明らかにしていきたい。

4 「わたしが働くこと」への問い

　「働くわたし」という自己について考えるために，人は働くことをどのように捉えているのか，という職業観について概観してみよう。他の誰でもない「このわたし」が働くということは，労働という行為としての側面だけではなく，個人の「わたし」という自己の在りように関わるものである。それゆえに，職業と自己との関連づけによって，働くうえで感じるストレスやその受けとめ方は異なるだろう。この点に関して，メンタルヘルス不調は，個人の労働観・職業観と深く関連することが指摘されている（廣, 2013）。また小此木（1993）によると，同等の作業負荷であっても，その仕事にやりがいや生きがいを感じて取り組む人と，仕事を生活の糧と割り切って別の事柄に喜びを見いだす人とでは，ストレスの大きさが

異なるとされている。

　人が働くことの位置づけは，時代や社会の価値観によって変化し，その是非が問われてきた。古代ギリシャでは，労働，特に身体的拘束をともなう肉体労働は，精神や思考の自由を妨げる卑しいものと見なされている。そこでは，強制的な活動か自発的な活動かによって決定的な区別がなされている。Aristotle（Rackham, 1932/1961）は，前者の労働は個人を隷属状態に置くものであり，人間が潜在的な可能性として有している徳の育成の妨げであると見なしていた。中世になると，キリスト教の教義に基づく価値観が支配的になるとともに労働観が変容し，労働は厄災である一方で義務と見なされるようになった。さらに近世に入ると，宗教改革や新約聖書の影響を受け，怠惰を悪とし倹約と勤勉を賛美する教えとも相まって，働くことは美徳であると見なされるようになった。こうした勤勉に基づく労働倫理は，近・現代にも受け継がれ，資本主義の発展に寄与したと言われている（橘木, 2011）。そして産業の興隆により，社会の要請を受け，労働は人間の本性との関連から語られるようになった。マルクス主義においては，働くことは生活の糧を得るために必要であることから，人間にとって必要な活動，すなわち人間の本質であると考えられている（Marx, 1844/1964）。

　わが国での職業観に目を向けてみると，仏教や儒教の思想による影響を強く受けているとする論がある（橘木, 2011；高橋, 2005）。橘木（2011）によると，仏教では，大仏の建立や土木などの事業を実行するにあたり，人に役立つ仕事と労働を「知識」として実感するように努め，働く意義を人々に会得させ，そのことが日本人の伝統的な奉仕の精神のさきがけとなったという。そこから，働くことは誰かに強制されるものではなく，個人の意思に基づいて他人の役に立つことをすることであると考えられるようになったと論じている。また，高橋（2005）が指摘するところでは，労働の美徳意識に加えて，かつての滅私奉公に基づく組織への帰属意識や仕事中心主義が日本人の職業観を形成してきたという。

　ドイツの哲学者・思想家である Arendt, H.（1958/1994）は，人間の基本的な活動を説明する際に，労働（labor）と仕事（work）とを区別している。Arendt（1958/1994）によると，「労働」は生きるための必然的な行動であり，「仕事」は製作をともなう行動である。この点について谷内（2007）は，職業は社会的役割を

担う人間の活動であり，労働や仕事とは異なるとする梅澤（2001）の論を進め，職業には，経済的報酬や社会的地位を与えられるという受動的側面だけではなく，個人が一定の社会的役割を引き受けて遂行するという能動的側面があると指摘している。ここから，人が職業に就いて働くことは，社会における生産活動の主体としての行為だけではなく，個人が社会との関わりのなかで「わたし」を規定するという，自己の在りようやその意識に関わる活動であるといえる。そのため本書では，職業は「わたし」[8]という自己の諸側面を意識づけるものであることを踏まえて，職業に従事する人を「労働者」や「被雇用者」ではなく，「職業人」と表記したい。

　資本主義への批判として，Marx, K.（1844/1964）は疎外論を打ち出し，労働において人が疎外されていることを問題提起している。Marx は，人は働くことを通して外界に何かを生みだし，それによって自分という存在を外的に顕現化させて自身の姿を認識できるが，疎外された労働においては人間性が奪われていることを強調した。精神分析・哲学の研究者である Fromm, E.（1956/1991）は，資本主義社会における人間の在りようについて，人間関係における疎外という観点から論を拡大し，以下のように述べている。

　　現代人は自分自身からも，仲間からも，自然からも疎外されている。現代人は商品と化し，自分の生命力をまるで投資のように感じている。〔中略〕人間関係は，本質的に，疎外されたロボットどうしの関係になっており，個々人は集団に密着していることによって身の安全を確保しようとし，考えも感情も行動も周囲とちがわないようにしようと努める。誰もができるだけほかの人びとと密着していようと努めるが，それにもかかわらず誰もが孤独で，孤独を克服できないときにかならずやってくる不安定感・不安感・罪悪感におびえている。(pp.131-132)

---

8) 本書では，「私」ではなく，「わたし」と表記している。ここでの「わたし」と表記される存在は，自己意識の流れにともなって浮かび上がる自己存在であり，再帰的に捉えられる主語としての「わたし」だけではなく，個人の歴史性をも含む「わたし」という主体とその在りようを指している。

資本主義の発展にともなう大量生産，大量消費社会において，人々が経済の仕組みに組み込まれ，人間本性を見失っていることへの嘆きが，経済学だけではなく，哲学や精神分析の領域でも訴えられるようになったのである。自然，他人，そして自分自身を含めた世界が自分自身にとって異質なものとして感じられ，個人の現存在が人間の本質から離れているところに人間の自己疎外があると論じられた（Fromm, 1961/1970）。ここでの論では，個人が「わたしがわたしである」という主体的な感覚を失い，本来的な自己から疎外された結果，自己との接触を失っている在りようが描出されている。

　人が自分自身の働き方を選択し，意思決定することは，人生のなかで何を重視し，何を優先させるかに関わる。それは，個々人のその時々の状況や価値観において問い直され，方向づけられるものであるだろう。しかし，日々追い立てられるように仕事に従事し，心のゆとりをもつことが困難になるなかで，人は果たして「これが自分である」という感覚を得たうえで，主体的に働き方を選択することができるのだろうか。さらに，今後は汎用性 AI（Artificial Intelligence：人工知能）の進化と普及により，遅かれ早かれ，いわゆる知的とされている職業の多くが機械に取って代わられうると予測する声もある（Frey & Osborne, 2013）。そうしたなかで，今一度，人が働くとはどのようなことか，「わたし」とはどのような存在であるかが改めて問われているともいえる。

5　病休の語りへの関心

　現在の職業人を取り巻くメンタルヘルスの問題は，社会が生み出した人間疎外の病理が職業人の心の病い[9]として現前したものと捉えることもできる。産業革命による技術革新の裏では，人間の機械化が危惧されると同時に，人間の本性と

9）病い（illness）という用語は，疾患（disease）という用語とは根本的に異なったものを意味しており，本書では，人間に本質的な経験である症状や患うこと（suffering）の経験であるとする医療人類学者の Kleinman, A.（1988/1996）の定義に倣っている。

はどのようなものであるかが常に問われてきた。オルダス・ハクスリーの『すば
らしい新世界』（1932/1974）やジョージ・オーウェルの『1984 年』（1949/1972）な
どに代表される反ユートピア（ディストピア）社会では，人間の尊厳を奪われる姿
が悲劇的に描き出され，科学技術の発展が人間性を排除するものとして警鐘が鳴
らされてきた。そして現在の私たちもまた，第四次産業革命を迎え，人間本性を
どのように捉え，働くことを捉え直していくかが問われているといえよう。

　先に述べたように，人が働くことの意味をめぐっては，人間本性の観点から論
じられてきたが，それは人間に共通する普遍的なものとして捉えられていた。し
かし現代では，人間本性にまつわる議論はより個別性を帯びるようになり，職業
は個人の自己がもつ可能性との関連から論じられるようになった。心理学におけ
る生涯発達理論，特にキャリア発達の視点においては，人は職業を通して自己実
現を目指したりアイデンティティを構築していくことが論じられている[10]。そこ
では，個々人の成長や発達が重要視されている。アイデンティティの形成におい
て職業が重要な意味をもつという観念が社会に広まると，私たち個人の人生観や
職業観に浸透していくようになる。

　しかし，自己実現やアイデンティティの確立を職業に求めようとする動きが高
まると，働くなかでメンタルヘルスに不調をきたし，休職によって一時的に働け
ない状態に至った人にとっては，そうした「自己」の本来性や可能性からも疎外
されてしまうことにならないだろうか。つまり，人が「わたし」という存在の根
拠を働くことのなかに見ようとするとき，職業生活において心を病み，働けなく
なることによって，その可能性が否定されることになるということである。それ
は職業を通した自己の否定と疎外にほかならない。Marx（1844/1964）や Fromm
（1956/1991）が問題視した人間疎外の概念を現在の自己をめぐる議論の観点から捉
え直すと，現在の職業人は，過重労働による自己疎外もさることながら，人間の
個性と職業が密接な関係をもって語られる社会的文脈のなかに置かれ，自分自身
や他者によって作り上げられた自己イメージからの疎外が生じていると考えられ

---

10)　たとえば，Blustein（2006；2013/2018），Holland（1997），宮川（1975；1988），Schein
　　（1978/1991），Super（1976）らの論がある。

る。それゆえに，職業，そして働くことと「自己」との関連を，今一度，見直す必要があるだろう。

　しかしそれは，キャリア発達や生涯発達という文脈における，職業を通した自己の成長という意味での自己理論を求めようとするものではない。また，職業性ストレス理論に見られるように，個人の特性や体験をさまざまな要素に細分化し，その組み合わせによって職業人の自己を理解しようとするのでもない。それは，職業生活を送るなかで，人がどのように職業や自己を捉えているのか，またどのように心の不調を感じたり受けとめたりしているのかといった，個人の主体としての体験を置き去りにしてはならないという問題意識に基づくものである。

　人が働くことは生きることに関わることである。働くことやキャリア選択において「その人らしさ」が強調される一方で，目まぐるしく変わり続ける時代や価値観のなかで，私たちは立ちどまって自分自身を見つめ直すことの困難さを抱えているといえる。このような状況において，職業生活のなかで生じる心の病は，一人の人の全体性からの呼び声を含む語りとなりうるのではないだろうか。働くことのなかに個人の自己実現を願うロマンティシズムに浸るのでもなく，また悲劇的なディストピア世界を思い描くペシミズムに陥るのでもなく，心を病む職業人の体験の語りに耳を傾けるとき，その語りは，人が働くこと，そして生きることの在りようについて，さまざまな可能性へと導いてくれるのではないだろうか。

　病いを抱えて生きる人の語りについて，Kleinman, A.（1988/1996）は以下のように述べている。

　　患者は，彼らの病いの経験を——つまり自分自身や重要な他者にとってそれがもつ意味を——個人的な語り（ナラティヴ）として整理するのである。病いの語り（イルネス・ナラティヴ）は，その患者が語り，重要な他者が語り直す物語（ストーリー）であり，患うことに特徴的なできごとや，その長期にわたる経過を首尾一貫したものにする。〔中略〕個人的な語りは，たんに病いの経験を反映するのではなく，むしろ症状の経験や患うという経験を助長するのだ。病者やその家族の経験を十分に正しく認識するためには，治療者は，まず患者や家族の訴えや説明モ

デルから明らかになる病いの語りをつなぎあわせ，そののちに，症状のシンボル，
文化的に特徴的な病い，個人的ないし社会的文脈などの，病いの意味の異なった
諸様式に照らして，それを解釈しなければならないのである。(p.61)

病いの語りは，その人が生きることやその人自身と切り離せないものである。そ
れゆえに，語りに対して，さまざまな視点を考慮しながらアプローチし，適切な
方法を用いて解釈することが求められる。それと同じことが，職業人の病休体験
についてもいえるだろう。職業人の病休は，病いだけではなく，休職によってア
イデンティティや自己の揺らぎが迫られるという個別の体験となりうることを既
に述べた。そこには，自己・病い・職業が複雑に織り交ざった体験世界がある。
当事者によって生きられている，病休という体験世界に迫るためには，当事者の
外側から定められた基準や指標によって測られたり論じられたりするという次元
を超えて，当事者の語りと向き合い，理解していくことが求められる。

6 本書の目的

　これまでに述べた問題意識から，本書では，職業人の性別や家族関係，パーソ
ナリティ傾向や職業特性など，さまざまな背景をもちながらも，そうした要素に
は還元されえない，個人の語りを通してはじめて見いだすことのできる病休体験
の探究を試みたい。そのためには，一般性や普遍性を目指す定量的な理解ではな
く，個別の体験世界を質的に理解することが求められよう。それでは，どのよう
な方法を用いれば，語りを通して，その人の心や自己の在りようにアプローチす
ることができるのだろうか。本書では，そのために，質的研究の可能性を検討し
つつ，質的研究の方法を用いることにより，多様で豊かな個人の体験世界と語り
に接近したい。質的研究とは，普遍性や一般化を目指すものではなく，個別性を
重視し，共通する現象を生きる個人の体験世界における意味の重なりや多様性に
関心を示すものである（McLeod, 2000/2007）。また，質的研究は，個人が自身の体
験について，何を，どのように語るかという語る行為そのものにも着目し，さま

ざまな語りを細やかに捉えていこうとするものでもある。そこでの聴き語りの営みは，心理臨床において「聴く」という営みにもつながる臨床性を含んでいると考えられる。臨床心理学の視点から質的研究法を捉え直したとき，「聴く」ということに関してどのような，新たな意味を見いだしうるのだろうか。そして，実践の学としての臨床心理学に対して，質的研究がどのように貢献することができるのだろうか。本書では，そうした質的研究と臨床心理学とのつながりの可能性についても論じてみたい。

　第1章では，職場でのストレスをきっかけとしてメンタルヘルス不調をきたした休職者が，どのような心の問いを抱えているのかという心理的な主題（テーマ）を整理するとともに，これまでの心理的支援における課題を明らかにする。これにより，職業と自己との関連から職業人の病休体験を探索する必要性を論じる。なお，本書では「病休」という用語を用いるが，厚生労働省の報告書において「病休者」という用語が使用されており，これは疾病を理由に休職する職業人のことを指し，病気休職者もしくは病気休暇取得者と表記される。そのため，病休というと，病気休職や病気休暇そのものを意味するのであるが，本書においては，職業人の個別の存在性を細やかに汲み取っていくために，そのひとの「わたし」という実存に深く関わる，個人的な体験をともなうものとして病休を理解したい。
　第2章から第4章では，職場関連ストレスをきっかけにメンタルヘルス不調をきたし，休職に至った職業人の主観的な体験を探究する。第2章では，面接調査を実施し，メンタルヘルスに不調を抱える職業人がどのように専門機関を受療し，休職に至るのかについての心理的なプロセスを検討する。その際，自己意識に着目することにより，メンタルヘルス不調を抱えながらも早期受療につながりにくい職業人の背後にある，職業領域に過度に没頭する「働くわたし」という自己の在りようと，受療プロセスにおける自己の揺らぎについて論じる。
　第3章では，メンタルヘルスに不調をきたして休職した職業人がどのように職場復帰し，回復へと向かうのかについての体験とプロセスを探る。病いによる休職を通して，「働くわたし」という自己の在りようが，休職中の「働かないわたし」という自己に照射され，19の概念の間を行き来しながら変容していく過程を

明らかにする。

　第4章では，病休を繰り返す職業人を対象に，頻回病休における主観的体験と自己像の様相に迫るとともに，複数の自己像間の関係やその揺れ動きを描きだす。さらに，病休の両価的な意味にも着目し，挫折体験が蓄積されることによって，さまざまな喪失の内に置かれ，混沌とした現象のただ中に生きる「わたし」の在りようについて考察を行う。

　第5章では，語りの内容ではなく，語りがどのように語られるのかという発話行為としての側面に着目し，第4章とは異なるアプローチを用いて頻回病休の混沌とした語りを検討する。語りとの対話的な理解を開く手法を参照することにより，頻回病休におけるナラティヴのさまざまな様相を見いだすとともに，語りを完結しえないものとして捉える視点が，語りにならない語りを聴くための手がかりとなることを論じる。

　第6章では，職業人の「わたし」という自己と語りの多声性への理解を発展させるために，第5章まで行ってきた病休体験の探究についての統合的視座を得ることを目的とする。人が体験を語ることと，その体験の語りに耳を傾けることの意味を考えながら，病休の語りから浮かび上がる職業人の自己の在りようについての考察を深めていく。さらに，休職者への支援に向けた臨床的アプローチについて論じる。

　終章では，これまでの検討を踏まえて，メンタルヘルス不調により休職した職業人の主観的体験ならびに質的研究の臨床的意義について総合的に考察するとともに，本書のまとめと将来に向けた課題や今後の展望を示す。

　本書では，調査によって示された成果は，万人に共通する一般的で普遍的な事象を説明しうるものではないという立場をとっている。それは，一人ひとりの当事者によって生きられる語りを聴いた，筆者である私の理解を示すものであり，また，現に病休を経験している人や支援に携わる人に向けて，さまざまな病休体験の理解へと誘う一つの道筋を示そうとするものである。本書が，心理専門職や医療関係者，職場の労務管理スタッフや産業保健スタッフだけではなく，職場の上司や同僚・家族といった周囲の人々が，当事者の語りに耳を傾けるきっかけとなり，より実態に根差した支援につながっていくことを願っている。

第1章 病休にともなう「わたし」の体験

──これまでの研究を概観して

　職業人のメンタルヘルスの問題を職業と自己との関係から考えてみると，職業生活において人が心を病み，休職するということは，「働くわたし」という自己の在りようが揺るがされる事態となることが想定される。自己存在が職業と大きく関わっているとき，一定期間でも仕事から離れると，人は自己を確かなものとして感じることが難しくなるのではないだろうか。序章で述べたように，働くことのなかに自身の健康や幸福だけでなく，アイデンティティの確立や自己実現を求めようとし過ぎると，メンタルヘルス不調によって休職せざるをえなくなったとき，人はそうした自己の可能性を見いだすことから疎外されてしまうばかりでなく，主体としての自己の感覚が失われる体験につながると考えられるからである。この点に関して，Svendsen（2016/2016）は失業を例にとり，以下のように指摘している。

　　人びとは失業を個人的なできごととして受けとめる。つまり失業は，「失業者」集団のひとりというよりも，個人としての当人に影響をおよぼす事態だ。私たちがアイデンティティの源泉としての仕事に相当の重要性を認めていることからする

なら，職を失い新たな職を見つけるのに失敗したひとが往々にして自暴自棄に
　　なってしまうのも，無理からぬ話だ。(p.114)

　これと同じことが，メンタルヘルスに不調をきたして休職に至る職業人にも当
てはまるだろう。心の病いによる休職は，失業と全く同じとはいえないが，一時
的であっても「わたしが働けなくなる」ということは，社会や組織の問題だけで
なく，個人のアイデンティティや自己の在りようを揺るがすという，きわめて個
人的な意味をともなうことが考えられるからである。
　職場における取り組みや職場復帰に際する環境調整の成果は，最終的には企業
や組織に帰されるだろうが，当事者の体験に根差したより効果的な支援を展開し
ていくためには，休職自体が個別の体験としての意味をもつという理解のもと，
その体験に目を向けることが必要不可欠だろう。言い換えると，個人が仕事や働
くことに対してどのような意識をもっているのか，また，個人が心身の健康にど
のように意識を傾け，メンタルヘルス不調や休職を体験しているのかについての
理解を深めることなしには，支援の糸口も見えてこないのではないだろうか。そ
のために，まずは職場のメンタルヘルスや休職者支援に関して，わが国において
どのような取り組みがなされてきたのかについて，いちど整理しておく必要があ
るだろう。

1 職場のメンタルヘルスに対する取り組み

　職場におけるメンタルヘルス不調の早期発見・早期対応や職場復帰支援への取
り組みは，1980年以前からなされていた。その後，景気の良かった1980年代か
ら，長時間労働をはじめとする過重労働が健康に影響を及ぼすことが，「過労死」
（上畑，1993）という言葉とともに，一挙に社会の関心を集めるようになった。「過
労死」という言葉は，英語ではそのまま "Karoshi" と表記され，2002年にはOxford
English Dictionary Online に新たな単語として登録され，日本特有の現象として
世界的にも注目を浴びるようになったほどである。1984年には，自殺未遂に至っ

た精神障害例が業務上の疾病として，日本で初めて労災認定された（石井，1985）。
1990 年代に入ると，「過労自殺」という用語が生まれ（川人，1998），業務上のスト
レス負荷によって働く人が心の病いを患い，生きる希望を失って自殺に追い込ま
れるという事態が深刻さを増すようになった。

　このような展開のなかで，1988 年に労働安全衛生法が改正されており，職業人
の健康保持対策が事業者の努力義務として推進されるようになった[1]。ここで策
定されたトータル・ヘルス・プロモーション（THP）活動では，職業人の身体面
だけではなく，精神・心理面にも目が向けられ，心身両面における健康への取り
組みを行うことが目指された。さらに，職場での取り組みも，働く人を意識した
取り組みへと方針が定められた。職場は個人の生活時間の多くを占める場所であ
ることから，1992 年に策定された「快適職場づくり」施策[2]では，疲労やストレ
スの少ない環境づくりが目標とされた。

　しかし，1990 年代以降，バブルが崩壊すると景気は長期にわたり低迷し，多く
の企業で組織の再構築や事業の見直しといった動きが生じた。それにともない，
メンタルヘルスの取り組みを縮小したり中断したりする事業場が増加する事態と
なった。職場では，過重労働の増加や裁量労働制の導入，雇用形態の多様化が見
られ，職業人を取り巻く環境はよりいっそう厳しさを増した（島，2007）。このよ
うな状況下で，人は自分自身をゆっくりと省みたり心のケアに目を向けることか
ら遠ざかっていったといえる。

　そうしたなかで，厚生労働省が 1999 年に「心理的負荷による精神障害等に係る
業務上外の判断指針」（旧労災認定指針）を示したことにより，精神障害の労災請
求件数が急増し，実際の認定件数も増加した。この頃から，職場のメンタルヘル

---

1)　第 69 条で事業者の努力義務として，具体的に「事業場における労働者の健康の保持増進のた
　めの指針」（THP 指針）が詳述された。メンタルヘルスケアとして，ストレスに対する気づ
　きの援助やリラクセーションの指導等がある。
2)　1992 年に「事業者が講ずべき快適な職場環境の形成のための措置に関する指針」（快適職場
　指針）が労働安全衛生法に関連付けられた形で公表された。これは，職業人が快適に仕事に
　従事できるような職場の実現を企業側に求めた内容であり，職業人が悩みなどを相談できる
　ような相談室の設置が含まれていた。

スに対する具体的な施策が講じられるようになった。まず，2000年には，「事業場における労働者の心の健康づくりのための指針」（旧メンタルヘルス指針）が公表された。さらに2004年には，メンタルヘルス不調による休職者の職場復帰支援が進められるようになり，「心の健康問題により休業した労働者の職場復帰支援の手引き」（復職支援手引き）がまとめられた。その後も，2006年の労働安全衛生法の改定と並行して旧メンタルヘルス指針が見直され，「労働者の心の健康の保持増進のための指針」（メンタルヘルス指針）が公表された。また，メンタルヘルス不調を抱える職業人が増加し続け，職場での心のケアや職場復帰支援に苦慮する企業が多いという背景から，2009年に復職支援手引きが増補改訂される運びとなった。

働く人の心のケアや対策が本格的に制度化されていくなかで，働く人の個別性に関心が向けられるようにもなってきた。昨今では，ディーセント・ワーク（Decent Work）やスロー・ワーク（Slow Work）といった概念が提唱され，脱産業社会の「人間らしい」「働きがいのある」仕事の重要性が提起されている。わが国でも，「働きがいのある職場」「一人ひとりの職業生活の充実」が企業や社会全体の活性化の実現に不可欠であると謳われてから久しく経つ（厚生労働省, 2008）。さらに，2019年には，労働基準法が1947年に制定されて以降，約70年ぶりの大改正となる「働き方改革を推進するための関係法律の整備に関する法律」が施行され，長時間労働の是正と多様で柔軟な働き方の実現等が目指されている。しかし，そのための環境整備や価値観の変革は十分にともなっておらず，産業現場での対応には時間がかかるものと推測されている。

2 休職者への理解と支援の現状

休職した職業人への支援に目を向けてみると，先にも述べたように，職場復帰（復職）の段階における支援を中心に行われている。しかし，復職した場合でも職場に再適応することが難しく，国内外の調査からは，約3割の人が再休職することが報告されている（Koopmans et al., 2011；島, 2005）。さらに，休職を繰り返す度

に，職場復帰の難度が高まっていく（Koopmans et al., 2011）。このことから，初回
の休職時にいかに職場復帰を成功させられるかが鍵となっている。

　前述のとおり，現在の職場復帰支援においては，厚生労働省（2009）から「心
の健康問題により休業した労働者の職場復帰支援の手引き」が改訂版として公
表されている。この手引きでは，職場復帰支援の期間は休職を開始してから職
場に復帰し，再適応できるまでとされており，以下の5つの段階が定められて
いる。

　　①病気休業開始及び休業中のケア
　　②主治医による職場復帰可能の判断
　　③職場復帰の可否の判断及び職場復帰支援プランの作成
　　④最終的な職場復帰の決定
　　⑤職場復帰後のフォローアップ

　①の「病気休業開始及び休業中のケア」の項目では，休職中は精神的な孤独感
を覚えたり，復職後の生活や今後のキャリアなどに不安を感じたりすることが記
されている。こうした不安や孤独感はたしかに生じてくると思われるが，これら
は単に休職中のみに見られる心理的な現象ではないだろう。ここではむしろ，休
職することによって生じる新たな心理的問いや課題として見直す必要があるので
はないだろうか。

　また，②の「主治医による職場復帰可能の判断」に関しては，「医学的に業務に
復帰するのに問題がない程度に回復した」状態であれば復職可能であると判断さ
れ，主に精神症状の改善具合によって可否判断がなされる場合が多い（厚生労働省，
2009）。このことから，業務能力や心理面の回復が十分に考慮されているとは言い
難い状況である。また，その判断は個々のケースに委ねられており，主治医が患
者の意向に沿って診断書を書く場合が少なくないため，実際の精神状態と大きく
乖離したまま復職してしまうことがあると指摘されている（小嶋・中村，2006）。精
神症状と社会的機能の回復は必ずしも同時進行しないことが知られており（島・
佐藤，2004），精神症状が改善しただけで職場復帰を果たしてしまうと，就労して

はいるものの思うように能力が発揮できない問題[3] が生じるなど（横山, 2012a），職場復帰の判断については検討の余地が残されているといえよう。

　一方で，産業精神保健活動においては，精神障害の有無や重症度ではなく，個別性が重視されている。ここでの「個別性」で重要になるのが，職業的に適応できているかどうかという観点である（廣, 2013）。この点に関して，企業側は復職者に対して業務遂行能力の回復や経済活動への寄与を求め（中村, 2011），休職前に果たしていた責任と同等の能力を期待しているとされている（横山, 2012b）。そのため近年のリワーク（職場復帰支援）プログラムでは，一般的な社会的機能だけではなく，集中力の持続や社会性，適切な自己主張などのコミュニケーション能力や役割行動，対処能力といった，業務を行ううえでの必要な能力の習得や回復を主とした取り組みがなされている（有馬・秋山, 2011；林・五十嵐, 2012）。

　しかし，精神症状や社会的機能，業務遂行能力の回復を復職支援の到達目標とする背景には，故障モデルに基づく休職者への見方があると考えられる。故障モデルとは，メンタルヘルス不調による休職者を，心身や能力面に破綻をきたして労働市場からドロップアウトした存在として見なし，治療を経て修復し，元の場所に戻すという考え方によるものである。このことは，休職者に対して，「"休職させてやるから早く治してこい""薬飲んでカウンセリング受けて，もっと強くなってかえってこい"と檄を飛ばし，個体側の要因ばかりに言及する」と松崎（2011, p.266）が指摘するような企業側の風潮にも裏づけられているといえよう。この点に関して，横山（2012b, p.1522）は，「スタッフが取るべき役割は，病状の結果として，できなくなってしまっている作業などを援助してあげることではない」と指摘し，症状が発現するきっかけとなった認知や行動パターンを明らかにして介入することの重要性を強調している。そのため，昨今の心理的支援では，疾病教育やセルフマネジメント，発症メカニズムへの自己理解のみならず，認知行動療法や対人関係療法などの多彩な心理療法が導入されている（五十嵐, 2018）。

　3）こうした現象はプレゼンティズム（presenteeism）と呼ばれている。これは，心身の不調を抱えているにもかかわらず就労を続けることや，その結果として生産性が損なわれることを指す。職の不安定さや出勤方針の厳しさなどがプレゼンティズムに関わっていると指摘されている（Johns, 2010）。

　また，松崎（2011）は，職場復帰を到達目標とするだけでなく，うつをきっかけとした成長支援を目指し，「三次予防による再発防止の先の四次予防」という新たな支援を提言している。これは，うつ病を患って休職した経緯を振り返り，職場環境だけではなく，自分自身の認知や性格傾向を分析し，「うつという失敗体験」から学ぶというものである。このことは，五十嵐（2010）や横山（2012b）が，復職支援プログラムにおいて，うつ病の発症や休職に至った理由を自己の内部にあることを知り，不適応を生じさせていた認知や行動パターンの修正を促し，生き方を変容させる視点が重要であると強調していることとも重なる。

　しかしながらこの点について，支援プログラムの効果に関する報告はなされてはいるものの（羽岡ら，2012；田上ら，2012），どのように個人の成長が達成されたり生き方が変容するのかといった，内的なプロセスについてはあまり知られていない。また，第三者が当人の病いや休職を「失敗」と見なす背景には，個人の認知や行動を職場に適応できるように修正すべきであるという見方や，個人を社会にとって役立つ人間へと方向づけようとする観念が潜んでいるといえる。しかし，何が失敗であるか，何が成長であるのかは，第三者ではなく，当事者によって意味づけられるものであるだろう。職業人のメンタルヘルスの問題をめぐっては，社会や現代医療が期待する「回復」の言説が強い浸透力をもって維持されており，時として，当事者が置き去りにされてはいないだろうか。それゆえに，何が回復であるのか，何を目標にするのかは，当事者の語りに基づき，個別の事例において慎重に見立てられる必要がある。

3　先行研究からみる休職者の主観的な体験

　ここからは，休職者がどのような困難や課題を抱え，これまでどのような支援がなされてきたのかについての現状をみていこう。そこで，わが国におけるメンタルヘルス不調による休職者の主観的な体験を扱った先行研究を集め，休職者の抱える心理的なテーマを整理することをリサーチ・クエスチョン（調査によって明らかにしたい問い）として設定する。休職者といっても，その在り方は多様で，そ

の経過もさまざまである。職場復帰に至る例もあれば，深刻な精神障害に陥り，なかなか回復の見通しが立たないこともあるだろう。しかし，ここで取り上げる先行研究は，職場復帰を目指す休職者を対象とするものに，いったん限定しておきたい。当事者が抱える困難感やニーズ，心理的なテーマを抽出することにより，現在の職場復帰支援を見直し，ひいてはそれが復職困難事例や復職後に再休職ないしは退職に至る人への支援の検討につながるという，一連の流れに関する体験について整理したいからである。

文献調査の手続きと結果

　まずは，過去に報告された研究結果から，職場関連ストレスをきっかけにメンタルヘルス不調を抱えて休職した職業人の主観的体験を扱った調査研究を絞り込んでいく[4]。ここでの主観的体験とは，客観的にどうであったかという事実ではなく，その人がどのように感じているかという，当事者によって生きられている現実を指し，調査や治療場面における語りによって報告される体験として定義する。また実際の職場復帰支援では，個別の事例として報告されていることが多いため，調査研究に加えて，事例研究やケース報告（事例報告）も文献調査の対象とした。大まかな手順は図1に示している。

　論文の収集はデータベース[5]を用いる。「職業人のメンタルヘルスの問題」と「当事者の心理的体験」を絞り込むために，「メンタルヘルス，職場ストレス」，「休

　4）文献検索は2017年7月から8月にかけて行った。当事者の主観的体験について広く探索し，統合することを目的として，Arksey & O'Malley（2005）のスコーピングレビュー（scoping review）の手法を参考にした。スコーピングレビューとは，先行研究を体系的に検索・選択し，それらを統合することによって，文献収集や分析に際して分析者の主観に偏ることを避けつつ，これまでの知見を統合し，主要な概念や特定の領域における調査の差異や隙間をマッピングする手法である（Colquhoun et al., 2014）。具体的には，（1）リサーチ・クエスチョンの同定，（2）データベースや参考文献，ウェブサイト等を用いた関連論文の検索，（3）リサーチ・クエスチョンに関連した論文の選択，（4）データのチャート化，（5）統合と要約を行った。
　5）医学・臨床心理学の論文が広く網羅されている CiNii と医中誌のデータベースを利用した。

リサーチ・クエスチョンの同定

● 調査上の問いを設定
● 休職者の困難感や苦悩を含めた主観的体験を抽出

文献の検索

● データベースの使用
● ハンドサーチでの収集（参考文献やウェブサイト等）

139件の文献が該当

文献の選択

● 職場関連ストレスに該当するもの
● 休職者の心理的体験に焦点が当てられているもの等

16件の文献を選択

データのチャート化

● 論文の基本情報（対象者や方法等）の整理
● 研究デザインごとに分類

データの統合と要約

● 各論文の心理的テーマを抽出し、カテゴリーに分類
● カテゴリーから共通する心理的テーマを同定

図 1　文献調査の手順

職，休業，職場復帰，労働者，職業人」，「質的研究，語り，心理，面接，インタビュー」をキーワードに設定してそれぞれ OR 検索し，括弧同士で AND 検索を行った。これらに加えて，収集した文献の引用文献から関連論文を辿るハンドサーチを行い，新たに文献を収集した。対象は過去 15 年間（2002 年〜 2017 年）に発行された原著論文に限定した。これは，本章の第 1 節でも述べたように，2000年以降，職業人のメンタルヘルスの問題に対する指針等が新たに策定あるいは改定されており，そうした施策と実際の休職者を取り巻く現状を概観するためである。その結果，139 件が該当した。その内，非職場関連要因によるものや尺度作成，支援プログラムの検証など，心理的体験に焦点が当てられていない論文は除外した。また他疾患を合併しているケースは，職業的自己以外の要素が抽出されることが考えられたため除外することにした。

　その結果，対象論文は 16 編に絞られた。その内訳は，質的研究 7 編，事例研究4 編，ケース報告 5 編である。質的研究 7 編の概要を表 1 に示している。全ての調査において，対象者はうつ病疾患患者であり，その内の 4 編はリワークプログラムの参加者であった。事例研究 4 編とケース報告 5 編の概要はそれぞれ表 2，表 3 に示している。主な治療テーマとして，問題状況や原因の確認と対処行動の習得（福島，2014；東，2006；唐津，2007；中村，2012；奥村，2004），医療者・職場関係者との連携（井口，2013；中村，2012；奥村，2004）が報告されていた。

　次に，これらの論文から休職者の心理的体験に関わるテーマを抽出していく。まずは，各論文から候補となる心理的テーマを抽出する[6]。それらをカテゴリーとして分類したのち，テーマを同定するためにカテゴリー名をつける。その後，各論文に戻り，リサーチ・クエスチョンに照らしてテーマの妥当性を確認するとともに，抽出されたテーマからリサーチ・クエスチョンを見直す。これらの手順を通して抽出したものを最終的なテーマとして決定した。こうしたテーマの抽出と分類の手順の結果，①【休職後の職業的自己像の揺らぎ】，②【職場復帰をめぐる

6）ここで抽出した心理的テーマは，表 1，2，3 の「内的経験に関わる心理的テーマ」内に記した。各テーマについて，最終的に決定した 4 つのテーマの番号を付記しているが，全ての心理的テーマが最終的なテーマに組み込まれたものではないため，番号を付記していない事項もある。

【解説】量的研究・質的研究・事例研究

　量的研究とは，対象者の行動や態度等に対して量的に測定する研究法である。主に実験やアンケート調査などを用いて多数の対象から数値化されたデータを収集し，統計的に処理することにより，一般的な法則を導き出す。仮説検証を目的として実施されることが多い。

　質的研究とは，対象者の経験や考えに対して質的にアプローチする研究法である。主にインタビューや観察などを用いて個々の記述データを収集し，分析を行うことにより，対象とする現象についての体系的な知を生み出す。仮説生成を目的として実施されることが多い。

　事例研究とは，個々の事例について治療過程を詳細に記述しながら検討を行う研究法であり，臨床心理学における主要な研究法の一つである。事例研究を質的研究の一つとして捉える立場と区別して捉える立場がある。また，事例研究（case study）とケース報告（case report）を区別する立場もあるが，事例研究をめぐる議論はいまだ結論は出ていない。この議論の詳細は，研究ノート1を参照されたい。

　なお，本章では便宜上，インタビュー面接を行い，調査としての枠組みをもつものを質的研究とし，心理療法を通した研究を事例研究，心理療法の検討と報告を主としたものをケース報告としている。

葛藤】，③【職場復帰後の職業的自己像の揺らぎ】，④【自己の振り返りと再構築】の4つのテーマを見いだした。以下，それぞれのテーマについて見ていくこととする。

①休職後の職業的自己像の揺らぎ

　休職者の心理的苦悩は休職直後から生じ，病状の波による気分の悪化や自己価値の低下に思い悩んだり（井口，2013），職業人としての自責感に苛まれていることが報告されていた。心理療法の初期には，休職前に仕事でミスをしたことを受け入れられずに自責の念に駆られ，自己否定的な感情が充満し，行き詰まりを感じることが示されている（入川，2015）。また，仕事をしていないことへの罪悪感

表 1　質的研究一覧

著者・発行年	タイトル	雑誌名	対象者	方法	結果	内的経験に関わる心理的テーマ
近田真美子 (2009)	うつ病回復者の生き方の転換[状況構成]という視点から。	日本精神保健看護学会誌. 18, 94-103.	うつ病回復者5名（男性3名，女性2名，40～60代）	半構造化面接 分析：マトリックス法	うつ病回復者は職業領域を中心とした状況構成の特徴を有していたが、(1)うつ病回復者は職業領域へシフトしていったこと、(2)対人領域から撤退していったこと、(3)ありのままの自分を受けとめる人や環境が存在していたことが示された。	・うつ病者の職業領域に傾化した生き方① ・回復期における自己を職業領域から一度引き離す必要② ・実存的な自己の再構成④
川崎舞子 (2012)	うつによる休業者が体験した援助専門家との関わりに関する質的研究.	臨床心理学. 12, 361-373.	うつによる休業者10名（男性8名，女性2名，30～50代）	半構造化面接 分析：GTA* （リワーク）	症状改善への援助と、職業復帰への援助を求める時期は異なり、その中間に、[今後に向けた意思決定段階]が存在している。この段階は援助専門家との関わりを持つ機会が得られにくい。	・うつ病軽快後の職業復帰への葛藤による踏み切れなさ② ・職場復帰に関わる意思決定を一人で行う①
上田知子・深間内文彦・榎本稔 (2012)	利用者が体験する「休職」と「リワークプログラム」―うつ病のリワークプログラムに関する質的一考察.	外来精神医療. 12, 40-47.	うつ病により休職中もしくは復職した休職者11名（性別内訳不明、20～50代）	半構造化面接 分析：M-GTA** （リワーク）	休職後は罪悪感や孤独感を感じること、プログラム参加後は社会的な関係を広げ、自分の人生を歩む方を歩むこと、復職後は復職後の焦りや不安を抱える際に能力を生かす復職後のアイデンティティに関わる新たな課題を抱えることが示された。	・休職後に感じる罪悪感や孤独感、自己違和① ・休職者＝職業人へのアイデンティティの変化① ・職業領域から社会関係や自己への広がり④ ・復職前後の心理的ハードルの向き合い② ・復職後、周囲に迷惑さをかけることへの不安や再職場へのプレッシャー③
山岡由実 (2012)	うつ病により長期休職した男性社会的労働者の心理復帰のプロセス―リハビリテーション（リワーク）プログラムを受けた3名の事例を通して。	聖路加看護学会誌. 16, 1-8.	リハビリリワークプログラムを受けて職場復帰した男性3名（30～40代）	半構造的インタビュー 分析：比較検討による質的分析 （リワーク）	職場復帰に際し、セルフケアの模索、生き方・働き方の捉え直し、現実への再適応など、さまざまな思いや問題に対処し、自己を再構築していくプロセスが示された。	・職場復帰への不安に対する模索② ・これまでの生き方・働き方、主体的な生き方・働き方の再構築。 ・新たな振り返りと新たな自己像の発見④ ・新たな働き方・生き方の再確認と再適応④

著者（年）	タイトル・掲載誌	対象	方法	結果	概念
片山典子・川野雅資（2013）	うつ病を体験した人の心理社会的な職場復帰のプロセス――完全復帰の当事者の語りから．日本サイコセラピー学会雑誌．14, 107-113.	うつ病に罹患した女性1名（40代）	半構成的インタビュー　分析：質的分析	職場復帰に向けて模索する時期は、治療への効果を実感しながら、復職するための準備をしようとする気持ちと復帰したくない気持ちのなかで職場復帰を模索することが課題となることが示された。	•休職したことへの焦りと安堵① •復帰に対する葛藤と模索② •復帰後の業務量への戸惑い（少ないと物足りない、多いと困惑）③ •病休体験の意味づけ④
川崎舞子（2015）	うつ病患者の職場復帰プロセスに関する検討――休業時からリワークプログラムへの参加に焦点を当てて．産業精神保健．23, 38-48.	うつ病により1年以上休業し、リワークプログラムに参加した15名　男性15名（30～50代）	半構造化面接　分析：GTA〈リワーク〉	病状がある程度回復し、職場復帰を現実的に考える段階で、職場復帰を「踏み切れない」という心理的葛藤があり、「現実的困難を認識する」ことをきっかけに職場復帰準備をはじめるプロセスが示された。	•職場復帰への迷いと踏み切れなさ（就労することへの不安、職場への強い恐れ）②
中村聡美（2015）	うつ病の企業従業員の職場ストレス処理に関わる認知および行動のプロセス．応用心理学研究．41, 156-166.	気分障害を患う休職者16名（男性13名、女性3名、10～50代）	半構造化面接　分析：M-GTA	［複合的ストレス状況］において孤独に職務に遭遇する労働スタイルに心理に没する。そのプロセスが明らかになった。また、それまでの完全主義やアイデンティティが崩れることによって［再休職の自己成就宣言］が引き起こされることも示された。	•職業人の役割を果たせない自責感① •職業人としてのアイデンティティの揺らぎ① •休職したことへの負い目、罪悪感や自己評価の低下①

* グラウンデッド・セオリー・アプローチ

** 修正版グラウンデッド・セオリー・アプローチ

・研究の主たる目的は職場復帰プロセスが多い（片山・川野, 2013；川崎, 2012, 2015；上田ら, 2012；山岡, 2012）。

表 2　事例研究一覧

著者・発行年	タイトル	雑誌名	対象者	方法	結果	内的経験に関わる心理的テーマ
奥村満佐子 (2004)	休職を繰り返した症例の人間存在分析——社会環境・対人間存在分析・個人条件.	精神分析&人間存在分析. 12, 77-93.	1名 (40代、男性) 適応障害、身体表現性障害	1回40分、週1回の人間存在分析・個存在分析、10回	発症原因の確認と問題解決の探求。対人関係の難しさや性格傾向についての話し合いを通して、身体症状がほぼ回復した1ヶ月半で復職した。復職後の焦燥感について、問題を捉え返る状況を明確化し、新たな解決方法に気づくようになり、面接を終了した。	・発症の契機の振り返り（性格傾向・原因の確認、対人関係の困難さ）と問題解決の困難の探索④ ・治療関係での主体的な語り④ ・自身の在り方を見つめ、振り返ること④
新居みちる (2010)	非定型うつ病の男性への復職支援デイケアでのアートセラピーの意義.	日本芸術療法学会誌. 41, 31-42.	1名 (30代、男性) うつ病、適応障害	復職支援デイケア内のプログラムとして、週1回の集団アートセラピー、31回	描画やコラージュを通して、これまで表現できなかった強い怒りや悲しみが安全で受容される形で表出された。表現は中心性の芽生えから具体性を帯びるようになり、現実場面との折り合い合う。現場環境への安心感が回復し、職場復職に至った。	・過去の痛みや現在の困難の表現 ・自身の物語を紡ぐこと④ ・職業人としてのアイデンティティへのまなざし④ ・職場の人間との協動意識の回復 ・自己肯定や自己受容の達成④
中村美奈子 (2012)	うつ病と診断された長期休職者に対する復職支援——クライエントの個別性に注目したかかわりについて.	心理臨床学研究. 30, 183-193.	1名 (40代、男性) うつ病	6ヶ月間のリワークプログラムとリハと月1回勤務後のフォロー	個別面談やグループワークを通して、休職に至った原因の理解と訓練を自己行い、他者との対話を自己受容。方向を、未来志向における主体的な行動を伸ばしした。リワークでの勤務では、自己理解やコミュニケーション、生活リズム等について話し合い、職場との連携をとった結果、リハビリ勤務の延長があったものの復職に至った。	・社会性や自己効力感の伸長④ ・過去の経験や現在の自己の再評価④ ・休職者という他者から主体的に業務を遂行する労働者への変化④ ・アイデンティティ④
井口博登 (2013)	認知療法の併用が奏効した内因性うつ病初期症状の覚解・復職過程——発生的認知論による構造化.	臨床精神病理. 34, 9-23.	1名 (40代、男性) うつ病(メランコリー親和型性格)	認知療法 (1年9ヶ月以上)	自己否定的な思考に対して認知療法によるアプローチがなされ、病状が改善した。病識を核とした対処行動を積み重ねた。さらに医療者や職場関係者との協働によって安定した業作的構造が構築され、復職後の不安については認知療法的な整理を行い、再発に至らずに就労を継続している。	・自信喪失、自己価値の低下① ・復職に対する希望と不安② ・回復にともなう能動的、主体的な行動の拡大④

表3　ケース報告一覧

著者・発行年	タイトル	雑誌名	対象者	アプローチ	結果・考察	内的経験に関わる心理的テーマ
東知幸 (2005)	疾病逃避傾向の休職者に対して目的分析を行った心理療法事例。	カウンセリング研究. 38, 293-302.	1名 (40代, 男性) 大うつ病性障害	目的分析 (アドラー心理学). 60回. (週1回)	症状は会社を休みたいという無意識的な目的を達成するために作り出されているという見立てのもと、症状の目的について分析し解釈を行った。クライエントが症状を自らの問題としてとり扱い受けとめるようになり、症状の改善がみられ、復職を果たして安定して勤務できるようになった。	・症状との向き合い難さ ・バリバリ働いている周囲とのギャップによる空虚感③
東知幸 (2006)	うつ病で疾病休職している男性への中年期危機の心理療法事例。	カウンセリング研究. 39, 317-326.	1名 (40代, 男性) うつ病	折衷的心理療法 (アドラー心理学/認知療法). 28回. (週1回)	出社困難の問題点を解決する意味を話し合うとともに、その意味を話し合い、認知の修正をしていった。生き方への迷いについて、受容的なアプローチを行った結果、叶わなかった夢を諦めて理想と現実の折り合いをつけて現状を生きるというかたちで中年期のアイデンティティの再体制化が達成され、3ヶ月のリハビリ勤務を経て完全復帰を果たした。	・アイデンティティの再体制化④ ・病いを主体的に捉えること④ ・個人史の振り返り④
唐津尚子 (2007)	自己否定感の強さを緩めることで改善がみられた適応障害症例。	心療内科. 11, 360-366.	1名 (30代, 男性) 適応障害	システムズアプローチ. 面接回数不明 (1年間)	クライエント自身や環境要因に対する否定的自動思考の明確化・リフレーミングを行うことで、やわらかい物事から仕事をしていくことや、新しいことにチャレンジし、出来ないことは出来ないこととして認めるようになり、復職後も先のことについて考えられるようになった。	・仕事をしていないことへの焦燥感① ・休職中の自己評価の低さ、休職原因への固執④ ・復職後の過去から未来への思考の広がり④
福島満美 (2014)	メンタルヘルス不調により休職を繰り返す社員の心理と企業での心理的な支援について。	産業精神保健. 22, 310-316.	1名 (30代, 男性) うつ病	企業内復職支援としての定期面談. 面接回数不明 (12ヶ月)	休職に至る経過を振り返り、具体的な対処を行動に移し合う経過を話し合う。復職後は体調不良や強い心理不安の訴えを強いていが、病状・業務能力・心理面の回復のずれに留意し、一定期間フォローしていくこと。具体的な解決策を上司と相談すると、心理面に留意し職能回復のための支援を行った。復職後12ヶ月でフォローを終了し、以後順調に就労している。	・復職後に生じる心理的不安 (職場に迷惑をかけること) や業務能力への自信喪失③
入川常幸 (2015)	中年期の人生の行き詰まりの事例に対する外来森田療法。	日本森田療法学会雑誌. 26, 171-177.	1名 (40代, 男性) 適応障害	森田療法. 66回. (週1回)	従来のスタイルの見直し、新しい生き方への再調整、職場に対する認識の変化に取り組むことを通して、主体的に踏み込んだ。営業への要求が現れた。思考の偏りややそれぞれでの生き方では適応できないことが主体的に選択可能なものであるとに気づくことができ、主体的に生き直す作業を共にした。	・仕事をミスしたことへのこだわりと自己否定感① ・思考の偏りやそれに縛られすぎて生き方では適応できなくなったことへの気づき④ ・主体的な生き直しへの選択④

・表2・表3において、事例に関する要約は、守秘の観点からできるだけ一般化・抽象化して記述した。

や社会と隔離されているような孤独感を抱いたり，人目を気にして居心地の悪さを感じることが報告されている（上田ら，2012）。このように，休職前とは異なる生活を余儀なくされることへの受け入れ難さや自己違和が生じることが示唆されている。そうしたなかで，それまでの自己を支えていた完璧主義や職業アイデンティティが保てなくなる（中村，2015）。うつ病初発症例の復職過程の分析を試みた井口（2013）は，診断を受けることにより，個人の内に劇的な心理社会的変化が生起することを指摘している。病休は，仕事を休むだけではなく，メンタルヘルス疾患を抱えるという体験でもある。これらの大きな変化が，職業人としての自己の在りように影響することが示されていた。

　休職後に見られるこのような苦悩や葛藤は，実際の心理的支援につながるまでの体験として，主に質的研究における語りを通して描出されている。この点について川崎（2012，2015）は，休職後に当事者が援助専門家とつながらない期間があるという重要な指摘をしている。川崎（2012，2015）によると，［病状改善に向けた関わりの段階］と［職場復帰に向けた関わりの段階］の間には，［今後に向けた意思決定段階］が存在しているが，この期間は援助専門家との関わりをもつ機会が得られにくく，復職するか否かを含めた決断が個人の内において行われやすい。職場復帰支援というと，復職に向けた具体的な支援やプログラムの効果に関心が寄せられやすいが，心理的援助専門家とつながる以前の支援の在り方についてはさらなる検討が必要であろう。さらに，職場復帰の意思決定を行うまでに当人がどのような心理的危機や葛藤を抱えていたのかについては，未解決のままになっている場合も少なくなく，現在の支援における課題が残されているといえる。

②職場復帰をめぐる葛藤

　病状がある程度安定すると，人は次第に職場復帰を考えるようになるが，同時に，復帰が現実的になるにつれて不安が強まるなど（井口，2013），復帰への踏み切れなさを抱えていることが示されていた（片山・川野，2013；川崎，2015）。休職者は，職場に戻った後にどこまで対応できるか（井口，2013）や，継続して就労できるかどうか（川崎，2015）という展望の見えにくさを感じており，職場に戻ることへの心理的なハードルに直面するようである。これは，休職によって職場との

心理的距離が離れたことや，休職前に仕事でうまくいかなかった経験を引きずることによって，復帰後の自己イメージを具体的に思い描くことができないことにもつながっているといえよう。職場復帰に至るまでの心理的プロセスは直線的ではなく，不安や葛藤のなかで行きつ戻りつする。そしてそれは，職場との話し合いや周囲の後押しを経ることによって目指されるプロセスでもある。こうした心理的な揺れ動きに目を向けてみると，病状の一時的な改善や，社会的機能・業務遂行能力の回復だけでは復職可否を判断することは困難であるといえよう。その過程では，支援者側や企業が一方向的に職場復帰へと引き上げようとするのではなく，当事者に復職をめぐる葛藤が生じていることを新たな課題として共有したうえで，どのように復職へのプロセスを歩んでいけるのかについて，当事者と支援者，そして企業側がともに考えていくことが求められる。

③職場復帰後の職業的自己像の揺らぎ

　休職期間中に職場復帰プログラムや治療を受けていた場合でも，職場復帰前と実際の職場で就労することの間には大きな溝があり，特に復帰直後にギャップや戸惑いを感じ，職業的自己像が揺らぐことが多く報告されていた。心理的な不安は，体力や能力に応じた業務量の増減をきっかけとして生じることが多く（井口，2013：片山・川野，2013），本人の心理的状態と課される業務量や責任にギャップが生じる場合，心身の不調が生じることが示されている。業務量が多い場合だけでなく，少ない場合も，復職直後の当人にとっては精神的な負荷がかかる。多くの場合，復帰後の調整によって業務軽減がなされるが，そうした場合に，周囲に迷惑をかけているのではないかという自責や，腫れ物のように扱われることに対する引け目を感じ，職業人としての能力への自信喪失や不安感が生じる（福島，2014：片山・川野，2013：上田ら，2012）。さらに，バリバリと働いている周囲とのギャップから空虚感に苛まれるなど（東，2005），職場における自己の違和感に苦しむことが指摘されていた（上田ら，2012）。

　このような自己肯定感の低下や自信の喪失が繰り返されると，再発や再休職の不安が喚起される。復帰後，継続して就業することへの不安や（中村，2012），体調不良を感じるなかで再発への不安が生じ（福島，2014），「また休職するのではな

いか」という再休職の自己成就予言が促されるなど（中村，2015），一度の休職が次の休職を引き起こす誘引となることが報告されていた。そのため，職場に戻るまでを支援の達成目標とするのではなく，実際の業務を通して復帰後の自己を支える関わりが，再休職を予防するためにも重要であるといえる。

④自己の振り返りと再構築

多くの調査において，休職をきっかけとしてそれまでの自己を振り返り，再構築していくことが示されている。自己の再構築には，認知・行動的水準と自己そのものに関わる実存的水準がある。認知・行動的水準は，主に職場に再適応するうえで重要な役割を果たすものであり，社会に戻るために必要な能力や対処スキルの回復，対人関係といった課題が治療テーマの一つとなることが報告されている。具体的には，支援開始初期には生活リズムの調整への取り組みがなされ，次第に認知面や行動面に焦点が当てられるようになり，症状や休職を引き起こした原因を同定し，その修正や対処行動を考える作業が行われている（福島，2014；東，2005，2006；唐津，2007；中村，2012；奥村，2004）。これらは，復職に向けて，それまでの自身の働き方を捉え直し，主体的に考えて行動するための取り組みである（入川，2015；中村，2012；山岡，2012）。

一方，職場復帰のプロセスは，個人がさまざまな思いや問題に対処しながら，実存的な次元において自己を再構築するプロセスでもある（片山・川野，2013；山岡，2012）。休職をきっかけに，職業人としてのアイデンティティが揺らぎ，そのなかで自己を見つめて問い直す作業が生じることも示されている（東，2006；井口，2013；近田，2009）。そして職場復帰を目指すようになると，主体的な存在として自らの生き方を考え（上田ら，2012），再び職業人としての心理社会的アイデンティティを構築していく（中村，2012）。このように，それまでの自己と職業との関わりを見直す過程のなかで，働き方が変容していくことが示されていた。近田（2009）は，うつ病からの回復者にインタビューを行い，うつ病を抱えた職業人がそれまでの生き方では立ちゆかなくなる現実に直面し，それまで自己を支えていた職業領域から自己領域への転換が迫られていたことを明らかにしている。

こうした実存的ともいえる自己の振り返りや再構築は，支援者に促されてなさ

れるのではなく，新たな自己の物語を紡ぐことや（入川，2015；奥村，2004），他者との交流を通して自身の感情や気持ちを振り返り，それを体験としてつかみ，自己洞察が深まることで生じている（新居，2010；中村，2012；奥村，2004）。実際の休職者支援では，職場復帰という現実的な目標が焦点化されるため，こうした実存的な次元での関わりが注目されることはあまり多くはないだろう。しかし，休職者支援においては，認知・行動水準における自己の振り返りや再構成の背後に，このような自己の深い問い直しも生じており，それは主体的な心の動きとして生じることを支援者側が十分に意識しておく必要があろう。

4　現在の休職者支援と研究における課題

(1)心理的テーマの段階に応じた支援の必要性

　これまで見てきたように，休職した人は，【休職後の職業的自己像の揺らぎ】，【職場復帰をめぐる葛藤】，【職場復帰後の職業的自己像の揺らぎ】という心理的テーマを抱えている。休職や復職に際する自己の揺らぎはさまざまな局面で生じていることから，それぞれの段階に応じた支援が求められる。そのためには，休職してから復職後にわたるプロセスを包括的に捉え，個人の体験を注意深く見立てるとともに，職場復帰に向かう過程や復帰後においても，当人の不安や悩みを相談できる支援体制が必要になるだろう。

　特に，職業人としての自己像の揺らぎが休職直後から生じていることは注目される必要がある。前述したSaunders & Nedelec（2014）やSvendsen（2016/2016）が指摘するように，職業はアイデンティティとの結びつきが強く，個人にとって重要なものとして位置づけられうることから，メンタルヘルス不調を抱えて休職に至ることは，それまでの成功体験の積み重ねが崩れ，大きな心の傷となる（島・佐藤，2004）ばかりでなく，それまでのアイデンティティを喪失する苦悩をともなう。しかしながら，本章の文献調査によって示されたように，多くの人が，休職後から実際の復職支援につながるまでの間に十分な心理的支援を受けられていない可能性が高い。

前述したように，「心の健康問題により休業した労働者の職場復帰支援の手引き」（厚生労働省，2009）では，休職開始後の一定期間も，職場復帰支援における1つの段階として位置づけられている。しかし，5つの段階の内，①病気休業開始及び休業中のケアと②主治医による職場復帰可能の判断の間には，非常に大きな心理社会的な溝があることを考えると，いかにしてこの期間に心理的支援につなげ，病休にともなう自己の揺らぎを支えていけるかについての検討が急務となる。休職直後の自己像の揺らぎに対する支えが，その後の【職場復帰をめぐる葛藤】で見られたような，復職を決意した後の迷いや葛藤が生じた際の支援にもつながっていくものと期待される。

　休職後や職場復帰を目指す段階における自己の揺らぎに対しては，まずは気持ちの整理が十分になされることが重要であり，カウンセリングが有用であると指摘されている（島・佐藤，2004）。当事者がメンタルヘルス不調や休職を自身の体験としてつかめていない場合，一時的な病状や業務遂行能力の回復，環境調整によって復帰に至ったとしても，【職場復帰後の職業的自己像の揺らぎ】で見られたように，復職前に抱いていた自己像とのギャップや働く周囲との差異から違和感を覚え，職業人としての自己像を再構成することが難しくなり，結果として職場適応が困難になることが推測される。しかし，現在の職場復帰ガイドラインに基づく休職者支援は，前述のとおり，主に職場復帰に際する可否判断や復帰後の適応に焦点が当てられているが，それと同時に，病休や復職をめぐる自己の葛藤や揺らぎにも目を向ける必要があるだろう。

　また，【職場復帰後の職業的自己像の揺らぎ】においては，職業人としての役割や能力に対する自信喪失により，強い心理的不安が生じることが示されている。再発や再休職予防の観点から，職場復帰後も継続した心理的な関わりや支援を検討することが重要であろう。当人が業務を行うなかで，さまざまな困難や課題が生じるだろうが，それをともに考え，必要に応じて職場の上司や医療関係者と連携をとることが求められる。そうした関わりが，当人の職業人としての自己像を安定したものにする支えになると思われる。

(2)各水準における自己の再構成への支援の必要性

　休職した職業人に対する心理的支援については，当事者が抱える心理的テーマに対してどの次元で関わっていくかという課題も浮き彫りになった。当事者は病状や業務能力の回復のみにとどまらない，自己存在の揺らぎや苦悩を抱えており，それが休職後から職場復帰過程における自己の在りようにも影響を与えていることが示された。【自己の振り返りと再構築】で見られたように，自己の再構成には，認知・行動的な水準と実存的な水準の2つがある。前述した「成長支援」モデルで提唱されていた自己分析による認知の修正は，【自己の振り返りと再構築】における認知・行動的水準において達成が目指されているものである。しかし，本文献調査を通して示されたように，そうした水準とは別に，職業人の心の内には，自己像が揺らぐなかで自己を見つめ，問い直すといった深い次元での心の動きが生じている。これは実存的な自己存在に関わる課題であり，何が失敗であったのかを休職前の自己に探し求めるような，支援者側の原因追及的な働きかけや促しによって洞察が深まるものではないことに留意する必要がある。

　Saunders & Nedelec（2014）や Svendsen（2016/2016）が自己と職業との深い関連を指摘しているように，メンタルヘルス不調による休職では，職業を通した「わたし」という自己存在をめぐる問い直しが生じうる。それゆえに，働けない状態になることにより，自己の課題に直面し，その課題を抱えて主体的に生き直そうとするプロセスが生じるのであろうが，そのことは，病休以前の自己の喪失をともなうものでもある。それは，自身の内に生じた病いや休職という現実の重みを引き受けることをも意味する。こうした心の痛みをともなう作業をともにするという支援者の姿勢が，現在の支援に加えて問われているといえよう。

(3)今後の研究における課題

　本章では，わが国におけるメンタルヘルス疾患による休職者がどのように理解され，支援への取り組みがなされてきたのかを概観してきた。現在の休職者支援に関わる研究は，ある程度病状が回復し，職場復帰の意志をもつ職業人に対して，

いかに効果的かつ確実に職場復帰を進めていくかについての検討が重ねられている。職業人の主観的体験に着目して現在の職場復帰支援を捉え直すと，個人の「働くわたし」という職業的自己の揺らぎは，休職直後から職場復帰の前後におけるさまざまな局面で生じているものの，心理的な援助専門家とつながらない期間についての知見はあまり重ねられていない。この間に個人がどのような苦悩や葛藤を抱え，復職や退職といった人生に関わる意思決定を行っていくのかというプロセスについては，さらなる調査研究が望まれる。

　また，現在の支援制度において，自己の揺らぎを抱える職業人に対して，その在りようを細やかに見立て，さまざまな心理的テーマの段階や異なる次元での心理的支援を検討していくことが重要であることも示した。従来の修復モデルや成長支援モデルにおいては，病休前・後における職場への適応に焦点が当てられている。こうした視点に加えて，それまでの職業的自己を生きてきた当人にとっての，病休がもたらす意味にも着目する必要がある。言い換えると，自己の在りようをめぐる心理的テーマや段階がどのように生じ，どのような経過を辿るのかについて，病休期間中を含めた過程を理解していくことが重要である。そのためには，職業人が休職を経て回復へと向かうプロセス全体を捉える探索的な研究が求められるといえよう。

　なお，メンタルヘルス不調による休職者の職場復帰に関する文献の多くが，うつ病を患い，リワークプログラムに参加した人を対象としていた。そのため，本章で示されたことは，リワークプログラムに参加する意志やその条件を満たす状態にある休職者の体験についての知見であるといえる。しかし，職場復帰をめざす人のなかにも，リワークプログラム制度を利用しない場合や，中断・離脱する場合もあり，さらに，休職者におけるメンタルヘルス不調はうつ病とは限らないと指摘されている（松崎，2008）。このことから，病状や病休プロセスの多様性を十分に考慮する必要があると同時に，休職者の内的経験に基づいた心理的苦悩や復帰プロセスについてのさらなる検討が望まれる。そこで，次章以降では，当事者の語りを通して，メンタルヘルス不調によって休職した職業人の病休体験への探索的理解を試みていく。

第2章　「働くわたし」という自己の揺らぎ
——メンタルヘルス不調の発見から休職まで

　　第1章では，メンタルヘルス不調による休職は個人的な体験としての意味をもつことを見てきた。休職を経験する人は，人生観や職業観，パーソナリティやストレスの感じ方を含めて，一人ひとり異なっている。それにもかかわらず，休職する人は，時に「メンタルヘルス不調者」「病欠者」と一括りにされ，ともすれば労働市場からドロップアウトした存在とみなされる。そのため，「回復とは休職前と同じように働けるようになることである」という社会からの期待が暗黙のうちに了解されてしまう。しかし，休職自体が個人の自己に影響を与えると考えるとき，休職以前の「元の状態」に戻ることなどできるのだろうか。そしてそれは，本来的な「回復」といえるのだろうか。もちろん，産業精神保健の観点からは，職場適応を目指すことは大前提となるが，病休によって「働けなくなる」体験がどのようなものであるかを理解することなしには，その後の到達目標や支援の方針を見立てていくことが難航する場合もあるだろう。

　　心の病いを通して職業人が自己をどのように捉え，定義づけているのかという個人の内的なプロセスを探るためには，当事者の視点からの見直しが必要である。そこでここからは，実際に職業生活においてメンタルヘルス不調を抱えて休職に

至った人の語りに耳を傾け，当事者の視点に基づいた病休体験の理解を試みたい。ここでは，職業と自己との関連から，職業人の「働くわたし」の側面に着目し，休職によって自己がどのように揺らぎ，どのような経過を辿るのかを明らかにする。しかし，病休にともなう自己の揺らぎは，病休してはじめて生じるのではなく，働くなかでストレス負荷が蓄積し，心身の不調が心の病いとして実感されるという認識とともに生じてくるものと思われる。そのため，病休にともなう自己の在りようを理解するためには，心身の不調を感じてから専門機関を受診し，休職に至るまでを含めた病休プロセス全体を検討する必要がある。第1章では，先行研究のなかから，休職中のそれぞれの段階や水準における心理的テーマを取り上げたが，それは個人の心理社会的プロセスを包括的に捉えるものではなかった。そのため，まず本章で，メンタルヘルス不調が生じてから専門機関（心療内科や精神科等の医療機関）を受診し，休職に至るまでの過程を探り，続く第3章で，休職をしてから職場復帰ならびに回復に向かう過程を探っていく。

　本章では，休職に至るまでのプロセスを見ていくわけであるが，個人が休職せざるをえなかった背景を考えていきたい。すなわち，休職以前にどのような「わたし」が生きられていたのだろうか，ということへの着目である。職業上のストレス負荷が蓄積し，休職に至るまでに，職業人が仕事や職業に対してどのような思いを抱いていたのか，そして自身のメンタルヘルス不調をどのように捉え，休職という決断に至ったのかという，自己と職業，そして病いとの関連について，個々の体験に基づいた病休理解を目指す。

1 職業人の受療を妨げるものは何か

　職業人のなかで，心身の症状が出ていても病院を受診しないで働き続ける人は少なくない（Irvine, 2008；Sallis & Birkin, 2014）。日本では，メンタルヘルス不調を感じている人の内，休職も通院治療もしないで働いている人の割合は72.0％にのぼるという報告が上がっている（労働政策研究・研修機構，2014）。このことは，非常に多くの人が適切な治療を受けないまま仕事を優先している現状を示している。

未受療期間が長くなると，精神症状が悪化し，長期休職を余儀なくされてしまう場合がある。さらに受療が遅れると，罹病期間が長期化したり再発率が上昇するなどの予後の悪さとの関連が指摘されている（Altamura et al., 2007；Altamura et al., 2008；Goldberg & Ernst, 2002）。このことから，早い段階で専門機関での治療を受けることが必要になる。

　しかし，心身の不調を感じているにもかかわらず，専門機関の受療を拒む人が多いのは一体何故だろうか。その理由はあまり明らかにされていないが，症状に対する認識が乏しかったり（Simon et al., 2007），精神的な病いへのスティグマ（烙印）が関与していたり，あるいは働けなくなることや雇用を打ち切られることへの不安が背景にあると考えられている（Harvard Medical School, 2010）。もう一つの重要な要因として，個人のアイデンティティに関する心理的抵抗（psychological resistance）がある。メンタルヘルスの不調にともなう症状は，個人のアイデンティティを脅かすことが知られている（Farmer et al., 2012；Sallis & Birkin, 2014）。Farmer et al.（2012）は，専門機関の受療が遅れる背景には，症状を否定することによって「病者であるわたし」を否認し，自己像を守ろうとする心の動きがあると指摘している。職業人の場合にもこうした心理的抵抗があるとするならば，どのような「働くわたし」という自己の動きが生じているのだろうか。この自己をめぐる心理社会的なプロセスにこそ，職業人としての固有の心理的テーマがあると考えられる。

　ここで，個人の自己についてもう少し踏み込んで考えてみたい。個人は，さまざまな関係性のなかで，それぞれの役割を演じているという点で多面的な自己を生きており，ある瞬間にどの自己の領域に意識を傾け，コミットしているかによって，その時その時の自己の在りようが決定づけられている（Oyserman et al., 2012）。そのため個人は，さまざまな「わたし」（me）としての自己側面を生きているのである。この観点に立つと，自己とは，個（self）の「わたし」という一側面（'me' aspect of the self）を表すものであり，ある特定の状況や社会的な文脈に組み込まれているもの（Oyserman et al., 2012）と捉えることができる。そして，ある職業に就き，社会的な存在としてその役割を果たす人は，職業人としての「わたし」の自己側面を生きていると考えられる。

【解説】自己意識と自己概念

　自己意識（self-consciousness）とは，梶田（1988）によると，自分について今現在注がれている，流動的で断片的な意識のことであり，外在的視点に立った安定した自己の概念構造，すなわち自己概念（self-concept）によって支えられていると想定されている。ここで自己意識と自己概念の違いについて整理すると，自己概念は，個人が自分自身の特性や関係について抱く信念や知識の総体であり，自己が自己をどのように規定するのかに関わっている（Shavelson et al., 1976）。一方，自己意識は，個人がどのような自己を生きるかという内的なプロセスや自分自身を定義づけるアイデンティティと大きく関わっている。

　そうした自己をめぐる心の動きを見ていくために，これから行う調査研究では，ある瞬間に「働くわたし」としての自己を決定づける方向性やその在りようを捉える概念として，自己意識に着目したい。自己意識とは，流動性をともなう存在として，「わたし」という主体がどのような者として生成されていくのかを決定づける意識の動きである。本書では，梶田（1988）の定義を参照し，自己意識を，自らの社会的関係や役割，自身の身体や特性等，自己の諸側面に注がれる意識で，自己の在りようを位置づけるものとして定義する。

2　どのように心の病いに気づいて休職へと向かうのか
──インタビュー調査

(1)質的研究法の採用

　一般に科学研究のアプローチには，仮説を定めてその真偽を確かめる仮説検証型の研究法と，特定の現象から新たな理論や概念を構築する仮説生成型の研究法がある。今回の目的は，心の病いを患った職業人の内的経験を〔探索〕することであるから，仮説生成型の質的研究が最適だろう。本書が採用する質的研究は，

「世界がどのように構成されているのかについての理解を深めること」を第一の目的としており（McLeod, 2000/2007），個々人の体験が作り出されるプロセスと体験の意味に焦点が当てられるとされている（岩壁，2010）。臨床心理学における質的研究のアプローチは，臨床心理的問題に関して，特定の現象やその現象を生きる個人の体験を理解するために広く用いられている。

　個人の特質を捉えることに主眼が置かれる質的研究では，対象の一般性を捉える定量的研究とは異なり，対象者の数ではなく，目的に適した対象と現象に関して最も多くのことを伝える情報提供者（インフォーマント）を適切に選び出すことが，データの質を高めるうえで重要であるとされている（戈木，2013）。さらに，質的研究の目的は，現象が存在している状況やそれに関係する行為／相互行為，帰結を一般化することではなく，それらを詳細に記述する（specify）ことである（Corbin & Strauss, 1990）。そのため，本調査においても同様の立場をとることにした。

　データの収集にあたっては，対象の行動や言動を観察・記録する観察法や，予め記載された質問項目に回答してもらう質問紙法では到達しきれない，個人の内省に基づいた体験世界に接近するために，面接法を採用した。そのなかでも，語られる話題に柔軟に対応し，体験世界を深め，広げることが可能な半構造化面接法を選択した。

(2)調査協力者の選定と調査の手続き

　面接調査は 2014 年 8 月から 10 月にかけて行った。対象者の選定にあたっては，職業人のメンタルヘルス不調と受療の遅れの関係を焦点化するために，以下の条件を満たすものとしている。

　　①うつ病もしくは適応障害と診断され[1]，その誘因が職業性ストレスに拠ると判断され，長期（3ヶ月以上）休職した（もしくはしている）人

1）診断基準として，DSM-IV-TR または ICD-10 を用いた。

【解説】面接法の種類

　　面接法は，構造化面接，半構造化面接，非構造化面接の3つに大きく分けられる。構造化面接は，予め定められた質問項目・順番に沿って回答してもらうもので，医学的な診断のために実施されることが多い。非構造化面接は，ある話題について自由に話してもらうもので，相手の回答に応じて自由に質問内容を変えることができる。半構造化面接では，質問項目は予め定められているが，状況に応じて質問の表現や順番，内容を柔軟に変えることができる。

　②精神的な健康度を測り[2]，調査に参加しても問題がないと判断された人
　③メンタルヘルス不調に至った経緯や状況を想起し，言語表出が可能な人
　④第3次産業に従事している被雇用者

　④の条件を設けた理由は，企業等の組織に勤務する個人の心理的ストレスや苦悩に焦点を当てるためである。また，専門機関の受診や休職の意思決定は，初回の病休時と頻回に病休を繰り返している場合とでは，その体験が異なることが想定されたため，転職・退職や頻回に病休を繰り返している人は本調査の対象外とした。

　協力候補者に対して，調査者である筆者が個別に，(1) 研究の趣旨，(2) 調査方法，(3) 録音についての同意，(4) プライバシーの保護，(5) 個人情報の保護，(6) 匿名性の確保，(7) 研究協力の任意性について，文書および口頭で説明したうえで，参加の同意を得た。調査協力者は表4に示すとおりであり，年齢30〜50代の男性4名と女性1名の計5名で，メンタルヘルス疾患の内訳として，適応障害罹病者が3名，うつ病罹病者が2名であった[3]。

　調査方法は1対1の個別面接で，面接回数は1人1回，面接時間は1人あたり

---

　2) 質問紙法による検査を実施している。具体的には，GHQ-12 (The 12-item General Health Questionnaire) を用いた。
　3) 倫理的配慮として，個人が特定されないよう，個別の協力者の疾患名は記載していない。

表 4　調査協力者一覧

ID	性別	年齢	職業	現在の職業での就労期間	有病期間	休職期間	就労状況	現家族構成
A	女性	30代後半	IT 関係	14 年	5 年 3 ヶ月（休職 2 回）	① 6 ヶ月 ② 10 ヶ月 *1	復職	既婚 夫と同居
B	男性	40代後半	貿易関係	7 年	6 ヶ月（休職 1 回）	① 18 ヶ月 *2 ② 6 ヶ月	復職準備中	既婚／子 1 人 妻・妻の両親と同居
C	男性	50代後半	管理業務	30 年	11 年	18 ヶ月	復職	既婚／子 2 人 妻・妻の母親と同居
D	男性	30代後半	運送関係	10 ヶ月	8 ヶ月	8 ヶ月	復職	既婚（離婚）／子 1 人 両親・弟 1 人・妹 1 人と同居
E	男性	50代後半	管理業務	42 年	7 年	6 ヶ月	復職	既婚／子 4 人 妻・子 1 人と同居

*1 現職で 2 回の発病・休職
*2 前職で発病・休職を経て退職

75 〜 110 分であった。面接は通常の診察後，同じ病院内の別室にて行った。調査のおおまかな手順は図 2 に示している。職業人の「働くわたし」という自己の在りように焦点を当てるために個人の自己意識に着目し，受療プロセスを探るための質問項目を作成した。質問内容として，(1) 心療内科・精神科の受療に至るまでの経緯について，その時の具体的な状況，抱いていた感情や心境，(2) 初診時の主治医の診断や休職することに対する心境について尋ねた。詳しい質問項目は表 5 に示している。

　データの収集にあたり，語りの内容に沿って話題を深めたり広げるなど，応答的な対応に留意した。本調査は，受診前のエピソードを含めて回想に基づくデータを含んでいるが，当事者が過去の経験をどのように語るかという語りこそが，

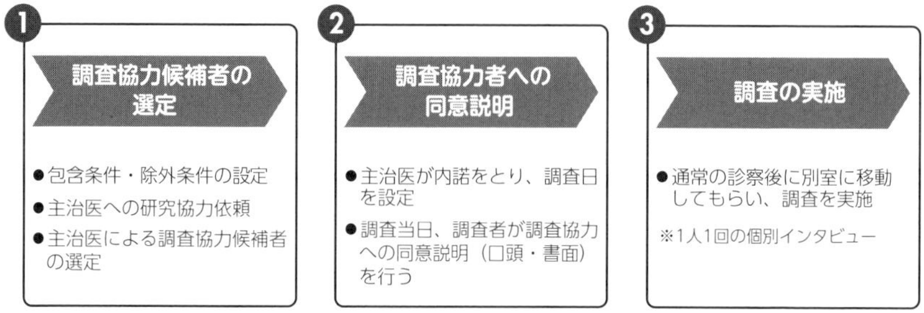

図2　調査の流れ

表5　質問項目一覧

- 心療内科・精神科の受診に至るまでの経緯
- 初診時の主治医の診断や休職に対する心境
- 休職する時に大変だったことや苦労したこと
- 休職する時に背中を押してくれた出来事や人物の存在
- 休職前に休職期間に対して抱いた印象
- 休職期間中の過ごし方・調子の波・考えたことや心情
- 辞めるという選択肢の有無
- 回復することに対するイメージと復職後の状態 *
- 職場に対する見方や心構えの変化 *
- 休職をきっかけに新しく始めたことや没頭したこと
- 病いを通して変わった所，病いが教えてくれるものについて

※面接実施時点で協力者が休職中の場合，*の項目については以下の質問に変更した。
  - 復職することに対してハードルになること
  - 復職する際に大切にしたいこと

病休を体験として生きる当事者の現在の在りようを示すものとして捉えている[4]。面接内の会話は IC レコーダーで録音し，逐語作成して分析を行った。その際，名前や場所などの固有名詞は匿名化した。なお，本調査では，病いを患った職業人への全人的理解と支援を目的に，休職に至るまでの過程に加えて，休職開始後から職場復帰過程，回復過程を含めたデータの収集を行ったため，上記の質問のほか，休職時の状況や心境，休職中の過ごし方，復職前後における職場や仕事に対する心構えの変化についての質問も行っている。ただし本章では，受療プロセスに関する語りのデータを分析対象として示す。休職以降に関わる語りについては，第 3 章で論じることとしたい。

　調査の実施にあたっては，調査実施施設である P 病院倫理委員会の承認を得た。倫理的配慮について，本調査はメンタルヘルス不調者に対する面接調査の手法を用いたため，病状に影響を与えないように十分に配慮した。そのために，事前に精神的健康度を測定して対象者を限定し，さらに，何らかの医学的措置が必要な事態が発生した場合に備え，面接中，主治医は別室で待機した。

(3) インタビューデータの分析

　データの分析は，質的研究の代表的な一手法であり，分析手法が体系化されているグラウンデッド・セオリー・アプローチ[5]（以下，GTA とする）（Corbin &

---

4) これは，調査場面における語りをどのように捉えるかに関わることである。本調査においては，調査場面における語りについて，過去の事実の正確性を問うものではなく，「今，ここ」で生み出される語りから，その人の現在の心の在りようを読み解くための主観的現実として捉えている。このような「語る」という発話行為や語りのもつ意味については，第 5 章・第 6 章で詳しく論じる。

5) Flick（2007/2011）によると，Corbin & Strauss は，GTA におけるコード化のアプローチを発展させ，GTA は 1980 年代以降の看護研究や医療社会学分野で盛んに適用された。Corbin & Strauss（1987）は，病いの体験について，患者にとって問題となるのは疾患ではなく，経験される身体的不調であり，それは当人の日常生活や自己像を変容させるものであると指摘している。こうした研究においては，病いを生きる人々やその家族の軌跡（trajectory）が主要概念となっている（Corbin & Strauss, 1988）。

Strauss, 2008/2012) に基づいて行った。GTA とは, 目的に適した対象者を選択し, 個人の主観的体験や意味世界を捉え, そのプロセスのバリエーションを概念間の関係から成る理論として表し, 一人ひとりのデータに根差した理論生成を目的とした手法である。データの分析は, 順次, データ収集後に行い, 十分な理論生成に至るまでデータの収集と分析を繰り返すことが前提となっている (戈木, 2013)。そのため, 本調査においても, 対象者の選択条件を明確にしたうえで, 当事者が抱える体験への理解を深めながら理論生成を目指し, データの収集と分析を繰り返した。

　分析の大まかな手順は図3に示している[6]。①最初に, 全ての発話データを読み込み, 分析者自身のものの見方を意識するために, 分析者が感じる印象を書き出す。②その後, 全てのデータを切片化する。その際, 現象の背後にある構造とプロセスを概念の水準で把握するために, 概念や概念同士の結びつきに着目した。③各切片にラベル名をつけてから, ④カテゴリーにまとめ, 抽象度を高めていきながら, 概念名を決定した。GTA はカテゴリー (概念) の関連づけの違いによって, プロセスの変化の多様性を表そうとするものであるため, 多数派ばかりではなく, 少数派の回答にも注目する必要がある。そのため, 本調査でも, プロセスのバリエーションに留意しながら分析を行った。⑤その後, カテゴリー同士の関連性を検討し, どのように結びついているかを図示するカテゴリー関連図を作成した。さらに, それをストーリーライン (理論) という形で文章化した。⑥これらの分析手順を対象者ごとに行い, その都度, 概念間の関係性とプロセスの多様性を重視しながらカテゴリー関連図同士を統合していく。最終的に, 全ての対象者のデータを統合し, 同じ現象に対して共通して現れる概念 (共通概念) と中心となるカテゴリー (中心概念) を決定し, カテゴリー関連統合図を作成した。分析に際しては, 研究協力者[7]との間でカテゴリー名やその関連の妥当性について討

---

6) 具体的な分析は, 戈木クレイグヒル版 (2013) に則り, プロパティ (データを見るときの観点) とディメンション (その観点から見たときにデータが表す特性) を中核に据えてカテゴリー関連図を作成する手順を加えた。

7) ここでの研究協力者とは, 本調査の共同実施者であり, 初出一覧の内, 第2章の項目に記載している共著者である。

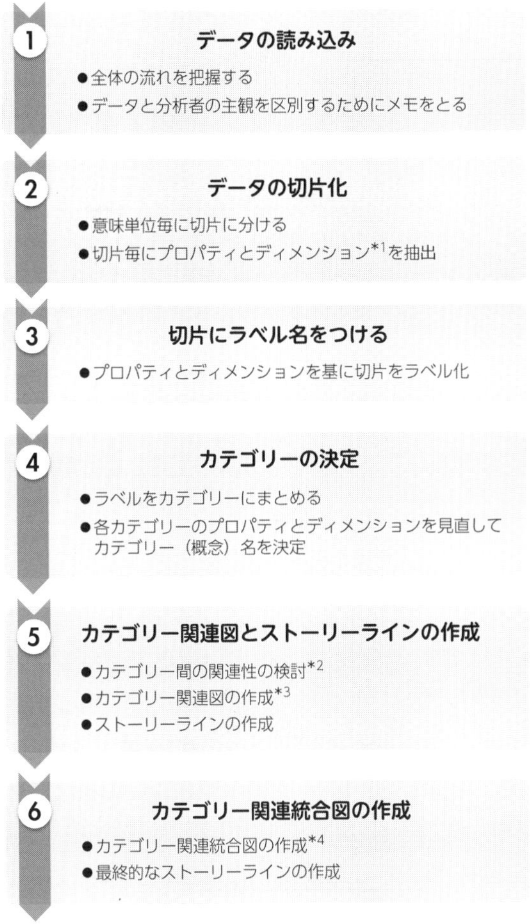

①　**データの読み込み**
- 全体の流れを把握する
- データと分析者の主観を区別するためにメモをとる

②　**データの切片化**
- 意味単位毎に切片に分ける
- 切片毎にプロパティとディメンション*¹を抽出

③　**切片にラベル名をつける**
- プロパティとディメンションを基に切片をラベル化

④　**カテゴリーの決定**
- ラベルをカテゴリーにまとめる
- 各カテゴリーのプロパティとディメンションを見直して　カテゴリー（概念）名を決定

⑤　**カテゴリー関連図とストーリーラインの作成**
- カテゴリー間の関連性の検討*²
- カテゴリー関連図の作成*³
- ストーリーラインの作成

⑥　**カテゴリー関連統合図の作成**
- カテゴリー関連統合図の作成*⁴
- 最終的なストーリーラインの作成

*¹ プロパティとディメンションは，分析を記述レベルから概念レベルに高めるためにも有用である。

*² カテゴリー同士の関連性を検討する際，その根拠として，プロパティとディメンションを用いている。

*³ GTA は常にデータを確認しながら概念の抽象度を高めていく方法であるため，本調査においても，得られたデータ同士を絶えず比較し，理論化の促進に努めている。

*⁴ データが増える度にカテゴリー関連統合図が統合され，内容が充実していく。

図3　語りのデータ分析の流れ

議・検討を重ね，データ解釈を洗練・発展させていった。

3 「働けないわたし」との出会い──調査結果から

　調査協力者5名のデータを統合して分析を行った結果，中心概念【心身の健康を守る試み】を含めた9個の共通概念を抽出した。概念一覧を表6に示している。共通概念は，それぞれ，(1)「個人の心身の健康に関わる問題」，(2)「周囲との関係」，(3)「受療に関する行動」の3つに分けた。ここからは，それぞれの概念が示す内容について，当事者の語りを提示しながら見ていきたい。なお，中心概念は【　】，各概念を《　》で示している。対象者の語りのデータは**太字**で引用し，指示語の内容は前後の文脈より括弧内に補足している。括弧内のアルファベットは調査協力者，Ⅰはインタビュアーを意味し，インタビュアーの質問は山括弧内に示している。

(1)個人の心身の健康に関わる問題

　これは，個人が働くなかで心身の不調をどのように捉え，対処するかを示すものであり，①《業務上の精神的負荷の蓄積》，②《心身の不調の認識》，③【心身の健康を守る試み】，④《病状の悪化》の4つの概念が含まれる。

①《業務上の精神的負荷の蓄積》

　心身にかかる負荷は，業務内容の質や量・業務時間の多さ，ミスが許されない状況や休みが取れない組織体制などによって蓄積される。心身が疲弊した状態が持続すると，追い詰められる感覚に陥ることもある。この状態になると，自己の意識が仕事にとらわれるようになり，職場以外でも仕事のことを考え続けたり悩んだりするため，日常生活や睡眠に支障が出てくる。Aさん（女性，30代後半）は，仕事に熱心に取り組み，家に仕事を持ち帰るほど没頭するあまり，精神的負荷が蓄積し，悪夢に悩まされていた。

表6 受療過程における概念一覧

(1)個人の心身の健康に関わる問題	①《業務上の精神的負荷の蓄積》
	②《心身の不調の認識》
	③【心身の健康を守る試み】
	④《病状の悪化》
(2)周囲との関係	⑤《周囲の配慮》
	⑥《周囲の配慮の低さ》
(3)受療に関する行動	⑦《他科・総合病院の受療》
	⑧《心療内科・精神科の未受療》
	⑨《心療内科・精神科の受療》

　お腹こわしたり，夜眠れなくなったりとか，ちょっとパソコンをよく使う仕事なので，残業したらその分，脳が覚醒しちゃうかもしれないんですけど，布団に入っても全然眠れなくて，眠ると仕事してる夢見たりとかで，休めないとか。
〈I：仕事の夢っていうのは，具体的にどんな夢でした？〉
　仕事の夢が，ちょっと，仕事の内容は特殊……というか，まあプログラムの開発をしているんですけど，そうですね，開発をしてて，重大な障害が見つかるとか……。それで，ちょっとあの，それを使ってる企業さんに迷惑がかかったりとか，そういうふうな夢を見たりしました。誰かに迷惑がかかるような。
〈I：その時どんなことを夢の中で……？〉
　多分，夢の中で泣きながら仕事をしていたと思います。

　ストレスの蓄積には，職業と自己との関係も大きく影響する。仕事に没頭する度合いが高いと，業務上のストレスを引き起こしやすく，過剰に蓄積されていく。さらに，自己意識が職業領域に過度に向かうと，職業以外の自己領域（たとえば，

自身の健康や家族・友人との関係，余暇活動等）に意識を傾けることがなおざりになる。自身の体調や家庭よりも，仕事を優先する人もいた。

> （家に）あまり早く帰りたいとは思っていませんでした。あの，職場の中にいたい方……だったんで（笑）。家庭を顧みないタイプだったんです。
>
> （Case E：男性，50 代後半）

> 晩に，ごっつい呼吸困難になったりとかね。あれ，寝ててもダメなんですよね。座ってね，うん。座位って言って，自分の楽な方向探すんですけど，こう。どうみても危ないなと思ったら。だから，そういう状況だったんで，仕事はきつかったんでね。ずっと考えてましたね。だって晩，寝る前に明日の仕事の段取りもね……。
>
> （Case C：男性，50 代後半）

C さんは心不全の傾向があり，心臓の痛みを感じて受診したところ，うつ病を疑われた。しかしその時は，業務時間外も仕事のことで頭がいっぱいになり，自身の健康よりも仕事を優先していた。職業に過度に没頭する場合，人は「職業人としてのわたし」を最優先するあまり，「一人の人間としてのわたし」の自己側面が生きられにくくなる。そして自己意識のバランスが保てない状態になると，心身の不調が生じるようになる。

②《心身の不調の認識》

　この概念は，心身の不調の察知やそれに対する認識，対処が必要かどうかの判断に関わる。この認識が適切に，かつ早期に行われているかどうかにより，その後の経過も変わってくる。その認識度は，その人の仕事に没頭する度合いにより異なる。個人的な事柄よりも職業を優先する場合は，自身の体調に意識を向ける優先度が低くなるため，不調の察知や対処の必要性を適切に認識することが難しくなり，セルフモニタリングや援助要請行動が阻まれる。症状を察知した場合も，一時的な疲れや自己管理の不十分さによるものと解釈されやすく，病いの徴候と

しては認識されにくい。次に示す B さん（男性，40 代後半）は，職場でめまいの症状が出ていたにもかかわらず，その原因がメンタルヘルス不調によるものとは捉えていなかった。

> 気が張ってるときは，（症状が）出てても分かんなかったんだと思います。ちょっと寝不足やから体調悪いなあとか，っていう。自分に言い聞かせながら，その，目がかすむのもちょっと疲れかなあとか，めまいがするのも寝不足やし，食べてないし……って，そうやって自分で納得しながらしてて……。

③【心身の健康を守る試み】

　この概念は，不調を察知したときに自発的になされる対処行動である。心身の健康を守る試みの方法は，主に周囲への働きかけと自己管理がある。前者では，自身の体調不良を周囲に伝えることによって，他者からの助言や共感を求めたり，職場の環境調整を期待することが含まれる。

> 冗談で，みんな，こう何人かで，「しんどいね，うつかな」みたいなことは言ってたりしたんですよ。「仕事嫌だね」みたいな話とかもしてたので……。
>
> （Case A：女性，30 代後半）

職場の同僚や友人，家族などのソーシャル・ネットワークは，個人が問題状況に対処しようとして最初に接触する人物であるという先行研究（Rickwood & Braithwaite, 1994）を裏付けている。後者では，休みを取得したり気分転換を図るなど，自主的に解決しようとする試みがなされる。しかしこうした試みも，多くの場合は失敗に終わる。

> その，休む前も……あんまり無理しないようにっていうのは自分でキープしながらやってたんですよ。でも，体力的な面を含めて。あんまり無理しすぎたら休みを取らないとって。でも，それでも……，うまくいかなかったですね。なかなか

難しいところがありますね。

（Case D：男性，30 代後半）

　さらに，「働くわたし」という職業的自己が過度に生きられている場合は，仕事に対する責任感やプライドを高くもつために，体調不良を周囲に打ち明けたり相談するハードルが上がるといったように，心身の不調に対処する行動が抑制される。

　その，男のプライドかな，っていうやつがあるんでしょうね，なんかね。弱みを会社では見せたくないっていうのがずっとあるんですよ。で，しんどいとかはね……。強がりなんでしょうね。

（Case B：男性，40 代後半）

④《病状の悪化》

　身体症状や精神症状が悪化すると，症状が長期的に続き，その程度が重く感じられるようになる。症状は，胃腸炎や頭痛，吐き気，風邪や難聴，食欲の低下や非現実感などがあり，これらが複数に重なって生じる場合がある。この状態になると，本人が異変に気づく度合いは高くなり，危険性や焦りをともなって自覚される。次の語りは，ストレスが蓄積し，突発性難聴を発症した A さんの語りである。

　ちょっと焦りますよね。なんかすごく，こんなんで，両耳（が聞こえなくなる）っていうのが，経験したことなかったので。なので，いくらいろんな方に仕事の話で話しかけられても，「ちょっと，こっち（右）から聞こえないので，こちら（左）からお願いします」って……。

（Case A：女性，30 代後半）

　病状の重症化にともない，自分自身で問題を解決するために援助を求める行動が促進されることが知られている（Thompson et al., 2004）。しかし本調査では，病状の悪化によって医療機関に直接つながるケースはみられなかった。その場合，焦

りが高まって，【心身の健康を守る試み】に戻るか，《周囲の配慮》を受けて他者からサポートを得るかのどちらかであった。

　また，精神症状が悪化すると，自殺願望を口にしたり言動や表情が普段と異なって表出されることがある。その表出の度合いが高い場合は，周囲が当人の異変を察知しやすくなる。この状態では，業務上のパフォーマンスが低下することがあるが，こうした変化や症状は職場では表出されにくい一方で，職場以外の場面で表出されやすいため，家族や友人などの周囲の人物が異変に気づくことが多い。

　　職場では暴れないで，ちゃんとこう，やってるんですけど，家に帰ってからそのことの反動があって……。あの，家内に辛く当たったり，夜寝れないから，「何でなんだ」とか言って，昼間のことを思い出して，「どうしてなんだ」って，こう，バタバタと手足を畳につけて暴れたりして。

(Case E：男性，50代後半)

この局面になると，人は自身の体調の悪さに対して焦りを感じたり危惧したりするが，そうした状態でもすぐには専門機関の受療には向かわないことが顕著であった。その代わりとして，【心身の健康を守る試み】に向かったり，《周囲の配慮》を受けたりする。

(2)周囲との関係

　これは，他者からのサポートの在り方や，そのサポートに対する当人の態度や応対について示すカテゴリーであり，⑤《周囲の配慮》と⑥《周囲の配慮の低さ》の2つの概念が含まれる。

⑤《周囲の配慮》

　メンタルヘルス不調は，周囲には察知されにくく，④《病状の悪化》で示されたように，周囲が異変を察知するほど病状の表出度が高い場合や，明らかな身体

症状を当人が訴えてはじめて気づかれる場合が多い。周囲の配慮は，異変の指摘や休職の勧め，受療の後押しなどによって示される。周囲の人物は，家族や友人，職場の同僚や上司，産業医などであるが，当人が周囲の配慮を受け入れるか否かは，周囲から示される配慮の度合いと，配慮を示す人物との関係性，すなわち，周囲の人物が当人が最優先する自己意識の領域にどれほど関連しているかによる。前者の場合，本人が職業領域に固執し，自身の体調に目を向けない場合でも，周囲から示される配慮の度合いが大きいと，抵抗を示しながらも受診に至るケースも見られた。

　　病院行こうと言ったのは，あの，家内に何回か連れて……私は行きたくないと。でも，「病院に行って，とりあえず診てもらったら」と。「どういう結果が出るか分からないけれど，とりあえず診てもらったら」と。「病気じゃないかもしれないけれど，第三者に客観的に話を聞いてお父さんの状態を聞いてもらえて，話してもらったらそれなりに，それはそれでいいんじゃないの」って。「そういう面では，専門家に意見聞いた方がいいよ」って言われて。あの，まあそれで病院に行くというか，連れていかれたというか，家内に連れていかれて，本人は行きたくない……。病気だって……おかしいなっていうのは分かっているけど，病気では……ない，ないっ〔強調して〕ていう抵抗がありましたね。

　　　　　　　　　　　　　　　　　　　　　　　　　　　（Case E：男性，50 代後半）

後者の場合，配慮を示す人物が，当人にとって重要な人物，すなわち当人が最優先する自己領域と密接に関わる人物ではない場合，他者からの配慮は受け入れられにくい。

　　その（会社の保健師に休んだ方がいいと言われた）ときには自分がそういうふう（ストレス性の病気で休職すること）になるとは思ってなかったので，休まなくても大丈夫です，仕事遅れるし，って感じで，お断りしてたんですけど。

　　　　　　　　　　　　　　　　　　　　　　　　　　　（Case A：女性，30 代後半）

自己意識が職業領域に優先的に向かっている場合，職場の上司からの配慮は受け入れられやすく，それによって自己意識が自身の病いに向かうようになる。Bさんは，職場で倒れた後も病院を受診することなく仕事を続けていたが，上司から受診を強く勧められたことから専門機関につながった。

〈Ｉ：すぐ病院行かなきゃいけないなっていうのは思われなかったんですか？〉
もう，全然。仕事遅れる，穴開けるとか，これじゃ急がないかんっていうのが。
〈Ｉ：ご体調の事は？〉
ああ全然全然。それよりも……ですね。
〈Ｉ：どのようにしてこちら（病院）に，行こうかなと思われたんですか？〉
やっぱ上からの……会社かなあ。……もう，行けと，休んでいいから行けと。

(Case B：男性，40 代後半)

⑥《周囲の配慮の低さ》
　この概念には，周囲が当人の体調不良を察知しない場合と，当人が体調不良を訴えても理解や共感を示さないことが含まれる。前者の場合，当人が体調不良を伝達しない限り，周囲は異変に気づきにくい。

やっぱりね……自分が表に出してない，しんどいっていうのを言わなかった……から，周りは気づかなかったじゃないですか。

(Case B：男性，40 代後半)

後者の場合は，当人がいくら体調不良を訴えても，実際に仕事をしているという事実が，当人が抱える状況の深刻さへの認識を妨げることになり，その結果，環境調整や受療の後押しがなされにくい。Aさんは休職前，何度も体調不良を口頭で伝えていたものの，上司に理解してもらえず，病状の悪さを書類にまとめてはじめて事態の深刻さが伝わったと語る。

「こんなに悪いって気づかなかった」って（上司に）言われて，「いや，言ってましたよね」って思ったんですけど，まあ，なんか，そんな資料でまとまってくると（体調の悪さに）初めて気づいたみたいで。そこまで，会社に来てるんだからくらいにしか思ってなかったみたいで。

(Case A：女性，30代後半)

(3)受療に関する行動

　これは専門機関への受療と休職の開始に関わるものであり，⑦《他科・総合病院の受療》，⑧《心療内科・精神科の未受療》，⑨《心療内科・精神科の受療》の3つの概念が含まれる。

⑦《他科・総合病院の受療》

　他科受療において，病状の原因が明確にされず，メンタルヘルス疾患が疑われる場合は，心療内科・精神科へのリファーを受ける。反対に，他科で身体症状のみの治療を受け，メンタルヘルス不調であると判断されない，もしくは疑われない場合はリファーを受けられない。専門機関への受療プロセスにおいて，一般身体科におけるメンタルヘルス不調の診断とリファーの不十分さがたびたび指摘されているが（藤澤ら，2007；小泉ら，2007），今回の調査においては，総合病院に通院中の患者を対象としたこともあり，専門科への経路はスムーズであった。

⑧《心療内科・精神科の未受療》

　仕事に対して過度に没頭している職業人の場合，仕事に対する責任感から他科や専門機関の受療や休職を拒むことがある。その場合は，結果として心療内科・精神科の未受療期間が引き延ばされる。

　病気だって……おかしいなっていうのは分かっているけど，病気では……ない，ないっていう抵抗がありましたね。
　〈I：何か病気に対して，否定的な考え方というのはもたれていたんですか？〉

あ，いや，そうではなくて，自分に託されている仕事は，完成したいというか，達成したいという思いがあって，そこから離れたくないという。

（Case E：男性，50代後半）

受療行動を妨げる要因として，精神障害に対するスティグマや，時間や費用等による受療の困難さ，精神障害に対する知識不足が指摘されている（Thompson et al., 2004）。しかし，自己意識が過度に職業に向かっている人にとっては，メンタルヘルスに対するスティグマというよりは，むしろ仕事への没頭が専門機関の受療を妨げている。病いを認め，受療を選択することは，職業人にとっては仕事領域からの撤退として意味づけられる。そのため，職業人としての意識の在りようは，精神障害に対する知識や態度，また構造的な障壁以上に，重大な障壁として位置づけられる。

⑨《心療内科・精神科の受療》

ここでは，医師による診断と同時に，休職の必要性を告げられる。また，職業性ストレスによるものと原因が告げられたり，病名が明確にされる場合もある。今回の対象者は，直接，心療内科・精神科受診をした人が1名，他科受診の後にリファーされた人もしくは総合病院の受付時に案内された人の計4名であった。

(4) 病休に至るプロセスモデル

以上の概念間のつながりを示し，「働くわたし」の自己に焦点を当てながら，職業人が専門機関の受療に至るプロセスモデル（図4）を生成した。このモデル図は，受療過程におけるパターンとバリエーションを概念化したものである。さらに，その概念における自己意識の方向性（たとえば自己意識が職業か体調のどちらの領域に優先的に向いているか）を示した。つまり，個々の職業人が今現在どのような状況下で，どのような自己の側面を生きているのかについて，そしてそれらが次の行動や意思決定にどのような影響をもたらすのかを表している。そのため，身体的・精神的負荷が蓄積し，心身に不調が生じてから心療内科・精神科を受療する

プロセスは個々人によって異なる。また，受療プロセスは，各概念を順に経過するのではなく，自己認識や病状，周囲との関係，職場環境や仕事の状況などの影響を相互に受けながら，各概念を行きつ戻りつしながら辿るため，そのプロセスは複雑化し，個別化する。

プロセスモデルの事例提示

　図4に示した受療過程における概念間の関連をみるために，調査協力者の内，抽出された概念の多くを経験しながら受療に至ったAさん（女性，30代後半）の事例を基に，具体的なプロセスを辿ってみよう。IT関連の仕事に携わって14年が経過し，責任感が強く，要求されるさらに上の水準で仕事を仕上げようとするAさんは，その熱心さからますます仕事を任されるようになり，業務量が増大していった。家に帰っても夜中まで仕事をする日々が続いたため，《業務上の精神的負荷の蓄積》が生じ（図4，①），《心身の不調の認識》に至った（図4，①→②）。しかし，身体面の不調を自覚するものの，さほど深刻には捉えず，特に対処をしないまま業務を続けたことが《病状の悪化》を招いた（図4，②→④）。その病状の表出度が高かったこともあり，異変に気づいた職場の後輩や産業医から《周囲の配慮》を受け，休職を勧められた（図4，④→⑤）。しかし，「自分がそういうふうになるとは思ってなかったので，休まなくても大丈夫です，仕事遅れるしって感じで，お断りしてた」と語られるように，仕事に対する使命感と体調への過信から，配慮を受けとめずに《心療内科・精神科の未受療》となり（図4，⑤→⑧），再び《業務上の精神的負荷の蓄積》という状況へと戻った（図4，⑧→①）。

　そして，再び《心身の不調の認識》（図4，②）では，眠れない日が続き，眠れたと思うと仕事の夢ばかり見るようになり，「夢の中で泣きながら仕事をしていた」と語るほど，精神的に追い詰められるようになった。身体的には，胃腸の不調を感じ，同僚と「しんどいね，うつかな」と話すなど，次第にメンタルヘルス不調の予兆を察知したAさんは，【心身の健康を守る試み】に移り（図4，②→③），上司に体調不良を伝達すると同時に，辞意を表明することによって自らの健康を守ろうとした。しかし，どれだけ口頭で体調不良を訴えても上司の理解が得られず，また辞意を伝えても引き止められてしまい，その試みは失敗する。過重労働

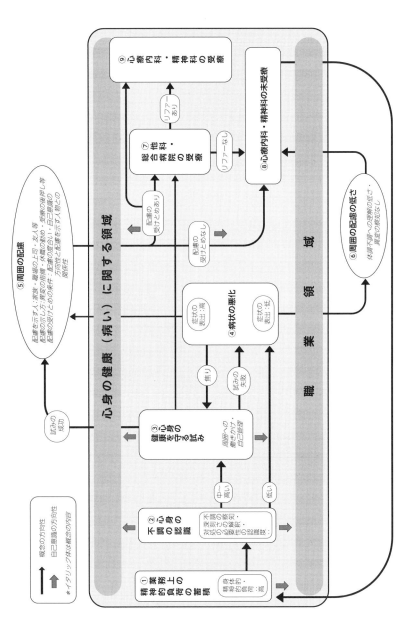

図4 受療過程【心身の健康を守る試み】に関わるモデル図

が続いたある日，突然耳が聞こえなくなるという《病状の悪化》に直面した（図4，③→④）。

　焦りを感じたＡさんは，再び【心身の健康を守る試み】を探り（図4，④→③），仕事を休むと同時に，悪化した病状を書類にまとめて上司に提出し，説明した。初めてＡさんの状態を把握した上司から《周囲の配慮》を受け（図4，③→⑤），病院の受診と休職を勧められ，《他科・総合病院の受療》として耳鼻科を受診した（図4，⑤→⑦）。そこで精神疾患を疑われたことからリファーを受け，《心療内科・精神科の受療》に至った（図4，⑦→⑨）。

4 揺らぐ自己を支える受療支援

　これまで，職業人がメンタルヘルスに不調をきたしてから専門機関を受療・休職するプロセスを探索することにより，その過程で個人がどのような自己の状態にあり，どのように意思決定を行うのかを描出してきた。職業人が精神的な不調を抱えながらも治療を受けずに働き続ける背景には，仕事に過度に没頭する「働くわたし」という自己側面に大きく関係していることが示された。自己意識が職業領域に過度に向かうとき，自分自身の健康状態には意識が向けられにくくなり，心身の異変を察知したり，それを病いとして認識したりすることが難しくなる。心身の不調を察知した際の対処方法は人によってさまざまであるが，自分の体調を過信したり，受診のための時間を惜しんだり，仕事を休むことに対する自責の念に苛まれるなどの理由から，自主的に医療機関を受診することが難しくなることがわかる。

　職場のメンタルヘルスへの一次予防対策として，セルフケアの重要性が厚生労働省（2006）から喚起されている。これは，個人によるメンタルヘルスの理解やストレスへの対処を指している。日頃から個々人が自身の健康管理を行い，心身の不調をケアすることは，たしかに理想ともいえる。しかし，過度にセルフケアの要請が強調されてしまうと，メンタルヘルスに不調をきたした場合，自己責任や当人の問題として批判されかねない。また，前述したように，2015年12月か

らストレスチェック制度が導入されている (厚生労働省, 2015)。当制度は, メンタルヘルス不調の未然防止が目的とされており, 心身の不調に対する個人の認識を促す点においてはたしかに有用である。しかし, ストレスチェック制度によってストレスに対する気づきやセルフケアを促しても, 本調査で示されたように早期受療につながらない職業人も多いだろう。受療・休職支援においては, こうした職業人に対して, いかに支援につなげていけるかを考えていかねばならない。

　本調査では, 職業領域に過度に没頭する職業人が, 心身の不調を抱えているにもかかわらず, 働き続けることによって「働くわたし」という自己を守ろうとする在りようが示された。今回, 対象となった多くの職業人が, Tellenbach, H. (1983/1985) がうつ病になりやすい病前性格として指摘しているメランコリー親和型のような, 自己の仕事に対して過度に期待し, 職業領域に没頭した「働くわたし」としての自己を生きていた。職業人のなかには, 自身の健康を犠牲にしてでも仕事に従事しようとする人がいる。そうした職業的自己が強く生きられているとき, メンタルヘルス不調は, 個人の自己意識を仕事以外, すなわち心身の調子へと向けさせるものとなり, そのことが職業人としての自己イメージを手放す体験ともなりうる。意図しない形で自己意識の向きを変えざるをえなくなると, それまでの自己存在を支えていた基盤が揺らぎ, 不安がかき立てられるのではないだろうか。こうした自己の揺らぎのなかで, 人は自己の存在意義を回復しようとするために, よりいっそう受療を拒み, 仕事に没頭しようとすることが考えられる。

　そのため, 周囲の人物が当人の異変に察知し, 受療の後押しを行うことが受療の遅れの予防につながるであろう。しかしながら, 当人が体調不良を伝達しない場合や病状の表出度が高くない場合は, 周囲が異変を察知したり理解を示すことはほとんどなされず, 受療につながるサポートが得られにくい。このような周囲の配慮の低さは, 当人の伝達意欲をさらに低下させ, セルフケアや受療行動を妨げるという悪循環を招いてしまう。このことからも, 周囲のサポートの重要性が改めて強調されるが, 本調査で示されたように, 「働くわたし」としての自己を最優先にして生きる職業人の場合, 配慮を示す人物とその示し方に留意すべきことが明らかになった。これまで, 受療プロセスにおける周囲のサポートの必要性が

指摘されていたが（Ito et al., 2014），どのような群に対してどのようなサポートが有益であるのかについては十分に論じられてこなかった。本調査の結果から，病状が悪化し，周囲が異変を察知した場合や，【心身の健康を守る試み】が成功し，当人が周囲から配慮を受ける場合であっても，職場の上司以外，つまり家族や友人，同僚や産業医の助言を受け入れられずにいたことが示された。

　「働くわたし」の自己の揺らぎを抱え，アイデンティティを喪失する不安を感じる職業人にとっては，職場の上司による受療・休職の勧めこそが，自身の体調に意識を向けさせ，受療行動を促す動因となりうる。それは，行動的な水準だけにとどまらない，当人の自己全体を支えるような実存的な水準におけるサポートになりうる。Erikson, E. H.（1959/1982）が提唱する心理社会的アイデンティティは，人が現実社会のなかで生き，「わたし」であるという「生き生きとした現実感」を得るためには，自分が自分に与える評価だけではなく，「価値ある」他者からの是認が前提となっている。この点に関して，《周囲の配慮》で必要になるのが，当人の自己意識がコミットしている領域に所属する重要な人物からの働きかけであり，「働くわたし」としての自己を強く生きている職業人にとっては，上司がその「価値ある」重要な他者としての機能を果たすだろう。すなわち，上司自身が，当人の「働くわたし」の在りようを認めたうえで，健康の問題を含めたそれ以外の「わたし」の側面を是認することが，当人の意識を「一人の人間としてのわたし」へと向けさせる動因となる。先述した厚生労働省のガイドライン（2006）における「4つのケア」の内，2つ目の「ラインによるケア」では，上司による労務状況や対人関係の管理に加えて，ストレス要因の把握などが挙げられているが，ここでは，ケアの技法にとどまらない，当事者の自己の在りようへの理解と支持的な配慮が求められる。

　さらに，「働くわたし」の自己を最優先にしてきた職業人は，専門機関につながって休職に至った後も，自己の揺らぎに直面し続ける可能性が高い。病いの存在は，それまで職業領域に最優先に向けてきた自己意識をそれ以外の領域へと向けざるをえなくなることを意味する。そのため臨床現場における心理的援助の専門家は，こうした自己をめぐる葛藤が心理的な課題として立ち現れることを意識し，自己意識の揺らぎに留意した関わりが求められる。心理療法の経過において，

個人の自己意識が「働くわたし」から「個人としてのわたし」にシフトする場合であっても，病いに意識を向けることは，仕事をなおざりにしているという自責の念を引き起こし，病いを受けとめることへの葛藤に苛まれることが考えられる。そのため，心理的援助の専門家は，職業人がそれまで生きてきた「働くわたし」という自己側面を喪失する体験として病休を捉える視点をもち，そうした自己の側面も含めて，当人がどのようにして「わたし本来であるという感覚」（sense of authenticity：Vannini & Franzese, 2008）をつかんでいけるかを見立てていく必要があるだろう。

5　理想の職業人像に潜むリスクを見据えて
──本章のまとめ

　インタビュー調査を通して，働くことに対する個人の意識，つまり，「働くわたし」という自己の在りようが，心身の不調の認識や健康を守る試み，そして他者からの受療や休職の勧めに対する姿勢に影響を与えることが明らかになった。前述のとおり，対象者の多くが，職業領域に没頭した「働くわたし」としての自己を生きていた。メランコリー親和型ではなくとも，職業人としての役割を果たすうえで，仕事との距離感を保つことが難しくなり，自己意識のバランスが崩れてストレスが蓄積することは前述したとおりである。仕事を最優先にする職業人は，雇用者側から見れば理想的な人物であるかもしれない。しかし，こうした職業人は，潜在的なメンタルヘルス不調のリスクを抱えながら働き続けていることが多いため，早期発見や早期介入が困難であるといえる。本章ではそのような職業人の「働くわたし」の自己の在りように焦点を当てることで，当人が生きる現実や意味世界を捉え，休職に至るプロセスを明らかにした。それによって，受療支援においては，当人の意識を職業領域から自身の体調に向けさせるような職場の上司による関わりが重要であるとともに，セルフケアには限界があることを指摘した。

　次章では，実際に休職に至った職業人が，その後どのように職場復帰ならびに

回復へと向かっていくかについて，本章と同様に，「わたし」という自己の在りようやその揺らぎに着目して検討していく。

質的研究は臨床心理学において
どのように語られてきたか

　職業人の「わたし」という自己の在りように着目し，主観的体験を理解していくためには，個人の語りを聴きとっていくことが重要になるということを序章で述べた。本書では，職業人の主観的体験や自己の在りようを，まさに「臨床的に」理解するために，質的研究の方法を用いた研究を第 2 章に引き続き展開していくわけであるが，ここで，そもそも当事者の体験の語りを質的に扱うとはどのような意味をもつのか，すなわち質的研究における語りとは一体何であるか，という本質的な問いに目を向けてみたい。

　現在，臨床心理学領域において，質的研究はたしかな広がりを見せている。質的研究に関する解説書が多数出版され，質的研究法を用いた研究成果が次々に発表されるなど，数十年前から「質的研究ブーム」（佐藤，2008）といえる現象が生じ，研究法として定着したにものになりつつある。海外においても，2006 年の時点で臨床心理学の学位論文に質的研究法を用いる学生は 42％以上にのぼり，その数は増えている（Harper, 2013）。このことからも，質的研究と臨床心理学の深い関連が指摘されている（McLeod, 2000/2007；能智，2011）。

　しかし，質的研究が臨床心理学で用いられることが増えている現状はあるものの，それが臨床心理学にとってどのような意味があるのか，心理療法という営みや「語り」を聴くということ，あるいは事例検討・事例研究という，臨床心理学のこれまでの方法とどのような関係があるのかに関しては，無反省なまま，その

使用が先行している観がある。そのため，臨床心理学において，質的研究がどのような意義をもつのかを再考するために，臨床心理学における質的研究の位置づけとその方法論的意義について，一度しっかりと論じておく必要があろう。

1 臨床心理学における研究法の概略

　臨床心理学は，1896 年に Witmer, L. によって提唱されて以来，人生の困難や苦しみを抱える人に対して，その人の心や在りようを理解し，援助するための実践的な学問として発展してきた。そのための研究として，個性記述的アプローチに基づく事例研究と法則定立的アプローチに基づく定量研究の 2 つの対極ともいえる方向性をもつ研究が行われてきた。近年では，これに加えて，当事者の体験世界を体系的に探索するための手法として，質的研究が用いられるようになってきたと言われている（やまだ, 2013）。Flick, U.（2007/2011）によると，質的研究の意義は，世界の多元化が進み，複雑さを増す社会のさまざまな関係を解きほぐすために，さまざまな限定つきのナラティヴの必要性が強調されたことに裏づけられているという。

　従来，心理学における研究は，自然科学モデルに基づいた客観的な数量的理解が重視されてきた。統計的にデータを処理し，仮説検証の方法をとる量的研究は，主観を排除し，対象となる現象を統制された条件下で調べる法則定立的なアプローチである。しかし，人間に関わる事象は，本来，それが起こる地域や時間，状況といった特殊な条件の影響を受けているはずである。そのため，心理学における研究法はそれらを捨象しており，日常生活との関連性（relevance）を欠いているという批判（Dörner, 1983）が向けられていた。一方，臨床心理学のなかでも，特に精神力動を重視する立場においては，Freud, S. を代表とした事例研究が主流であった。これは，詳細な治療過程を記述しながら事例の検討を行う個性記述的なアプローチである。しかし近年では，臨床領域においても実証性が求められるようになり，系統的かつ厳密に介入過程を記述し，新たなモデルを生成する必要性が問われるようになった（McLeod, 2000/2007）。こうした時代の要請を受けながら，

質的研究は2つの伝統的な研究法の狭間で発展し，人と状況に結びつきのある主張（Bonß & Hartmann, 1985）を実証的に根拠のある形で生みだすことが目指されたのである。

　質的研究はさまざまな学問領域において考案され，発展してきた。KJ法[1] はわが国の文化人類学者である川喜田二郎（1967）が発案し，第2章で用いたグラウンデッド・セオリー・アプローチ（GTA）はアメリカの社会学者である Glaser & Strauss（1967/1996）が発案した質的データの分析法であり，両者ともボトムアップから理論を生成していく方法論である。解釈的現象学的分析（Interpretative Phenomenological Analysis：IPA）を含む現象学的アプローチは，人がどのように世界や体験を理解し意味づけているのかについての「生きられた経験」を当事者の視点から明らかにすることを目的としており，現象学，解釈学，個性記述学などの多様な理論的背景をもっている（McLeod, 2000/2007）。またナラティヴ分析は，テクストを物語（ナラティヴ）として解釈する多様な方法の総称である（Riessman, 2008/2014）。このように質的研究は，社会学，文化人類学，哲学，言語学などの学問領域で発展し，臨床心理学においても，主観を科学的に記述・研究するための新たな手法として導入された。

　臨床心理学は，大別すると，臨床心理学的援助に関わる実践研究と，その基礎となる臨床心理的問題に関わる理論的研究がある。これらの研究分野と質的研究との関わりについては，前者では，質的分析法を用いて心理療法のプロセスを検討するなど，実践的見地から語られることが多い。Rennie, D. L.（1994）の調査研究に代表されるように，90年代頃よりクライエント（心理療法における来談者）とともに面接を振り返り，体験の評価を行う研究も積極的になされている（McLeod, 2000/2007）。一方，後者のように，質的研究は臨床心理的問題に関わる理論的研究において用いられることも多い。本書で行っている質的研究も，この理論的研究に含まれる。しかしながら，臨床心理学において，質的研究は事例研究との関連

1）KJ法は，野外科学における問題発見・解決のための技法であり，元々は心理学における質的研究法として考案されたものではないが，心理学における語りの分析に有用であると考えられ，広く用いられている。

から論じられることが多く，質的研究イコール事例研究の一手法であるという誤解を招いている可能性がある。

　質的研究は，妥当性・信頼性に乏しいという批判が向けられていると指摘されたり（Kopala & Suzuki, 1999），語りやプロセスが分断されて全体性を失う（遠藤，2006）などといった批判が見受けられたりすることがある。前者は，法則定立的な立場から，後者は個性記述的な立場からの批判であるが，実践研究と理論的研究のそれぞれの固有性が十分に考慮されずに，双方の立場から批判を向けられるという事態が生じている。このような批判は，方法論としての認識が混在していることに加えて，臨床実践と研究の馴染みにくさ（河合，2002a）を抱える臨床心理学の独自性にも関わっていると考えられる。

2　臨床心理学における質的研究法論の概観

　他領域で発展してきた質的研究が臨床心理学においても広がりを見せている現在，臨床心理学において質的研究を行うとはどのような意義や独自性をもつのだろうか。質的研究法を活かしながらこれからの臨床心理学の発展につなげていくためには，これまで臨床心理学において語られてきた質的研究法論を整理する必要があるだろう。そのためここからは，理論的研究において主として用いられる語り（ナラティヴ）に焦点を当てた質的研究の方法論に関する国内の文献を概観し，臨床心理学における質的研究の課題と可能性を検討していく。質的研究が対象とする素材は語り以外にもあるが，語りが生成されるという点において，質的研究と臨床心理実践は深く関わっており，そのため語りに対する認識上の融合や誤解が生じやすいという背景から，ここでは語りを扱った質的研究の方法論に焦点を当てて論じたい。

　臨床心理学における質的研究に関する文献を概観し，整理するために，Arksey & O'Malley（2005）が提唱するスコーピングレビュー（scoping review）の手続きに則った。具体的な手法は第1章に記しているので，詳しくはそちらを参照されたい。文献の検索・選択においては，わが国での臨床心理学における質的研究法論

の動向について整理することで，その課題を抽出することを目的としたため，日本国内の論文に限定し，医中誌のデータベースを用いて 2018 年 7 月〜 8 月に検索を行った。検索キーワードを「臨床心理学 / 心理臨床 / カウンセリング」「研究法」で設定して検索した後，ナラティヴを扱った論文を抽出した。これらに加えて，収集した文献の引用文献から関連論文を辿るハンドサーチを行い，新たに文献を収集した。なお，ここでの論は，方法論として質的研究がどのように位置づけられ，論じられているかという観点に基づいている。このことから，研究の方法（method）や手法（technique）の側面について言及する際は「研究法」と表記する。

　上記の手順を踏んだ結果，計 42 本の論文がレビュー対象となった。対象論文について，(1) 質的研究の方法論の概略，(2) 質的研究法の分類，(3) 事例研究をめぐる方向性，(4) 質的研究における語り（ナラティヴ）の 4 つの視点から質的研究の動向を論じた。なお，検討するための視点を複数設定したため，1 つの論文を重複して取り上げることもある。

(1) 質的研究の方法論の概略

　臨床心理学分野において質的研究は，国内では 2000 年頃から下山（2002）や木下（2003）などによってその具体的な方法とともに紹介され，広く知られるようになった。質的研究は急速に発展し，それぞれのアプローチにおいて派生したり改良が加えられたりしているため，技法の種類は多岐にわたるが，ここでは臨床心理学との関連から，代表的なアプローチの展開について概観してみよう。

　まず，GTA は，データに根差した（grounded on data）分析から理論を生成する方法として考案され（Glaser & Strauss, 1967/1996），社会的相互作用に関係し，現象や人間の行動の変化と多様性のプロセスを説明し，実践的活用を促す理論であると紹介されている（木下，2003）。GTA は，質的研究のなかでもより系統的な手法として位置づけられるが，理論が生成されるまでデータに徹底的に向き合うことにより膨大な時間がかかることから，切片化や理論生成をめぐって創始者間で対立が生じたことをきっかけに，さまざまに分化していった。わが国の臨床心理学

においては，語りのデータを切片化せずに分析テーマを導入した修正版 GTA (M-GTA)（木下, 1999）が広く用いられている。木下（2003）は，GTA の手法において，臨床心理的アプローチよりも距離をとった外部化・対象化の視点を強調している。一方，能智（2013）は，社会構成主義の視点に基づく Charmaz 版 GTA (2006) を紹介し，データと研究者間の相互作用を重視している。

　それまでの自然科学主義に基づく量的研究に対する限界や批判から質的研究は広く展開するなかで，量的研究か質的研究かを改めて問う議論が呼び起こされるようになった。こうした議論に対して，藤川（2006）や遠藤（2013）は，量的・質的研究は対立するものではなく相補的であり，両方の研究法をハイブリッド的に用いることを強調している。さまざまな技法を用いるミックスメソッドやトライアンギュレーションなどがその例である。こうした議論のなかには，量的研究の妥当性や客観性の概念に沿おうとする立場（岩壁, 2009）と，質的研究における独自の評価基準を打ち出そうとする立場の 2 つが見てとれる。前者は，当事者とともに分析結果を検討し，相互の現実を作り上げるトランスビュー（Trans-View）の手続きなどを重視し（安田, 2014），「臨床的妥当性」を担保しようとする試みである（藤川, 2013）。一方，後者は，質を評価する基準として，能智（2008）も強調している「依拠可能性（dependability）」，「信憑性（credibility）」，「転用可能性（transferability）」（Guba & Lincoln, 1989）の 3 点を挙げている（中田, 2010）。特に「転用可能性」では，量的研究が一般化を目指すのに対して，理論が他の事例にも転用でき，新たな理解につながる可能性が強調されている（斎藤, 2014；梁, 2007）。

　このような議論のなかで，2014 年頃から複線経路等至性モデル（Trajectory Equifinality Model：TEM）（サトウら, 2006）が知られるようになった。TEM は，個人の経験の多様性や複線性を時間と文脈のなかで捉えることを目指す技法であり，野口（2014）や安田（2014）などによって実際例が紹介されている。安田（2014）によると，TEM は当事者の経験と研究者の主観の融合から物語世界が生成される過程を重視し，リフレクティヴな臨床心理実践につながる手法であるとされる。また同年代に，藤岡（2013）が実際例を用いて合議制質的研究法を紹介し，分析過程に「強制的でない一致した決定」という合議のプロセスを提示している。さらに近年では，当事者研究が臨床心理において紹介されるなど（熊谷, 2015；村上，

2017；山本，2014），対象者への理解に際して，対象者と調査者間の関係性と相互協力を重視する動きが高まっている。

　一方で，現在広まりつつある質的研究の在り方について批判的に再考する動きもある。本来，質的研究では，事例の数よりも一つひとつの事例の描出や，「厚い記述」と呼ばれるデータの豊富さが重要視されてきたにもかかわらず，事例の数（対象者数）の多さが質的研究においても重要であると主張する研究者が数多くいることが，中田（2010）や山川（2014）によって指摘されている。山川（2014）は，質的研究において対象者の量的拡大を課題に掲げることは量的研究のパラダイムと発想が変わらないことを指摘している。また藤川（2006）は，個別性に根差した質的研究が，量的研究の概念である妥当性を問う立場を疑問視し，一般化をめぐって立脚する理論的背景を異にする対立があるものの，一般化を認める立場であっても具体的方法を洗練させる余地が残されていると指摘している。このように，質的研究の質や臨床心理実践との関連をめぐる議論が生じており，同時に，臨床心理学における質的研究の在り方が問われてもいる。

(2) 質的研究法の分類──事例研究と質的研究の混在

　質的研究は心理臨床実践との親和性が高く（木下，2003；能智，2011），藤川（2006）が述べるように，当事者の語りの主観的な意味内容に焦点を当てることから，研究対象とともに研究者もその場の一部を構成し，深く関与しながら研究を行う。このことから，中田（2010）や斎藤（2014）が指摘しているように，事例研究法は質的研究の一つとして捉えることが可能だろう。しかし，臨床心理学の実践研究において，質的研究の方法論はこれまでの事例研究の在り方を批判的に論じる際に用いられることが多く，その論では質的研究と事例研究が区別されている。したがって，臨床心理学においては，事例研究法を質的研究に含める立場に加えて，事例研究を質的研究と別個の研究法として捉える立場という2つが存在していることになる。

　事例研究と質的研究とを区別する立場では，主に実践に関わる介入や治療技法，効果検討のための方法論として質的研究が語られることが多い。岩壁（2009）は，

効果研究との関連から，事例研究において系統的な方法論に基づく必要性を強調し，質的研究法を用いた事例研究を紹介している。このような立場では，個別のプロセスを重視しながら，研究者自身の主観を内省するというリフレクシヴィティの概念が重要視されている（廣瀬，2014；松下ら，2016；横山ら，2016）。また近年では，能智（2013）や横山ら（2016）が述べるように，語りのプロセス全体の流れを分析しようとするシークエンス分析などの「今，ここ」での体験を捉える分析法が，心理療法の実践的な固有性と重なるものとして事例研究に取り入れられている。これは質的研究の認識論というよりも，質的研究の分析手法を取り入れて応用した立場であるといえる。

　その一方で，事例研究法を質的研究の一つとして含める立場がある。斎藤（2009，2014）は，事例研究を「質的研究としての事例研究」と位置づけたうえで，「原則として一事例についてのプロセスから詳しいデータを収集し，収集されたデータの分析から，何らかのパターン・構造仮説・理論モデルなどを生成することを試みるタイプの研究法」（斎藤，2014，p.131）と定義している。また能智（2011）は，個性記述的研究について，Freud, S. が事例の詳細な記述と考察をしていたことに対して「広い意味での質的研究」としている。この立場は，質的研究の認識論的背景を前提として事例研究法を捉えているといえる。質的研究は本来，当事者の語りに寄り添い，体系的な理解を導くために発案された研究の在り方である。このような視点は，近年では主に臨床心理的問題の探索や理解を中心とした理論的研究にはいくつか応用される例があるものの，臨床心理学における議論においては，もっぱら実践研究を再考する際に論じられているという現状がある。臨床心理学では，このような実践研究と理論的研究の違いから，事例研究法を質的研究に含めるか否かによる立場が混在しており，このことが質的研究の方法論をめぐる議論が複雑化する理由となっている。

(3) 事例研究をめぐる方向性──臨床心理学研究をめぐる答えに何を求めるか

　前項で論じた，事例研究を質的研究に含めるか否かという混在した議論の背景には，事例研究の定義をめぐる混在した動きがある。そのため，わが国における

事例研究の展開について整理する必要があろう。日本の心理臨床において事例研究が中心的となった契機の一つは，1974 年の京都大学の事例研究を中心とする紀要『臨床心理事例研究』の発行であったと言われている（渡邊，2017）。梅本論文（1974）において，臨床心理学研究は，臨床体験に基づいた臨床心理学の知識体系を客観的な形で妥当性と有効性を立証しながら確立することが期待された。その後，臨床心理学における研究とはどのようなものであるかについて，実践性を基盤としながら自然科学とは異なる独自の在り方をめぐる議論が重ねられてきた。山川（2014）によると，河合（1976）の「臨床の知モデル」と「物語論」に代表される事例研究法と，「統合的事例研究法」（下山，2000）に代表される法則志向的な事例研究法といった 2 つの方向性に分けられる。

　前者は，個性記述的研究を重視し，臨床心理学における研究の在り方を事例の内部，つまり事例性に求める立場である。臨床心理学の実践は，個別で一回限りのものであり，クライエントの全存在に関わるものである（伊藤，2003；河合，1976）。そのため，藤川（2006）や山口（2006）が指摘するように，臨床心理学の実践は，従来の自然科学で説明されていた因果律や要素には還元されえず，仮説検証型の量的研究では多様で個別的な対象を捉えることが困難であると主張されている。臨床心理学の発想は，心の病いに悩む人をいかにして治療するかであり，個人の主観の世界を対象とせざるをえないことから，臨床心理学は主観を扱い，研究者と研究対象との間に関係が生じるという学問の独自性が強調された（河合，2002b）。もとより，「研究」と称されるためには科学論文としての目的をもつべきであるとされ，河合（1976, p.9）は，「ひとつの事例の治療体験をだらだらと記述しただけでは，科学論文としての価値は低い」と述べ，事例研究の目的を整理している。そこでは，臨床心理学における研究とは何かについて，「関与しながらの観察」（Sullivan, 1954）を目指す学問として，「主観的関与と客観的観察という両立し難いことを両立させる」（河合，1976, p.11）という実践と研究をめぐる動きがあった。

　一方で，河合（2002a, p.84）は，「表層的な事実について多くの例を集めても，あまり臨床的な意味を持たない」ことや，「ひとつの症状について何例かをまとめ，それについて普遍的な法則を見出すような論文よりも，ひとつの事例の赤裸々な報告の方が，はるかに実際に『役立つ』」（河合，1976, p.10）と述べ，研究論文の

形式と臨床的な意義を区別して論じている。また，自然科学モデルにおける一般性や普遍性に対しては，「一個人の全体性を損うことなく，その個人の世界を探求した結果は，臨床家が他の個人に接するときに共通のパターン，あるいは型を与えるものとしての普遍性をもつ」（河合，1976，p.10）と述べられ，個々に固有な内的な物語には個々の事実を超えた普遍性があるとされる（伊藤，2003；岡田，2003）。このような一回限りの出会いに基づいた個々の詳細な記述が，臨床家である聞き手にとって実際的に役立ちうるものとして重要であるとされている（河合，2002a）。河合（1976）の個別性から浮かび上がる普遍性の考え方は，その後，山川（2014）や渡邊（2013, 2017）にも紹介されている。渡邊（2013）は，事例研究からは，個々の事例のもつ「絶対性」や実存的側面の実感的理解が獲得されると述べている。しかしその一方で，心理臨床家が事例研究をどのように読み，何を得ているのかについてはあまり明らかにされていないことが指摘されている（渡邊，2013；山川，2014）。事例研究における事例のもつ力は，それ自体普遍性をもち，臨床心理学研究の発展に寄与するものであろうが，それらの知見がどのように積み重ねられていくかは，受け手である個々の心理臨床家の問題となり，その実情については議論の余地が残されているといえる。

　他方，事例研究における2つの方向性の内，後者は法則志向的であり，自然科学における実証の仕方に倣いながらも，臨床心理学独自の方法論の確立を目指している。下山（2000）の統合的事例研究法は，一事例に見いだされた仮説を他の事例と比較し，モデルを生成する方法論である。下山（2002）は，国内では明確な方法論をもたない事例研究が多く，国際的な動向との乖離があると指摘した。また，岩壁（2009）や藤川（2013）が述べるように，従来の一事例研究に対する批判や社会へのアカウンタビリティ（説明責任）の要請を受け，個別の事象を一般化して根拠を示し，論理的に提示することを通した実践研究を発展させる動きがある。岩壁（2013）は，一事例研究は方法論の系統性やデータ収集と分析の妥当性ならびに信頼性が欠けていると指摘し，効果研究とプロセス研究による事例検討の必要性を強調している。

　このような議論のなかで，臨床実践における個別性を重要視しながら，質的に究明しようとする質的研究法に注目が向けられるようになったと藤川（2006）が

述べているように，体系的な分析手法をもつ質的研究が臨床心理学に導入された。質的研究の方法論は，前述の「関与しながらの観察」（Sullivan, 1954）における，自身の言動を反省的に対象化しながら臨床活動を行う心理臨床実践と重なる。この点について能智（2013, p.354）は，「対象を客観的な対象として突き放して眺めた客観的な知識ではなく，具体的な関係の文脈の中で得られる『関係的な知』」が生み出されるとしている。また，質的研究における「絶えざる比較」や「理論的サンプリング」の概念は，他者性や他者の他者性と向き合い，出会うための対話的な過程であるともされている（能智, 2013）。能智（2009）は，事例が研究性を帯びるためにはプロセスやリフレクシヴィティの視点が重要であると述べている。特にリフレクシヴィティは，事例を分析する際の適切性を担保するものとして強調されている（廣瀬, 2014；野村, 2014；安田, 2014）。こうした質的研究の視点は，事例について多面的観点からの記述と分析を可能にするとし（斎藤, 2014），客観性と普遍性をもつと考えられている（渡邊, 2017）。また最近では，量的データを用いて事例の特徴を明確に示し，質的データを用いてデータの流れを示すという系統的事例研究が，岩壁（2010）や野田（2015）などによって実践されている。このように，実証性を高めて系統的に実施する必要性を主張する立場によって，質的研究の分析手法が取り入れられ，応用されている。

　これまで見てきたように，事例研究においては，「研究（research）」とは如何なるものかについての議論をめぐって2つの流れがあり，一つは事例の内部にある個別性に求め，一つは系統的な手法を用いた実証性に求めている。たとえば芋阪（1976）は，case study と case report を区別し，それに加えて下山（2002）は，research, study, report の3つを厳密に区別する必要があると主張している。その一方で，中田（2010）は，研究（research）としての事例研究と実践（practice）としての事例研究に分類したうえで，どちらも広い意味での事例研究としている。このように，さまざまな立場から議論が繰り広げられているものの，いまだ結論は出ていない。こうした議論が，臨床心理学における事例研究と質的研究の議論を複雑化させているともいえる。

(4) 質的研究における語り（ナラティヴ）

（3）で述べたように，事例研究をめぐって新たな方法論を確立しようとする流れがある一方で，語り（ナラティヴ）の概念が，医学をはじめとした自然科学にも導入され，科学的なものの中に物語という質的なものの意義を見つけるというナラティヴ・ベイスト・メディスン（NBM）が提唱されている（Greenhalgh & Hurwitz,1999）。そして臨床心理学においても，当事者の語りが当事者理解につながるという考え方が斎藤・北（2001）や斎藤（2008）によって紹介されているように，改めてナラティヴの概念が見直されている。質的研究もまた，前述のとおり量か質かという二元分割を超える方法論として発展し，その背景にはナラティヴを重視しようとする動きが高まったことがある。ここでは，これまで臨床心理学の方法論としてあまり論じられてこなかった，ナラティヴ生成の場としての質的研究の臨床的意義を探るために，ナラティヴがどのように語られてきたかについて概観する。

まず，ナラティヴには，経験を語ることによって「つなぐ」という機能がある。個々人が体験を語るためには，出来事や思考などの断片を結びつけて言葉を紡ぐ必要がある。人はこうした言葉をつなぎ合わせることによって物語を作り上げると言われている（河合，2005；森岡，2005；斎藤・北，2001）。これは，「切る」自然科学と対比されて「つなぐ」物語と位置づけられており（森岡，2008），自然科学モデルにはない臨床性が内在している。このように物語ることで，人は新たな意味づけや解釈を通して自己を統合し，再構築していく（森・福島，2007）。また森岡（2005，p.272）は，過去の出来事を現在において語ることで，語られた出来事（narrated events）と出来事を語ること（narrating events）が混ざり合い，「語ることがその人が在ることと深くつながっている」と論じている。このようにナラティヴは，個人が出来事やその人自身を意味づけ，位置づけることで，語る「わたし」と語られる「わたし」をつかむ心の作業でもあることが示されているが，このことは心理臨床だけではなく，質的研究の語りの場でも生じているといえる。

次に，ナラティヴは相互行為であり，状況や文脈依存的である。特に社会構成主義では，ナラティヴは固定的なものではなく，語り手と聞き手の相互関係のなかで構築された対話的な構築物であると考えられており（野村，2014；山口，2006；

山本，2014），常に流動的であるため，唯一正しい物語というものはないとされる（山本，2014）。ここにも「つなぐ」という機能があり，ナラティヴは，語られた内容と語り手との「関係」をつなぐだけではなく，語り手と聞き手との間の「関係」をもつなぐ（河合，2005）。この関係性は，心理臨床におけるセラピストークライエント間だけではなく，質的研究における聞き手（インタビュアー）ー語り手（情報提供者）間でも生じている。そのように共有されたナラティヴは，その後，解釈され，読み手に共有されていく。山口（2006）によると，質的研究には，語ること，語りを解釈すること，読者に読まれること，という3つのミメーシス[2]があり，それぞれが別の次元で生じていると考えられている。このような内的な経験の記述が共有可能なものとなったときに，ナラティヴは実践的な効果をもつと考えられており（村上，2017），ここに，質的研究におけるナラティヴの臨床的意義が示されているといえるであろう。

3　質的研究の認識論における語りの生成の意義

　臨床心理学において質的研究がどのように語られてきたのかについて，（1）質的研究の方法論の概略，（2）質的研究法の分類，（3）事例研究をめぐる方向性，（4）質的研究における語り（ナラティヴ）という4つの視点から概観してきた。質的研究の相互関係性を重視する点や研究者の主観を内省する点などが臨床心理学の独自性との関連が深いことから，臨床実践と研究の接点をめざす臨床心理学に質的研究が取り入れられたことが示された。さらに，臨床実践である事例研究法を質的研究の一手法として捉えるか否かによって立場が異なり，また事例研究をめぐっても2つの異なる方向性があることから，質的研究をめぐる議論が複雑化している現状も浮き彫りになった。

　臨床心理学における質的研究がどのように論じられているのかについて再度整

---

2) Ricœur, P.（1981）の理論を基に説明した概念であり，「実践的・理論的双方の要素を含む象徴世界を産出する行為」（山口，2006）のことである。

理すると，事例研究における研究の在り方が模索されるなかで，自然科学モデルに代わる独自の指標を明確にするため，すなわち，臨床実践における実証性を担保するための手法として論じられてきたといえる。そのなかで，質的研究自体がさまざまな技法へと派生し，臨床心理学においても，実証性の要請に応えるように新たなアプローチが次々と導入されている。最近では，量と質を組み合わせたり，複数の研究法を用いることがトレンドとして挙げられるが，研究法を増やすことで実証性が高まると安易に考えてはならないだろう。これは，岡田（2003）が指摘する「消極的な事例研究法の使用法」ともいえる。自然科学的な統計的手法を事例研究と相補的に用いるのは，臨床心理学における研究法がそれほど厳密に確立していないため（岡田, 2003）と考えられている。このような傾向は，遠藤（2006）が指摘するように，質的研究の方法論の形骸化を招いていると考えられる。研究の質を高めるためには，個々のアプローチでどのように事象を描き出しうるかを追求することが不可欠だろう。一方で，臨床心理実践における質的研究の方法論は，実証性を重視する他領域との共通言語を探っていると考えることができる。臨床心理学の個別性を共有可能な知見として説明するために，他領域と認識論を共有することは重要であろう。しかし，近年の臨床心理学における質的研究法論は，語りを通して生成された知見に対する議論というよりは，むしろ定量的研究から照射された研究としての評価的側面に偏重して論じられている傾向がある。

　さらに，臨床心理学には，実践研究と理論的研究があり，前者に含まれる事例研究をめぐってはさまざまな立場があるため，質的研究をどのように捉えるかについても議論の渦中にあるといえる。しかし，能智（2009, p.22）が「実践研究とより密接な関わりをもっているのは質的研究の方法や手続きではなく，むしろ質的研究の視点」と指摘しているように，手法そのものや方法論の厳密性に過度に固執するのではなく，それぞれの手法の特性を理解したうえで臨床実践の知に資するために理解を深め，応用していくことが重要である。質的研究は，前述のとおり，語りのプロセスや全体性が失われるという批判（遠藤, 2006）があるように，事例のもつ個別性や全体性を切り捨てる手法であるという誤解が，実践研究だけではなく臨床心理的問題に関する理論的研究にも向けられている。

　質的研究法は，当事者が語り，語られ，共有されるという豊かな語り（ナラティヴ）の生成の場としての意義をもつものであるが，現在の方法論に関する議論を概観すると，こうした語りの認識論的意義が見落とされているといえる。改めて質的研究が目指してきた背景に立ち戻ると，それは，個別の関係性のなかで構築されるナラティヴを通して対象を理解することである。ナラティヴには，個人の主観や経験と密接に関連した「思考としてのナラティヴ」と「産物としてのナラティヴ」があるが，ナラティヴが語られた後，聞き手は自身の「思考としてのナラティヴ」に沿って整理・再話することで，新たな「産物としてのナラティヴ」が生まれる（能智，2006）。質的研究の場において，研究として共有可能な臨床的知が生成されていくという点において，分析手法としてだけではない研究対象としての奥深い可能性があるといえるだろう。臨床心理学研究においては，このような質的研究の認識論がもつ臨床的な意義と，質的研究法が生み出す一つの世界の見え方への可能性について，さらに意識的であることが求められる。

　ところで，語りの側面から質的研究を概観すると，心理臨床との重なりが浮かび上がってくる。「人生，生は始まりもなければ終わりもない。物語はそれに比して始まりと終わりを要する」（森岡，2007，p.261）と論じられているように，「わたし」について語るとは，本来語りえぬものを語るという行為でもある。その視点に立つと，質的研究における語りと心理臨床における語りはどのように重なり，どのように異なるのであろうか，という疑問も残る。この問いは，質的研究がもつ語りの臨床性と独自性に関わるため，続く第3章・第4章で，質的研究が生み出す語りに耳を澄ませたあと，第5章と第6章で改めて取り上げて論じたい。

第3章 「働かないわたし」から 新しい「働くわたし」へ
──休職から復職・回復へ

　前章では，メンタルヘルス不調を抱える職業人が専門機関を受療し，休職へと至るプロセスを明らかにしてきた。そこでは，仕事に没頭するあまり職業以外の自己領域に意識が向かないでいた人が，メンタルヘルス不調によって自身の健康問題に目を向けざるをえなくなるという，自己の在りようが変わりゆくプロセスをみてきた。しかし，そのプロセスは，それまでの職業役割や責任を手放す苦悩や罪悪感をともなうものであり，「個人としてのわたし」という自己そのものの存在基盤に関わることでもある。それでは，そのような自己の揺らぎを抱える職業人は，休職以降，どのような自己を生きるのであろうか。それまで職業人としての役割を果たしてきた人が，一時的に働かない状態に置かれるとき，「働くわたし」を含めた自己全体の変容が迫られる事態となるのではないだろうか。

　休職以降の当人が抱える問題や，回復へと向かう過程における内的変化は，主に心理療法における個別の臨床事例として扱われることが多い。そのため，休職者の主観的体験はあまり理論化されていないという現状がある。そのため本章では，前章で行った個別の面接調査による語りから，休職以降の語りを取り上げ，病いによる休職を経て，職業人の自己の在りようがどのように変容するかという心

理的プロセスを探る。さらに，前章と同様に，その時々の自己の在りようを方向付ける自己意識に焦点を当て，そうした心の動きがどのように職場復帰を困難にしたり促進したりしているのか，また回復過程における当人をどのように支えているのかを考えたい。

1 休職後にどのような「わたし」が生きられるのか
──インタビュー調査

(1)調査協力者の選定と調査の手続き

　本調査はメンタルヘルス不調を抱える職業人の内的経験に対する探索的視点から，質的研究を用いて仮説生成を行うことを目指す。調査における質的研究の位置づけについては，第2章を参照されたい。対象者の選択にあたっては，第2章で述べたことと同様に，総合病院一施設に研究協力を依頼し，以下の条件を満たす調査協力候補者の選択・内諾を得てもらった。

　　①うつ病もしくは適応障害と診断され[1]，その誘因が職業性ストレスに拠ると判断され，長期（3ヶ月以上）休職した（もしくはしている）人
　　②精神的な健康度を測り[2]，調査に参加しても問題がないと判断された人
　　③メンタルヘルス不調に至った経緯や状況を想起し，言語表出が可能な人
　　④第3次産業に従事している被雇用者

なお，転職・退職や頻回に病休を繰り返している人は対象外としている。これにより，精神不調を抱えながら仕事に従事し続けた職業人の，休職に際する心の揺らぎを明らかにできることが推測された。
　データの収集にあたっては，面接法を用い，観察法や質問紙法では到達しきれ

　1）診断基準として，DSM-IV-TR または ICD-10 を用いた。
　2）質問紙法による検査を実施している。具体的には，GHQ-12（The 12-item General Health Questionnaire）を用いた。

表 7　調査協力者一覧

ID	性別	年齢	職業	現在の職業での就労期間	有病期間	休職期間	就労状況	現家族構成
A	女性	30 代後半	IT 関係	14 年	5 年 3 ヶ月（休職 2 回）	①6 ヶ月 ②10 ヶ月 *1	復職	既婚 夫と同居
B	男性	40 代後半	貿易関係	7 年	6 ヶ月（休職 1 回）	①18 ヶ月 *2 ②6 ヶ月	復職準備中	既婚／子 1 人 妻・妻の両親と同居
C	男性	50 代後半	管理業務	30 年	11 年	18 ヶ月	復職	既婚／子 2 人 妻・妻の母親と同居
D	男性	30 代後半	運送関係	10 ヶ月	8 ヶ月	8 ヶ月	復職	既婚（離婚）／子 1 人 両親・弟 1 人・妹 1 人と同居
E	男性	50 代後半	管理業務	42 年	7 年	6 ヶ月	復職	既婚／子 4 人 妻・子 1 人と同居

*1 現職で 2 回の発病・休職
*2 前職で発病・休職を経て退職

　ない，個人の内省に基づいた体験の意味世界に接近することを意図した。また，病いを通した職業人の自己の変容過程を探るというリサーチ・クエスチョン（研究の問い）に基づき，深く豊かな語りを引き出すために半構造化面接法を用いることが望ましいと考えた。面接調査は 2014 年 8 月から 10 月にかけて行った。協力候補者に対して，調査者である著者が個別に，(1) 研究の趣旨，(2) 調査方法，(3) 録音についての同意，(4) プライバシーの保護，(5) 個人情報の保護，(6) 匿名性の確保，(7) 研究協力の任意性について，文書および口頭で説明したうえで参加の同意を得た。調査協力者は表 7 に示すとおりである。

　調査方法は 1 対 1 の個別面接で，面接回数は 1 人 1 回とし，通常の診察後に同病院内の診察室で実施した。質問項目（表8）は，病休にまつわる自己の在りようの変容およびそれに関する自己意識の変化について，休職から復職に至るまで，

表 8　質問項目一覧

- 心療内科・精神科の受診に至るまでの経緯
- 初診時の主治医の診断や休職に対する心境
- 休職する時に大変だったことや苦労したこと
- 休職する時に背中を押してくれた出来事や人物の存在
- 休職前に休職期間に対して抱いた印象
- 休職期間中の過ごし方・調子の波・考えたことや心情
- 辞めるという選択肢の有無
- 回復することに対するイメージと復職後の状態 *
- 職場に対する見方や心構えの変化 *
- 休職をきっかけに新しく始めたことや没頭したこと
- 病いを通して変わった所，病いが教えてくれるものについて

※面接実施時点で協力者が休職中の場合，*の項目については以下の質問に変更した。

　- 復職することに対してハードルになること
　- 復職する際に大切にしたいこと

時系列における変化に対応して作成し，多様な語りを引き出すように工夫した。なお本調査では，前章で示したように受療に至るまでの質問も行ったが，本章では，休職以降における自己の変容過程に焦点を当て，復職支援の在り方について探索することを目指したため，休職以降の語りを分析対象としている。面接内の会話は IC レコーダーで録音し，逐語作成して分析を行った。名前や場所などの固有名詞は逐語作成時に匿名化した。

　本調査の実施にあたっては，研究協力を依頼した P 病院の倫理委員会の承認を得ている。倫理的配慮について，本調査はメンタルヘルス不調者に対する面接調査の手法を用いたため，病状に影響を与えないように十分に配慮した。そのため，事前に精神的健康度を測定することによって対象者を限定し，さらに，何らかの医学的措置が必要な事態が発生した場合に備え，面接中，主治医は別室で待機した。

(2) インタビューデータの分析

　データの分析は，質的研究の代表的な手法であるグラウンデッド・セオリー・アプローチ（以下，GTA とする）（Corbin & Strauss, 2008/2012）に基づいて行った。GTA は，データに基づいて理論を産出する手法である。GTA の特徴は，個別性を重視し，当事者の視点から主観的体験のプロセスを明らかにするとともに，そのパターンのバリエーションや広がりを提示することである。具体的な分析は，前章で示した手順と同様，戈木版（2013）に則った。まず，全てのデータを切片化し，それぞれの切片ごとに名前（ラベル）をつける。さらに複数のラベルをカテゴリーへとまとめ，抽象度を高めていく。その後，カテゴリー同士の関係を検討し，カテゴリー関連図とストーリーラインを作成した。データの分析は，データ収集後に順次行い，分析と収集を繰り返し，常にデータを確認しながら概念の抽象度を高めた。具体的な分析手順は，第 2 章第 2 節を参照されたい。また，研究協力者[3]との間でカテゴリー名の妥当性について討議・検討を重ね，データ解釈を洗練・発展させた。

2 「働かないわたし」から照射される「働くわたし」
　　──調査結果から

　調査協力者 5 名のデータを統合し，分析した結果，19 個の共通概念を抽出した。それらを（1）休職してから復職するまでの役割的自己の変化，（2）回復過程における主体的自己の変化という 2 つの過程に分類した。この 2 つは，時間的な次元ではなく，自己の次元によって分けたものである。（1）役割的自己は，「働くわたし」「働かないわたし」という社会的役割や位置づけに関わる概念であり，（2）主体的自己は，職業を含めた「わたし」という自己の見直しや再構成に関わる概念である。以下，各過程における概念を例示する。なお，中心概念は【　】，概念は《　》，サブとなる概念は〔　〕で示す。対象者の語りのデータは**太字**で引用し，指

　3）ここでの研究協力者とは，本調査の共同実施者である。

示語の内容は前後の文脈より括弧内に補足している。括弧内のアルファベットは
調査協力者を示し，インタビュアー（Ｉと表記）の発言や質問は山括弧内に記載し
ている。

　また，カテゴリー関連統合図から各過程におけるプロセスモデルを生成した。
このモデルは概念間の関係性を示し，各過程のパターンとバリエーションを概念
化したものである。さらに，自己意識に焦点を当て，各プロセスに影響を与える
要因として提示した。このモデルは，個々人が今現在どのような状況下でどのよ
うな自己意識を有しているのかについて，そしてそれらが次の行動や意思決定に
どのような影響をもたらすのかを示している。概念は調査協力者全員の事例から
抽出したものであるが，個々人は，その時々の自己意識の在り方や病状，周囲と
の関係，仕事の状況などの影響を受けながら各概念を行きつ戻りつするため，各
人が辿るプロセスは複雑化し，個別化している。

(1)役割的自己における変化の過程

　この過程では，中心概念【休職中の自己を変える意志】を含めた10個の概念を
抽出した。概念一覧を表にし（表9），さらに概念間の関連を示すモデルを図5に
示す。

①《休職の開始》

　休職が決まったときの心理的な反応はその時々によって異なる。休職をどのよ
うに受けとめるかという反応には，［休職の受け入れ］と［休職の否定］がある。
これは，自己意識がどの自己領域に向いているかに関係する。［休職の受け入れ］
の場合，職場や仕事から心理的距離が置けるようになり，職業上のストレスによ
る苦痛から解放されることとして体験される。一方，［休職の否定］の場合，自己
意識と職業との心理的距離が近すぎるあまり，休職の現実をなかなか受け入れる
ことができず，仕事を休むことへの罪悪感や自責の念が生じることもある。その
とき，休職は周囲に迷惑をかけるものであったり仕事を途中で投げ出すことであ
るなど，否定的に意味づけられる。

表 9　役割的自己における変化の過程の概念一覧

概念名	概念の内容
① 《休職の開始》	自己意識の方向性によって休職に対する受けとめ方（受け入れ / 否定）が異なる。前者は解放感，後者は罪悪感をともなう。
② 《病状の悪さへの埋没》	自己意識が病状に向かうと悪化したように実感され，周囲と関わる意欲や意思決定に影響が生じる。
③ 《医師との関わり》	医師との関わりの程度やその内容によって，休職の意味づけや心境に変化が生じる。
④ 《周囲のサポート・配慮》	周囲の配慮や理解の示し方によって，休養に専念できるか否かが影響される。
⑤ 《気分・調子の波》	気分の状態や身体症状の軽減・悪化に関する概念であり，休職中の自己の受け入れ / 否定にも関わる。
⑥ 《休職中の自己の否定》	働いていないことに対する負い目や罪悪感を抱き，現状を問題視したり打破するために答えを見いだそうとする。
⑦ 《休職中の自己の受け入れ》	休職を肯定的に意味づけたり，職業と距離を置けるようになると，休職中の自己を受け入れ，休むことに専念できるようになる。
⑧ 【休職中の自己を変える意志】	職場復帰や転退職の意思決定に関わる。休職中の自己の受けとめ方や調子によって試みの内容やその成否が異なる。
⑨ 《職場復帰なし》	体調が回復しなかったり，復職に対する否定的な心情が生じたりすることにより，復職に至らずに休職期間が延長される。
⑩ 《職場復帰》	職場復帰に関わる概念であり，復帰後は，⑪の《復職後の病いの意識化》へとつながる。

　自分は納得できてないけど，「休め」って言われてしまったんで，医者の命令だから仕方ないなって。それも要するに，すごく自分で責任を取れ……ないというか，誰かのあれで，転嫁してるという状態だったんだと思います。状態悪いから，はい休みます，じゃなくて，医者が言うから仕方なく休むっていう……受けとめ方ですね。

（Case E：男性，50 代後半）

②《病状の悪さへの埋没》

　休職に入って仕事から離れ，自己意識が体調の方へと向かうようになると，病状が急に押し寄せ，悪化したように実感されることがある。

> もう本当にゆっくりしてたらなんか，今までのものがなんか全部出てくるっていうか，わあって体調悪くなったんですね。無理してたところが，緊張の糸が切れたのに近いような感じだと思うんですけど。
>
> （Case A：女性，30代後半）

「悪化した」ように感じられる体験は，それまで職業領域に集中して注がれていた自己意識が，休職によって職業領域から切り離されることによって生じるものであるだろう。調子の悪い状態が長期間継続し，しんどさや痛み，気分が落ち込んだ状態が続くと，自己意識が病いに呑み込まれ，休むことに精一杯の状態となる。この状態では，人は周囲と関わる意欲が低下し，一人の中に閉じこもりやすい。

> 本当は，自分も……話とか……あまり人と話したくないというか，しんどいから。うーん。……で，お見舞いの人も有難いんだけど，見に来てくれる人も……しんどい（笑）。
>
> （Case C：男性，50代後半）

このとき，意思決定に関して，誰にも相談しないで自分自身で解決・解消しようとすることが生じる。一方，このような病状の悪さは，《医師との関わり》や《周囲のサポート・配慮》といった相互行為をもたらす。

③《医師との関わり》

　医師との関わりは，休職中の「働かないわたし」の自己が支えられたり，その後の「働くわたし」が再構成される大きな一因となる。医師の指示内容には，病状の段階や調子の波に応じた休職中の過ごし方や，体調を優先する必要性，また仕事に対する考え方を変えるような具体的なアドバイスがある。そうした医師の

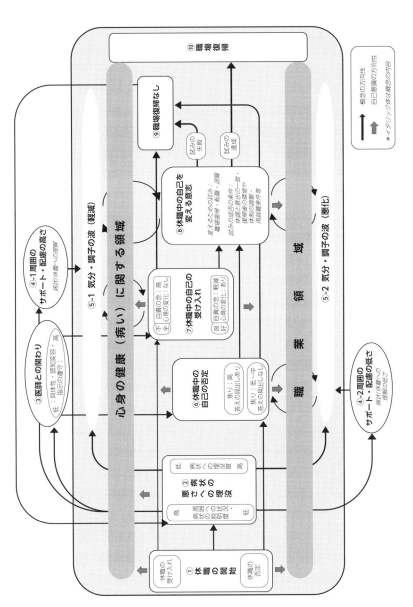

図5 役割的自己における変化のプロセスモデル

言葉に耳を傾け，心の内に落とし込まれていくと，休職の意味づけに変化が生じてくる。

> もう体一番なんでと。私だけが頑張ってもね，会社が良くなるわけでもなし，皆は他にもおるから，って割り切って。で，まあ，ズルくね，時々ベランダとかに出てね，体操したりとかしたらどうですか，とか，そういう具体的な指示が……。

(Case C：男性，50代後半)

休職の意味づけの変化と同時に，気分の緩和や心境の変化がもたらされる場合がある。医師との面談は，単に指示を受けるだけではなく，体調を含めて自分自身を客観視して伝える心の作業と，主観的な心情を伝える作業を行う機会にもなる。さらに，医師からのフィードバックは，自己と職業，そして病いという三項関係のなかに，新たな視点を入れることになる。このような《医師との関わり》は，休職中のみならず，復職後の回復過程においても当人の支えとなりうる。しかし，当人が指示を受け入れられない場合や医師の指示が具体性に欠ける場合，当人の考え方や心境の変化に結びつくことは困難になる。

④《周囲のサポート・配慮》

　休職中に関わる周囲の人は，職場の上司や同僚，家族，知人等である。周囲の働きかけは，休職中の自己の意識に影響を与える。周囲から適切な配慮がなされるとき，当人は安心して休むことに専念でき，休職にともなう心理的苦痛が軽減される。それにより，当人が休職中の自己を受け入れることにつながる。当人が休養に専念できるための周囲の適切な関わり方として，休職や身体・精神症状を理解し，仕事の話題に過度に触れさせないことや気分転換を勧めることなど，休養する環境作りのための配慮が重要である。

> 友人とかは，「大変な思いしてるんだから，なんかもっと休んじゃえ」とかみたいな（笑）。「そんな焦って復帰とか考えなくって，ちゃんと休めるだけ休んで，

ちょっと楽しんだ方がいいんじゃない」っていうのは言ってくれましたね。

（Case A：女性，30 代後半）

反対に，休職や症状への理解度が低かったり，休職自体に理解はあるものの，休職中の過ごし方への配慮が低く，仕事の話をもちかけたり用事を頼んだりするなど，心理的にも身体的にも十分に休むことに専念できない環境を生み出す場合は，当人の心理的苦痛が強まったり，「働かないわたし」が強く意識され，自責の念が強まったりする。さらに，早期復職の促しや，電話・面会要請などは，当人にとって負担に感じる場合があり，休養に専念することが困難になる。

始めの 4 月くらいまではうちの人事とか総務からも電話があって，「いつ復帰できるの？」とか。一応電話だけですね。で，「家にずっといてる」って言ったら，「家に一回，ちょっとお見舞いがてら行くわ」って（会社の上司）言われたんですけど，それちょっと断ったんですよ。仕事から離れている状態なのに，家に来られたら……。元気な状態で話できるのとわけが違うので。ほぼ寝たきりみたいな状態なので来てもらっても……。ちょっと応対できないし喋れないし……。

（Case B：男性，40 代後半）

⑤《気分・調子の波（軽減・悪化）》

気分の状態や身体症状は一定ではなく，軽減・悪化の波を繰り返しながら少しずつ快方に向かう。調子の波は休職期間を通して，また休職後の回復過程においても生じるが，一日の内でも，その日の過ごし方や家族との関わりの変化によっても生じてくる。

気分も……7 月に入って，子どもが夏休みに入るじゃないですか。入るときに，一緒にいる時間ができてくるんで，ちょっとマシかなあって。一緒に時間を過ごすから。

（Case B：男性，40 代後半）

それ（1人になりたい気持ち）は，まあ，だから，しばらくしたら消えましたよ。まあ 2，3ヶ月くらいかな，こう，変わっていって……波の中で。

（Case C：男性，50代後半）

こうした気分・調子の波は，休職中の自己の受け入れや否定と相互に関係している。また周囲のサポート・配慮の高低や医師との関わりによっても影響を受ける。

⑥《休職中の自己の否定》

　自己意識が職業領域へと向かい，職業的な自己側面から休職中の自分の姿を見つめると，「働いていないわたし」という自己の否定的な側面が意識化される。経済面の不安から家族に負い目を感じたり，存在意義を問うことで罪悪感を抱いたりなどして気分が沈み込む。休職中の自己を自ら否定し，批判することによって，焦りを感じたり思案に耽ったりするため，休むことに専念できない状態が続く。

自分ではもう……なんと言うんですかね。ストレスって程じゃないですけど。まあやっぱり，こう，みんなが納めてくれたお金で食べているわけじゃないですか。先月までは。それは非常に有難いんですけども，それは申し訳ないなあ〜と思いながら。

（Case D：男性，30代後半）

うーん……。なんと言うんですかね，すごく……ある面ではすごく，こう空虚な部分というか，ああ，働きに行ってないことですごく，こう，自分……がない，みたいな，うん。まあ，今までの自分なんなんだろうっていうことを考えたりも……しましたし，ちょっとこう……満足できない毎日というか。

（Case E：男性，50代後半）

職業領域を優先していた自己が，その領域から離れることによって，それまでの職業的自己を喪失し，自己の存在意義が問われる事態となる。また，周囲の病状や休職への無理解によって，働かない自己を強く意識させられ，葛藤状態へと陥

る。当人が休職中の自己を受け入れることができない場合，その状況を問題視し，打破するための答えを見いだすと，【休職中の自己を変える意志】が生じる。

⑦《休職中の自己の受け入れ》

　これは，休職中の「働かないわたし」を受け入れるか否かに関わる概念である。休職に対する考え方や仕事との距離に変化が生じ，自己意識が病いや体調の方に優先して向かうようになると，休職中の自己の受け入れへとつながる。自責の念が軽減して気分が楽になったり，休職の意味づけや心境の変化が生じてくると，休むことに専念できるようにもなる。

> 　そういう面では，自分ではこう，空虚だって思う部分と，あ，そういうことで今，自分は仕事をやるにしても力が……出す力がないから，空っぽなんで，蓄えなきゃっていう。やっぱり，先生と毎月面談しているなかで，単に，無駄に使ってる時間じゃなくって，エネルギー蓄えている時間のときだって言われたときから，随分楽になりましたね。
>
> (Case E：男性，50代後半)

　気分転換の意欲が湧いてくると，外出したり友人と会ったりするなど，休職前とは異なる時間が生まれてくるようにもなる。新しい趣味を見つけたり，資格取得の意欲が芽生えてくるのもこの時期である。それによって，休職中の自己を対象化し，働く自分の姿を再び模索するエネルギーを蓄えることにつながる。

⑧【休職中の自己を変える意志】

　休職中の自己の受けとめ方や構え方により，自己を変える試みが異なる。休職中の自己を否定し，焦りに駆り立てられている場合は，無理な職場復帰だけではなく，転職や退職が選択肢として候補に挙がってくる。一方，休職中の自己を肯定的に意味づけたり受け入れたりしている場合は，休職中の自己エネルギーが回復していくにつれて，職場復帰の意志が高まる。

なんて言うんだろう，トレーニングをしているような感じって言ったらいいんで
すかね……うん。4月になったら職場に復帰するっていう，そのためにエネルギー
を蓄えるトレーニングをしてるっていう。

（Case E：男性，50代後半）

体調が十分に整い，復職の意欲と体調が一致したときは《職場復帰》に至る。し
かし，心身の調子が復職の意志にともなわない場合は職場復帰に至ることは困難
である。

　もう……やる気……気持ちはやる気なんです。でも体が動かなかったんです。気
持ちは，行かなあかん，仕事行かなあかん，稼がなあかんって，頭の中では思う
んですけど。

（Case D：男性，30代後半）

自己を変えようとする試みに際しては，復職の意志と体調の一致・不一致といっ
た個人要因だけではなく，再就職や退職の難しさに加えて，復職後の労務状況や
職場の環境調整などの外部要因も試みの成否に関わる。

⑨《職場復帰なし》

　【休職中の自己を変える意志】においてその試みが失敗した場合や，《休職中の
自己の受け入れ》において心境の変化がない場合は職場復帰に至らない。また，職
場復帰を目指すなかで体調が悪くなり，やむを得ず休職期間を延長する場合もある。

　じゃあその，復職を，と思った2週間くらい前にまた（耳が）聞こえなくなっ
ちゃったので，で，また2ヶ月延ばしたっていう感じですね。

（Case A：女性，30代後半）

こうして休職期間が長くなるうちに，次第に職場や働くことへの嫌悪感が高まっ
たり気持ちが離れていくケースもある。

⑩《職場復帰》

　【休職中の自己を変える意志】においてその試みが成功した場合，職場復帰に至る。職場復帰後，⑪《復職後の病いの意識化》へとつながる。

役割的自己における変化のプロセス事例

　この過程について，5名の協力者の内，1名を取り上げて具体的なプロセスの一例を提示したい。ここでは，《休職中の自己の受け入れ》の後に中心概念である【休職中の自己を変える意志】を最も明瞭に示したEさん（男性，50代後半）の事例を取り上げる。Eさんは，組織体制上の問題から業務をスムーズに進めることが難しくなり，イライラすることが増えて家族に当たるようになったが，仕事への責任感から専門機関の受療を拒否していた。しかし，何度も妻に説得され，連れられる形で心療内科を受診した。《休職の開始》時（図5，①）は，医師の休職の指示に渋々従ったものの，休むことに納得できず，「自分でやるべき役割があるのに，それから離れていいのか」と否定的に捉えていた。罪悪感をともなう職業領域からの撤退は，休職してから数ヶ月の間，Eさんの職業人としての存在意義を揺るがし，《休職中の自己の否定》に陥らせた（図5，①→⑥）。それと同時に，《気分・調子の波》の中で症状が悪化したが（図5，⑥→⑤-2），空虚感を払拭するために「なんか色々やって，とりあえず，もう時間を費やすためにごまかして」毎日を過ごしていた。

　一方，休職中の《病状の悪さへの埋没》（図5，①→②）において，医師に病状を説明したり話し合うことを続ける《医師との関わり》のなかで，休職は無駄な時間ではなく，空っぽになったエネルギーを蓄える時間と意味づけるようになった（図5，②→③）。それによって休職中の自己が支えられ，《休職中の自己の受け入れ》につながり（図5，③→⑦），同時に，「仕事の面倒なところから解放された」と仕事から距離を置けるようになり，《気分・調子の波》の軽減へとつながった（図5，⑦→⑤-1）。調子の回復にともない心的エネルギーが充足してくると【休職中の自己を変える意志】が高まり（図5，⑤-1→⑧），次第に体調と職場復帰の意志が一致するようになり，休職してから半年後に《職場復帰》を果たした（図5，⑧→⑩）。

「働かないわたし」を受けとめるための支援体制

　役割的自己における変化の過程では，まず，自己意識の方向性によって休職中の心の構え方や職場復帰に至るまでの経緯が異なることが示されている。すなわち，個人が休職をどのように意味づけるかによって，休職中の「働かないわたし」を受けとめられるか否かが異なる。職業領域に没頭していた自己意識が休職によって引き離されることによって，その現実を否定したり，戸惑ったり解放感に浸ったりするなどのさまざまな心情が生じるのは自然なことだろう。また，《休職中の自己の否定》では，職場や家族に対する負い目から「働かないわたし」という自己の在りようを否定する動きが生じるが，これは他者に対して，ひいては他者から見た自分という対他的な役割を果たせていないという役割自己から生じる葛藤であり，自己存在そのものを問い直す苦悩でもある。この自己の否定は，焦りを原動力として【休職中の自己を変える意志】へと駆り立てるが，この状態では無理な職場復帰が実行されやすい。休職中の思案は人生を振り返り，再構築する原点にもなるが，心身の休息のためには，職業領域から距離を置き，《休職中の自己の受け入れ》が重要になる。それによって休むことに専念でき，その後の【休職中の自己を変える意志】へとつながる。「働かないわたし」をあるがままの現実として受け入れることによって，それまで固執していた「働くわたし」の自己イメージを手放し，新たな職業的自己を模索していけるものと思われる。

　このように，休職から復職に至るまでは，休職に際する「働くわたし」から「働かないわたし」への変容と，復職に際する「働くわたし」の自己意識の構築という，長期にわたるプロセスが存在していることがわかる。また，当人が休職中の「働かないわたし」を受けとめることが，無理な復職を防止し，良好な予後につながることが示された。こうしたプロセスを支えるものとして，周囲の適切な関わりが重要になる。《医師との関わり》によって当人の意識が自身の体調へと向けられたように，自己意識の変化をもたらす内なる目を養うような関わりが対人援助職には求められるだろう。また休職中，当事者は周囲からの評価や言動に敏感であるため，休職に対する罪悪感から焦りがかき立てられやすく，休職中の自己の受容が難しくなる。そのため，家族や上司などの周囲の人物に対して，病状への理解を促し，当人が休息することの意義を周知することが重要である。

(2)主体的自己における変化の過程

　この過程では，中心概念【働き方の再構築】を含めた9個の概念を抽出した。概念一覧を表にし（表10），さらに概念間の関係を示すプロセスモデルを図6に示す。

⑪《復職後の病いの意識化》

　休職期間を終えて職場に戻ると，心の病いを患って休職していたという現実への意識化を迫られる。それは，周囲からの好奇のまなざしや配慮の低さ，業務内容や業務体制の変化によってもたらされる。このように，実際に業務に携わり，職場の人と再び接するなかで，復職前に抱いていた「復職後の自己イメージ」とは異なる自己の在りようが浮き彫りになる。そこで再度，自己や職業，病いについて問い直しを迫られたり心的苦痛に苛まれたりもする。

　　うつとか真逆の人とか……ってイメージがあったのに，「あの人がうつやって」って，びっくりされるから。ま，「仮面うつかな」って……自分でも言ってたけど……（笑）。それがあって余計にね。それで，取引先も全員が，「ええーっ！？」て。うん。目立つ目立つ……。どこに行っても目立つ……。病気が病気やからね，やっぱり好奇の目で見ながら話をしてくる人もいるし，「どんなんでした？」っていうふうに聞かれて。うん，まあ，どんなんでした？って言われても。まあまあ，「しんどかったですよ」，とは言うんですけど。だから，まあ，うーん。病気のときよりも，ひょっとしたら，出て行った後の方がしんどかったかもしれん。
　　〈I：周りが……。〉
　　周りの状況が。それで余計に辞めたいっていうのが強かったね。
　　　　　　　　　　　　　　　　　　　　　　　　　　　（Case C：男性，50代後半）

　　元の自分の席に座れないのが辛かったですね。多少こう悲哀もやっぱり入りましたけどね。あ，管理職から追いやられたって。
　　〈I：そういった感情って，どれくらい続きましたか？〉
　　うーん，そうですね，3年くらい続きましたね。
　　〈I：そんなに長く続かれたんですか。〉

表10　主体的自己における変化の過程の概念一覧

概念名	概念の内容
⑪《復職後の病いの意識化》	復職後の他者の言動や業務の変化によって，「病休していたわたし」が意識化され，心的苦痛に苛まれることもある。
⑫《病いの受けとめ》	病いを自身に生じたこととしてどのように受けとめるかに関わる概念であり，自己の在りようへ向ける意識にも関連する。
⑬《働く自己の見直し》	「働くわたし」を通して自己史を振り返り，自分自身や働くことを問い直したり今後の人生を見つめたりする。
⑭《自己を変えようとする意志》	職業的自己や性格，働くことへの考え方など，概念レベルでの自己の変化を試みようとする。
⑮《変わらない自己への気づき》	自己を変えようとしても変えられないという葛藤が生じたり，変わらない自己を認めようとしたりする。
⑯【働き方の再構築】	勤務時間の調整や休暇の取得など，行動レベルでの変化の試みであり，自己意識が職業領域以外にも向かうようになる。
⑰《調子の回復》	心身の調子に関わる概念であり，【働き方の再構築】や《自己の領域拡大》につながる要因である。
⑱《自己の領域拡大》	自己意識が職業以外の自己領域（家族・友人との関係，健康，余暇活動）へと開かれていく。
⑲《病いの意味づけ》	病いによって失ったものや得たものを振り返って自己に統合したり，その体験を他者に還元しようとしたりする。

　……これ私の仕事じゃないだろと思いますね。

（Case E：男性，50代後半）

⑫《病いの受けとめ》

　自身の病いが意識化され，思案する対象になると，人は病いに埋没する存在ではなく，病いと向き合う主体となる。そこでは，自身の病いについて考えたり，原

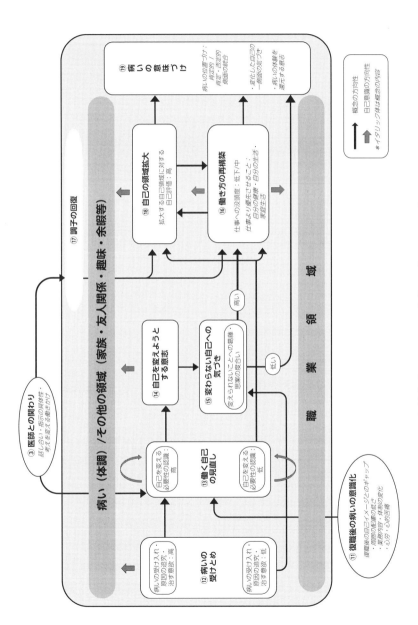

図6　主体的自己における変化のプロセスモデル

因を追究しようとしたり，回復へと向かう意志を強くもつなど，病いと自己とを関連づけ，自己の在りようへと意識が向かうようになる。

> 病気だって（医師に）言われ……たことで，ある面では楽になった……。
> 〈Ｉ：説明がついたという感じですか？〉
> そうですね，あの，説明されてしまったという……はい。だから自分が，こう，もがいても努力しても結局はそれはもがいてるだけで，問題解決しないし，周りにも良い影響を与えていないし，家庭にも良くないっていう……うん，ことで。もう病名つけ……られて，休むことになって。それでまあ，逆に言えば，納得して，あ，そうなんだって。
>
> (Case E：男性，50 代後半)

一方で，病いを受けとめるものの，自己の問題としては受け入れず，原因を探ろうとする動機や回復に向かう意欲が低い場合は，病いと自己を関連づける意識は低くなる。

> 僕も，何度も言うけど，その，うつっていうのがよう理解できなくて。治るっていうのがどういうことなんかな，って。だから……うーん。自分の症状は自分で把握できてないっていうかね，っていうのがあって。
>
> (Case C：男性，50 代後半)

⑬《働く自己の見直し》
　自分自身にとって病いがもつ意味を見いだそうとするとき，発病状況に立ち戻り，その原因やきっかけを探ろうとする動きが生じる。そして，病いを患った「働くわたし」を通して自己史を振り返り，それまでの働き方を含めた人生全体を見つめ直す局面が訪れる。具体的には，休職中や復職後の日々のなかで，知人の生き方と比較することで自分の生き方を意識化したり，他人の生き方や考え方を知るために情報収集を行うなどがなされる。また，家族や周囲の人の心情に思いを

馳せて，家族との関わりを十分にもてていなかったことや自分の体調に気を配っ
てこなかったことを自省したり，働くことの意味を問い直したりもする。人生を
振り返り，今後の人生に思いを馳せ，働きがいや生きがいの追及を目指す人もい
た。

　　やっぱりこう，私の周りもみんな，あれなんですよ，子どもがいる家庭が多かっ
　　たりとかで，そういう状態なのに，ずーっと｛強調して｝仕事してたんで，多分
　　普通の，そういう家族みたいな生活，あんまりしてなかったと思うんですよね。

（Case A：女性，30代後半）

　　それからやっぱり……あの，自分が思っているほど……命かける仕事はないな
　　あっていう……。それよりも，命の方が大事だなっていうことですかね。だから，
　　他の仕事をやっていませんから，この仕事しか，今，ね，やっていませんから，え
　　え。だから……うん，仕事は他にあるけど，自分の人生は他にはないということ
　　ですかね。

（Case E：男性，50代後半）

⑭《自己を変えようとする意志》
　ここでは，病いを乗り越えるために，自己そのものの在り方を変えようとする
動きが生じる。これは概念レベルでの試みであり，職業的自己の在り方，すなわ
ち，仕事に関わる態度や割り切り方，あるいは性格傾向を変えて，病いがもたら
した現実を変化させようとする心の動きである。仕事や職場との心理的距離を置
ける場合は【働き方の再構築】へとつながるが，その割り切りが不十分な場合は，
変わらない自己の姿に直面する。

　　環境を変えるとか，体を休めるとか，って話だったんで……そうなってくるとね
　　……。自分の性格を変えていかないとダメかなと。色々，経営学とか色々な本を
　　読んで，色んな人の考え方を聞くと……，冷酷になるっていうのも，上に立つ必

要な要素って書いている人もいるし，みんなの信頼を得るっていう上の方もいらっしゃって（笑）。で，自分はどっちなんやろうって。自分はやっぱり人に押し付けて，やっとけってやるタイプじゃないんで（笑）。うちの会社ではそういう人間はいてるんですね。逆にそういう人間に対する下の人の不満も全部聞いたりするんで。うーん……性格は変えれないかなあって。

（Case B：男性，40 代後半）

⑮《変わらない自己への気づき》

　これは，病いを通しても変わらない自己の姿に気づき，越えられない病いの壁にぶつかる局面である。変わろうと試みても変えられない現実に直面する場合と，病いの体験を振り返ったときに，本質的に変わらない自己の姿を捉える場合がある。前者は，変わらない自己に葛藤し，思案に耽る。こうした心の動きは，職業領域を含んだ自己全体を再検討・再構築する【働き方の再構築】へとつながっていく。

　　自分を変えよう変えようと思ってるんですけど。ねえ。
　　〈I：なかなか……ってところですか？〉
　　もうそれだったら病気と付き合う……か。……今はそう，考え中ですね（笑）。

（Case B：男性，40 代後半）

後者は，変わらない自己の姿をそのものとして認める構え方である。

　　中身は全然，私の中は変わってないから。
　　〈I：変わってない？〉
　　変わってないですよ。気持ちはね。辞めたいのもあるし，しんどいのも変わってないんやけど，以前みたいに表に顔には出ることはないらしいです。それはそれでいいんちゃいますか。

（Case C：男性，50 代後半）

自己を変えようとする意志の有無にかかわらず，本質的に変わらない自己がある
という認識は，その後に変わりゆく自己の一側面を認めながらも，心の内に残り，
生き続けられていく。こうした自己認識が，後の《病いの意味づけ》の心の作業
に影響を与える。

⑯【働き方の再構築】

　職業領域を含めた自己全体の在り方を問い直すなかで，概念ではなく行動レベ
ル，すなわち，実際の働き方を変え，再構築するようになる。業務への対応は極
端には変わらないが，積極的に休暇を取得したり，定時に帰宅したり，残業時間
を減らすなど，職場に貢献しようとする動機や仕事への没頭度は，休職前に比べ
て軽減される。

> あんまり深く仕事に関わらないようにって。なので，みなさんが，線引きするよ
> うな人たちなので，なんか，私も線引いとこかなって思いましたね。
>
> （Case A：女性，30代後半）

> やっぱりね，家族の時間をちゃんと作ってあげるのが（笑）……うーん。そうい
> う働き方をしながら，なおかつ生活も安定して，ってそういう両立が一番……大
> 事かなっていうのは実感しました。ちゃんと休みを取るって。
>
> （Case B：男性，40代後半）

仕事の優先度が下がると，その他の自己領域（体調，家族，余暇等）へと自己意識
が向かう。その結果，体調への配慮や自分の生活の優先度が高まり，それにとも
なって働き方も変化していく。

⑰《調子の回復》

　心身の調子の回復は，《自己の領域拡大》や【働き方の再構築】へとつながる重
要な要因である。このとき，回復しているという実感をともなうか否かは個人差
があり，調子の波の中で，「悪くはない」「マシにはなった」と体験される。

毎月，主治医の先生と話したり，産業医と話をしてることが随分，回復させてくれたような気がしますね。上手にみなさん，アドバイスをしてくださって，あの，多分こう，こういった {手で右上がりのジェスチャー} んじゃなくて，こんなん {波のジェスチャー} しながら……。ちょっとずつ {波を打ちながら右上がりのジェスチャー} 上がっていって。

(Case E：男性，50 代後半)

また，主治医や産業医などの他者との話し合いを通じて，自己意識が心身の調子へと向かい，実感をもって体験されることもある。

⑱《自己の領域拡大》

　働き方の変化にともない，自己意識が職業以外の領域へと開かれ，体調への配慮や自分の生活に対する優先度が高くなり，自己の領域が拡大する段階である。興味の対象が拡充し，趣味や資格取得の勉強など新たな試みをしたり，スキルアップを目指したり働きがいのある仕事を追及したりする動きも生じてくる。家族と過ごす時間が増え，家族関係が変化する場合もある。

やれる範囲で，人に迷惑をかけないようにだけしようかなって。体調とか，自分のこと，一番に考えようかなと。

(Case A：女性，30 代後半)

休職しだしてからスクールに行きだしたんですよ，子どもが。水泳のね。で，それに連れていけるかなって。今までは連れていかれなかったんですけど。で，行けるタイミングが，時間できたんで，で，行きだしたら，かなりかなり上達して……。

〈Ｉ：そうなんですね，お休みがあったからこそ。〉

そうですね。時間が取れて，喋る機会もあったから。仕事しだしたら（子どもと）一緒に水泳行こうかなと思って。

(Case B：男性，40 代後半)

⑲《病いの意味づけ》

　これは，病いの体験を人生史に位置づけ，意味づける段階である。これまでの病いの過程における概念が集約され，病いとともに生きる自己にまなざしが向けられる。体調や給与，役職など，病いによって失ったものの大きさを痛感する一方で，病いによって得たものの重みと深さを認識する。それは，客観的な自己へのまなざしや，家族関係の変化，充実した人生構築などがある。病いを通して変わらない自己と新たに発見する自己の一側面を実感し，病いの否定的な側面と肯定的な側面を統合していく。

　　だから今はその，病気になったことで，最初はちょっとしんどいなあって思って，
　　病気かどうかは別にしてね，まあ今はもう，なって良かったと思ってます。

（Case C：男性，50 代後半）

病いが肯定的に意味づけられる場合，病いの体験を他者との関わりや理解へと還元しようとする意志が生じることもある。

　　やっぱり，体調が悪くなったときって，遅刻する人が多くなると思うんです。だ
　　から，ただ単に遅刻が，僕がもし上司になったとしたら，遅刻した人を責めるん
　　じゃなくて，その，裏を考えてあげる人になりたいなと。

（Case D：男性，30 代後半）

主体的自己における変化のプロセス事例

　この過程について，中心概念である【働き方の再構築】を最も明確に示していたCさん（男性，50 代後半）の事例を通して，主体的自己における変化のプロセスについての考察を進めていく。1 年半の休職期間を終え，職場復帰を果たしたCさんは，周囲から好奇のまなざしを向けられ，《復職後の病いの意識化》を迫られた（図6，⑪）。しかし，数年経過した後に心境の変化が訪れ，「もう仕方がないかなあって。うつになったらなったで，まあ，今でもうつになったと，その時もう

つになったと，うつの診断受けてしまってるから，で，会社にもうつになったって休んでるから。もう仕方がないから，このままもう，レッテルって言うと言葉悪いけど，もう外れへんから，それをベースにして，全然違う土俵……違うことを考えようって」と現実を引き受けるようになった。こうした状況に対する割り切りと《医師との関わり》が《働く自己の見直し》を促し，Ｃさんの中に変わるしかないという思いが生じ，生き方を問い直すようになった（図6，⑪・③→⑬）。

　現状を変えるための試みとして，生きがいを感じられる人生を送る意欲が高まり，かつて希望していた資格の取得を目指すという《自己の領域拡大》へと至った（図6，⑬→⑱）。最初は上手くペースがつかめずに体調を崩したが，医師の指示を受け，次第にペースがつかめてくるとともに《調子の回復》を実感し，勉強に集中できるようになった（図6，③→⑰→⑱）。自己意識が職業以外の領域に向かうと同時に，職業の位置づけが変化し，「今の仕事はもう仕事としてやっといて，で，もう第2・第3にしようって。第1はこれからのこと，将来のことを考えてやろうかなって」と語られるように，【働き方の再構築】がなされた（図6，⑱→⑯）。休職前は仕事に全身全霊を傾けてきたが，休職後は身体に負担のかかる業務は断り，定時で帰るという働き方に変わっていった。

　しかしＣさんは，《病いの受けとめ》（図6，⑫）において，「うつっていうのがよう理解できなくて。治るっていうのがどういうことなんかな」と，自身が抱える問題としては受け入れていない。病いを治そうとする意欲は低いため，《変わらない自己への気づき》を認識するが（図6，⑫→⑮），それに対する葛藤や思案の度合いが低く，変わらない自己を抱えていた。一方で，働き方や生き方の変化に意識が向けられていき，《病いの意味づけ》に至った（図6，⑮・⑯・⑱→⑲）。金銭面や役職など，失ったものの大きさを痛感する一方で，「あ，昔はこんな仕事したかったんやあっと思って。ちょっと勉強せなあかんなって。それを思い出させてくれたのは，病気やね。そりゃ得たものは大きい」と，本当にやりたいことを問い直し，人生について考えることができたことを改めて認識した。思案に暮れる時間の重なりのなかで人生観が変化し，「それまでとは全然違うね。濃い生き方できたと思いますよ」と病いの体験を評価し，現在の生活への満足感を語った。

自己史のなかで新たに構築される「働くわたし」

　主体的自己における変化の過程ではまず，働き方を見直し，人生を振り返ることによって働き方が再構築されることが示された。《病いの受けとめ》や《復職後の病いの意識化》において，病いを患い，休職したという現実が再び意識化される。そのことが，「何故このようなことになったのか」と自らに問いかける《働く自己の見直し》へとつながり，人生を振り返るようになる。ここでは，人はもはや病いに埋没しておらず，病いを自己の内に立ち現れた問いとして捉えている。これは，外的な視点による自己認識ではなく，「内的な視点に立っての自己認識，自己の内的世界に依拠した自己意識」（梶田，2008，p.42）にほかならないだろう。こうした振り返りや問い直しを通して，休職以前の「働くわたし」の自己意識や自己の在りようが対象化されていくものと思われる。

　病いによって顕在化された内なる目としての意識と，病いを抱えた自己にまなざしを向ける《働く自己の見直し》は，個人史をさかのぼり，編み直していく過程である。そのとき，自己の在りようを変えようとして変われない思いを抱える人もいれば，変わらない自己をそのものとして受けとめる人もいる。しかし，概念的には自己を変えられないという思いを抱える一方で，【働き方の再構築】や《自己の領域拡大》で示されたように，行動面では変えられる自己の側面に気づいていく。【働き方の再構築】と《自己の領域拡大》は相互に関係しており，自己意識が職業領域から離れ，仕事に没頭する度合いが下がると，おのずと自己意識は家族との関係や趣味，自身の健康や人生観といった他領域へと開かれる。これは，Super, D. E.（1980）がキャリア発達論において，職業人としての役割を，子ども・市民・配偶者や親など，個人が一生の間に担い，演じる役割の一つとして捉えているように，人が多面的な自己を生きていることを裏づけている。病いによる休職を経て，これまで職業という一面的な側面を生きてきた自己の在りようが揺らぐなかで，多面的な自己に出会っていくのである。

　回復過程において，病いの体験を自己史に位置づけていく作業は，自己を再構成し，また個人にとっての病いを意味づけていくプロセスでもある。この病いの意味づけは，心身の不調の波に揺るがされるなかで再確認されていく。病いによって得たもの，失ったものの両側面を認め，その意味を自己の中に取り入れて

いく《病いの意味づけ》の営みこそが,「働くわたし」の自己意識の再統合の過程
であり,病いという現実を引き受け,主体的に生きる職業人の在りようを示して
いる。ここから,回復過程における職業人の主体的自己を支える関わりとして,快
方へは一方向的に向かうのではなく,その背後には,当事者の「働くこと」を含
めた人生における葛藤や苦悩が生じていることへの理解が対人援助職に求められ
る。また,周囲の人物に対しては,復職が即座に回復を意味するのではなく,内
的な次元においてはまだ回復半ばであることを周知することが重要であろう。

3 病休における「回復」の問い直し

　本章では,職業人の「働くわたし」の自己意識に焦点を当てることで,語りの
なかでは体系的に表れにくい内的経験を2つの次元に分けて示し,病いを通した
自己の変容プロセスを明らかにしてきた。役割的自己における変化の過程におい
ては,「休職中の自己」をめぐる不安や葛藤を経た職場復帰に至るプロセスを描出
した。第一に,休職の受けとめ方が休職中の自己の否定や受け入れに関わること,
第二に,職業領域からいったん距離を置くことが無理な復職を防止する一つの要
因になること,第三に,病状や気分の波に応じた周囲や医師の支持的な関わりが
本人の休職中の自己を支え,再び職業領域へと戻る「働くわたし」の自己意識を
再構築するために重要であることを論じた。

　主体的自己における変化の過程においては,自己の見直しや働き方の再構築を
通した「働くわたし」の自己意識の変容プロセスを示した。第一に,働き方の見
直しや人生の問い直しによって働き方の再構築が可能になること,第二に,行動
面・概念面における自己の変化に気づくことによって病いが体験として意味づけ
られること,第三に,「働くこと」を含めた人生史の振り返りにおける当人の葛藤
を理解した関わりが,病いとともに生きる職業人の支えになることを明らかにし
た。

　「わたし」という自己は常に一定した状態にあるのではなく,さまざまな転機や
危機(crisis)にともなって変容を迫られることが,心理臨床においても論じられ

ている。たとえば Jung, C. G.（1960）によると，人生の中間点における中年期で
は，人は人生後半に待ち受ける未知の課題に脅かされ，種々の危機に直面する。こ
れは中年期危機（midlife crisis）と呼ばれ，ライフステージの移行にともない，人
生のある段階において人は転換点を迎え，そこで自己の変容が生じると考えられ
ている[4]。Jung（1968）は，そうした危機が訪れたときに，個人の意識的内容と無
意識的内容とを結合し，自己（self）[5] の全体性を取り戻すという個性化プロセスの
問題が生じると述べている。また，Erikson, E. H.（1950）によると，各ライフス
テージには心理社会的課題と危機があり，それぞれの段階で自己における葛藤と
変化が生じるとされる。

　人生における危機は，ライフステージによる変化だけではなく，とりわけ，病
い（illness）において自己存在が大きく揺らぐとき，変容がもたらされると言われ
ている。Weizsäcker, V.（1988/2000）は，身体疾患を含め，いかなる病いもその
人にとって意味あるものとして読み解くことを試み，病いには「なんらかの苦境
が人生に入り込み，さまざまな新しい体験とその表現形式が現れ，そして最後に
この紛糾の結末として状態の変化が登場する」という「一定の構造をもったひと
つの歴史／物語」（p.237）が展開されると述べている。そうした転機（Krise）の本
質は，主体の危機を意味するものであり，主体は危機において，自らの有限な形
態（ゲシュタルト）の止揚を課題として経験する（Weizsäcker, 1950/1995）。ここか
ら病いとは，個人の主体が苦境や苦悩によって脅かされる危機として経験される
が，それによって自己の内部から新たな様式が出現し，何らかの変容が生みださ
れる転機ともなるのであり，そこから主体をめぐる物語が生みだされるものとし
て理解できる。

　一般的にメンタルヘルス不調による休職者の「回復」とは，病状が安定して職
場復帰することを意味するであろうが，当事者の視点から病休プロセスを見つめ
ると，「働かないわたし」から「働くわたし」という役割自己の変化にともない，
自己の生き直しにおける変化が生じていることがわかる。職業領域に没頭し，そ

　4）たとえば，Havighurst（1979），Levinson et al.（1978），Jung（1960）などの論がある。
　5）Jung は自己を，意識と無意識をともに包含するパーソナリティの全体性として捉えている。

のために病いを引き起こした自己意識が，回復に向かう過程では，家族との関係
や余暇，自身の健康といった他領域へと開かれた状態へと変容しうる。このよう
な自己の変容の観点から病休体験を見てみると，病いを抱えて生きる職業人はア
イデンティティの再構築の途中にあり，病いをきっかけに，自己存在が揺さぶら
れ，問い直しを迫られるという状態にあるといえる。そのため，職業人にとって
の自己の危機は，病状が前景化しているときだけではなく，復職に向かう過程，そ
して復職後も続いているという認識が改めて求められよう。

4　病休を通した自己の変容──第2章・第3章のまとめ

　病いによる休職は，一時的であるといえども職業領域から撤退することを意味
する。そこでは，「働くわたし」から「働かないわたし」という役割的な自己の移
行を迫られ，そして復職過程で再び「働くわたし」を模索していくことになる。自
己変容の観点から職業人の病休体験を見てみると，それは，個人がメンタルヘル
ス疾患を抱えるという病いに関わる問題だけではなく，休職を余儀なくされると
いう社会的役割やアイデンティティに関わる問題をはらんでいる。

　職業は，個人の自己意識に位置づけられることによって，職業に付随する種々
の要因が個別的な意味をもち始める。個人が職業に向き合う自己意識の在り方と
職業上のストレス要因との相互作用による問題は，社会で適応的であろうとする
「位置付けのアイデンティティ」（梶田，1998）の問題に関連している。これは，周
囲の期待等によって受動的に形成されるアイデンティティであり，この状態では
個人は既存の社会に埋没してしまい，自分の本当の生き方を実現することができ
ない（梶田，1998）。この点に関して，Tellenbach, H.（1983/1985, p.258）は，うつ
病の発病状況において個人が職業人としての役割に埋没している状態を指摘し，
「職業の中へと入り込んで自己の空間を生きている」と述べている。またKraus,
A.（1977/1983）は，躁うつ病者は自身の現実的な役割行動や役割の規範的な行動
期待に直面し，対人的な役割実現を自己実現と同一視していることを強調し，社
会的自己を生きる個人が実存的自己を見失い，対他的存在としての「わたし」が

対自的存在として生きることの病理を指摘している。

　第2章・第3章を通して浮かび上がる「働くわたし」とはどのような自己であろうか。それは，受療過程の《業務上の精神的負荷の蓄積》という問題状況において見いだされる自己であり，また回復過程の《働く自己の見直し》や【働き方の再構築】において問い直される自己でもある。本調査における対象者は，Tellenbach（1983/1985）やKraus（1977/1983）が指摘するように，職業役割に没頭し，過剰に同一化しているようであった。インタビュー調査では，そのような「働くわたし」の自己意識にアプローチすることで，当人が生きる現実や意味世界を捉え，病いを通した自己の変容について，そのプロセスを受療・休職から職場復帰，そして異なる自己の次元に分けて明らかにした。さらに，自己意識に焦点を当てることで，当事者の内的な経験だけではなく，自己意識の在りように基づいた周囲の関わり方についても示した。現在のメンタルヘルス不調による休職者支援は，前述したように，厚生労働省（2009）が策定した「心の健康問題により休業した労働者の職場復帰支援の手引き」や種々のリワークプログラム（林・五十嵐，2012；五十嵐，2010，2013，2018）などが職場復帰支援の一助となっている。こうした復職に向けた実際的な支援と並行して，病休の体験を生きる当事者の語りに耳を傾け，病休を通した自己の理解に基づいた支援が必要になるだろう。

　病いを通して，自身の職業との関わり方を見直し，人生を振り返って新たな自己を再構成していくプロセスは，「働くわたし」の自己の変容過程でもある。病いの体験は，「失ったものが大きい」と語られるように，本人にとっては挫折として体験されるかもしれない。しかし，実存的な「わたし」である自己が，職業領域における役割自己に埋没するあまりメンタルヘルス疾患を招くという理解に基づくと，働き方の再構築や自己領域の拡大とともに変容する自己への気づきと，病いを自己史に統合し，意味づける作業によって達成される自己の再体制化のためには，必要な「転換点」であるという見方もできる。そしてこれらの過程を通して病いを意味づけていく心の作業は，自己の変容過程における終着点ではなく，これからの「わたし」を生きるための導となるだろう。

　最後に，第2章・第3章で実施した調査における課題を述べておきたい。本調査の対象者は男性が多く，職業人としての役割に固執することでアイデンティ

ティを保とうと試みる男性職業人の心理社会的特性（Möller-Leimkühler, 2002；Rickwood & Braithwaite, 1994）が反映された結果であるといえる。また，本調査は専門機関を受診し，復職を達成，もしくは復職を試みている事例を対象としたため，本結果は良好な回復過程にいる人への理解に限定されている。さらに，本調査はGTAの手法に則り調査・分析を行ったが，調査協力者のリクルートにおける調査上の倫理的制約のため，理論的サンプリングを行うことが困難であった。また調査期間に制約があったため，十分な理論的飽和に至らなかった可能性も考えられる。本調査の対象者は5名ではあったが，前述のとおり，質的研究は結果の一般化を目指すのではなく，現象を詳細に記述し，生きられた体験に対する新たな理解の方法を発展させていくものである。このように，当事者の語りをどのように解釈し，理解していくかという視点に基づいて生成した概念やそのプロセスモデルは，当事者の心の在りように接近を試みるための一助となると考えられる。

第**4**章　頻回病休を生きる「わたし」

　第2章と第3章では，職場でのストレス負荷をきっかけとしてメンタルヘルスに不調をきたした人が，どのように専門機関を受療して休職に至り，職場復帰や回復へと向かうのかというプロセスについて，自己の在りように着目しながら探索した。これらの調査研究は単回の休職者を対象にしたものである。しかしながら，メンタルヘルス不調は再発を繰り返すことが多く，復職した場合でも再休職のリスクが高いといわれている。序章や第1章でも述べたように，近年の国内・外の報告では，メンタルヘルス不調を抱え，長期休業を経験した職業人の内，約3割が職場復帰後に不適応な転帰を示し，再発・再休職することが示されている（Koopmans et al., 2011；島，2005；Virtanen et al., 2011）。さらに，再度病休した場合は，初回よりも病状が深刻化・長期化し（Koopmans et al., 2011），病休が頻回になるリスクが高まるともいわれている（Reis et al., 2011; Sado et al., 2014）。病休を繰り返すたびに復職の難度が上がることから（島，2006），就労を続けることが困難になり，雇用を打ち切られたり職業人としての機能を失うリスクも高くなる（Koopmans et al., 2008）。このように，職業人の再発・再休職は，職場のメンタルヘルス事情を取り巻く深刻な問題となっている。

職業人のメンタルヘルスに関わる問題においては，単回のメンタルヘルス不調者に対する受療支援や復職時の対応だけではなく，病休を繰り返す，すなわち頻回病休を生きる職業人への支援が求められる。しかし，後者についてはその取り組みは十分には整備されていない。現在の職場におけるメンタルヘルス対策として，ストレスチェック制度の導入（厚生労働省，2015）による未然予防や，復職に向けたリワークプログラムが実施されているが，これらは単回のメンタルヘルス不調者を対象とした特色が強く，病休を繰り返す職業人に焦点化した取り組みとはいえないだろう。その背景には，単回の病休に比べて，頻回病休に関する研究や調査が乏しく，その実態についてはあまり知られていないことがある。

1 頻回病休と自己との関連

(1)頻回病休に関する先行研究の概観

　頻回病休については，これまで，何が職場再適応を困難にさせたり病休を頻回に生じさせているのかを探る研究を中心に検討が進められてきた。頻回病休を引き起こす要因としては，年齢や性別，婚姻状況などの社会人口学的特性，病休回数や症状の度合い，職場での対人関係が関係していると考えられている。また，頻回病休はモチベーションや行動上のプロセスによって引き起こされる心理的現象であると考える立場もある（Schaufeli et al., 2009）。頻回病休の予測因子には性差があることが知られており，男性では44〜55歳の年齢層，経済的地位や収入，仕事上の評価の低さが関係しており，女性では，45歳以下であること，既婚であることや収入の低さが関係していると示す研究もある（Koopmans et al., 2011；Roelen et al., 2009）。このほか，精神障害の重症度や病休回数の多さ，QOL（生活の質）の低さが再発を予測すると示す報告もある（IsHak et al., 2013；Sado et al., 2014）。

　社会心理学的観点からは，病休を繰り返すことによって仕事のスケジュールが妨げられ，同僚との不和や批判を深めるため，職場での社会・対人関係に影響し，心理的な孤立感をもたらすとされている（Eakin & MacEachen, 1998）。これに関連して，Arends et al.（2014）は，上司との不和や対立が頻回病休と関係しているこ

とを指摘している。さらに，廣（2005）は，頻回病休における心理的特性について，仕事に関する考え方・姿勢が変わらないことを指摘しており，また，柴山（2007）は職場回避性障害の観点から，頻回病休を繰り返す職業人は孤立感を抱いており，病いの始まりとともに心を閉ざし，逃避したり回避的になっていると述べている。

　ここで，当人の変わらない考え方とはどのようなものであるのだろうか，あるいは，頻回病休における孤立とはどのようなものとして当人に体験されているのだろうか，という問いが生じてくる。しかし，当人の心理的特性は実証的には明らかにされておらず，頻回病休に関する調査研究は，その多くが予測因子を探索することに重点が置かれており，その知見も十分には積み重ねられていないため，結論には至っていない。一方で，病休についての調査研究は，客観的な評定よりも本人の主観的な感覚や意識の方が重要であるとの指摘がある（Roelen et al., 2009）。頻回病休は，単なる疾患の再発や病休を繰り返すという事象だけではなく，当事者の心理社会的体験に関わることでもある。そのため頻回病休は，第三者の視点から客観的に評価される以上に，当事者の視点に基づく主観的な体験として理解される必要があるだろう。Notenbomer et al.（2016）は，頻回病休を繰り返す人を対象に，頻回病休に対する認識について尋ねるグループインタビュー調査を実施し，勤務状況や社会的なリソースとの関連に焦点を当て，頻回病休の要因や解決策を当事者の内省に求めた。しかし，Notenbomer et al.（2016）の調査でさらに重要であるのは，多くの当事者が，自分が頻回病休を経験しているという認識を欠いていたり，何回休んでいるかということに関心を示していないことを明らかにしている点である。第2章・第3章では，職業人としての「わたし」を生きる人にとって，病休は自己存在を揺るがす体験となることを見てきた。しかし，病休を繰り返す場合には，病休はどのように体験されており，単回の病休とはどのように異なるのだろうか，という疑問が立ち上がる。

(2)日本社会における自己の存在様式

　これまでにも繰り返し述べてきたように，職業は個人によって意味づけられ，

個人のアイデンティティや自尊心，身体的・精神的健康に関わっている（Fossey & Harvey, 2010；Kirsh, 2000；Saunders & Nedelec, 2014）。そのため，職業人がメンタルヘルス不調により病休することは，第2章・第3章の調査研究でも示してきたように，個人の「わたし」という自己の在りように関わる個別の意味をもつ。この観点に立つと，メンタルヘルス不調による頻回病休も，個人と職業，病いに関わる問題として捉えられるが，単回の病休以上に，個人の自己が揺り動かされる事態として体験されるのではないだろうか。休職を経て職場に復帰したにもかかわらず，再発・再休職を繰り返すとき，人は先の見通しが立たない状態に置かれ，さらなる自己の変化を迫られるのではないだろうか。

　職業は，日本社会や文化における相互依存的な自己の存在様式にも関わっている。Markus & Kitayama（1991, 2010）の独立・相互依存的自己観（independent and interdependent self-construal）の理論によると，日本文化における自己の存在様式は相互依存的であり，他者からの役割期待に沿ったり，所属集団や組織内における関係性のなかに自己を位置づけたりするとされている。それゆえに他者とは，独立した個人としてではなく，相互に依存し調和を重んじる関係を築いていくというのである。そのため人は，グループや組織の関係性やその構造に対してより敏感になる（Markus & Kitayama, 1991）。このように，わが国における職業人の自己が文脈・状況依存的であることを考えると，病休を繰り返すことは，単に職場から離れることを意味するだけではなく，社会もしくは社会的な関係性から何度も締め出されるばかりでなく，自己そのものを喪失する体験を繰り返すことを意味するのではないだろうか。

　このような自己の存在様式を踏まえると，頻回病休を取り巻く問題に取り組んでいくためには，頻回病休という現象を生きる当事者の体験理解が必要不可欠だろう。そのためには，疫学的観点や社会人口学的特性，業務内容や職場環境などの職業に関連する要因，あるいは家族関係などといった，個人にまつわる属性には還元されえない，個々人にとってのさまざまに折り重なった心理的主題とその意味に触れていくことが求められよう。

　本章では，働くことを含めた生きるうえでの困難さやつまずきを明らかにするために，頻回病休において，どのようなことが当事者に体験されているのかとい

う主観的体験を探りたい。具体的には，当事者の語りを通して，頻回に病休を繰り返すことが当人の自己の在りようにどのように影響を与えているのかについて，働くことやメンタルヘルス不調という心の病い，そして自分自身に対する捉え方やイメージに着目して心理的接近を試みる。頻回病休の体験に焦点を当てることによって，個人の実存的な生と自己の在りように迫り，頻回病休を経験する職業人に共通する心理的主題を探ることを目指す。

2 頻回病休はどのように体験されているのか
——インタビュー調査

(1) 質的研究法の採用

　本調査は，メンタルヘルス不調により病休を繰り返す職業人の主観的体験に対する探索的視点から，個人の体験や行動，社会的文脈や相互作用についての意味世界を明らかにするために質的研究法（Corbin & Strauss, 2008/2012）を採用した。質的研究の手法は，特に，ヘルスケアの領域においては知見が深まっていなかったり複雑であったりする事柄について，新たな理解を深めるために用いられることが多く，量的研究では捉えきれない個人の健康状態や病いについての主観的体験，社会文化的要因を理解することが期待されている（Fossey et al., 2002）。

　質的研究においては，研究の目的に適した対象と現象に関して最も多く伝える情報提供者（インフォーマント）を対象者として適切に選び出すことがデータの質を高めるうえで重要であるとされている（戈木，2013）。そのため本調査においても，頻回病休を生きる当事者一人ひとりの語りに基づき，個人の心理的主題を帰納的・発見的に見ていくことを目的とし，適切な対象者を選び出すことに重点を置いた。

(2) 調査協力者の選定と調査の手続き

　調査協力者の選択にあたっては，リサーチ・クエスチョンに基づいて対象者を

選択する合目的的サンプリング（Draucker et al., 2007）に従い，以下の条件を満たすものとした。

①頻回病気休業を経験している，もしくは経験した人（3回以上の病休を頻回と定義し，それぞれの職場復帰から次の病休の間は1ヶ月以上の間隔があいているものとした）

②初回休業時に職業性ストレスが誘因となってメンタルヘルスに不調をきたしたことが主治医によって判断された人

③第3次産業に従事している被雇用者

④精神的な健康度を測り[1]，調査に参加しても問題がないと判断された人

⑤精神の不調に至った経緯や状況を想起し，言語表出が可能な人

　精神病を罹病している人や発達障害の診断を受けている人，その他の疾患を併発している人は，本調査におけるリサーチ・クエスチョンとは異なる体験が抽出されることが想定されたため，対象者から除外した。また，データのバリエーションを重視するため，年齢，家族構成，性別は限定していない。データは，半構造化面接によって収集した。

　面接調査は2016年7月から12月にかけて実施した。調査の手続きは図7に示している。まず，関西圏にある3施設（心療内科・精神科）に調査協力を依頼し，対象者を募集した。各施設の主治医に上記の選定条件に該当する人を調査協力候補者として選定してもらい，そこで調査協力依頼書を渡し，内諾を得てもらった。調査協力候補者には調査協力依頼書に記載されている本調査用の連絡宛に連絡をしてもらい，インタビュー調査の日時を決定した。調査協力候補者に対して，研究実施者である著者が個別に，（1）研究の趣旨，（2）調査方法，（3）プライバシーの保護，（4）録音についての同意，（5）個人情報の保護，（6）匿名性の確保，（7）

1）面接調査前に標準化された心の健康指標であるK6日本語版（古川ら，2003；Kessler et al., 2002）によるスクリーニングを実施した。カットオフは13点とした。正式名称はKessler Psychological Distress Scale（Kessler et al., 2002）であり，K6とK10がある。日本語版においても妥当性および信頼性が確認されている（古川ら，2003）。

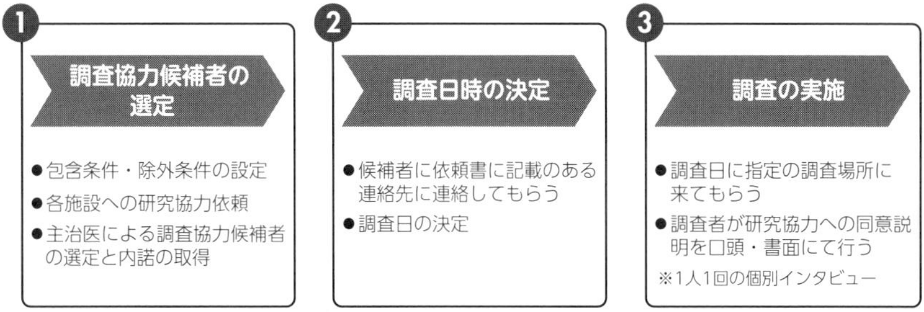

図 7　調査の手続き

研究協力の任意性，(8) 調査におけるリスク，(9) 調査参加への利益，(10) 研究に関する情報公開，(11) 倫理委員会の承認，(12) 研究資金・利益相反について，文書および口頭で説明したうえで参加の同意を得た。

　データの取得は関西圏にある総合病院内の診察室にて行い，調査への協力としてのみ参加してもらった。調査方法は 1 対 1 の個別面接で，面接回数は 1 人 1 回としている。

　調査協力者は表 11 に示すとおりである[2]。調査協力者は計 7 名（男性 3 名，女性 4 名）であり，年齢 30 ～ 50 代（平均 43.3 歳）であった。調査実施時点で就労中の人は 5 名で，無職（求職中）の人は 2 名であった。病休回数は自己報告に基づいており，3 ～ 8 回と協力者間で幅がある。

　病休を繰り返す職業人の主観的体験を探索するというリサーチ・クエスチョンに基づき，職業・病い・自己の在りようにアプローチするためにインタビューガイドを作成した。質問項目は表 12 に示している。データの収集にあたっては，語られる話題に柔軟に対応し，その体験世界を深め，広げるように留意した。探索的な質的研究においては，インタビュー調査とデータの分析を同時に行いながら進めることが推奨されているため（Corbin & Strauss, 2008/2012），本調査において

　2）倫理的配慮として，個人が特定されないよう，表 11 において協力者の疾患名は記載していない。

表 11　調査協力者一覧

ID	性別	年齢	病休回数	現在の職業	未婚 /既婚	現家族構成
A	男性	50 代前半	3	公務員	既婚	妻と同居・子 3 人
B	女性	40 代前半	6	無職	既婚	夫・子 1 人と同居
C	男性	50 代前半	3	製造業	既婚	妻・子 2 人と同居
D	女性	40 代前半	3	事務	既婚	夫・子 2 人と同居
E	男性	30 代後半	8	金融業	未婚	両親と同居
F	女性	40 代前半	3	無職	未婚	一人暮らし
G	女性	40 代前半	3	事務	既婚	夫と同居

　も，調査の進行にともなって抽出された主題に焦点を当てながらインタビュー調査を進めた。本調査は回想に基づくデータを含んでいるが，過去の経験を対象化し，意味づける語りそのものを，当事者の現実を示すナラティヴデータとして扱っている。面接内の会話は IC レコーダーで録音し，逐語作成して分析を行った。名前や場所などの固有名詞は逐語作成時に匿名化している。なお，面接時間は 65 分〜 120 分（平均 96 分）であった。

　本調査は，初回病休時から調査時点に至るまでの，メンタルヘルス不調を含めた病いや職業，自己についての内省を促すものであるため，過去を想起することによって気分が悪くなるなど，多少の精神的な侵襲性が予測された。このため，倫理的配慮として，心の健康指標を用いて対象者を限定することにより，そうしたリスクの発生を最低限に抑えた。さらに，面接中，調査協力者の心身の不調や異常が認められた場合に備えて，医師が医学的措置を講ずるために別室で待機した。なお，本調査の実施にあたっては，京都大学大学院臨床心理学研究倫理審査会な

表 12　質問項目一覧

- 休職中の過ごし方とその間に感じていたこと
- 休職前の心情
- 休職を経て，職場に戻る前の心情
- 頻回病休を通して自分の中で変わったこと，変えたことについて
- 働くことに対するイメージ
- 医師から受けた診断についての印象や距離感
- 回復することについてのイメージ
- なりたい自分，やってみたいことなど今後のビジョン
- 頻回病休についてどのような意味があったと思うか

らびに京都大学医学部附属病院医の倫理委員会の承認を得ている。

(3)インタビューデータの分析

　語りのデータの分析には，質的研究における代表的な分析法の一つである主題分析（thematic analysis：Braun & Clarke, 2006）を用いた。第 2 章・第 3 章と異なる手法を選んだ理由は，インタビューガイドを作成するために予備調査を実施したところ，病休を繰り返す人の語りには，ストーリーとしての構造がともなっていないという特徴が見いだされたからである。ストーリーには通常，経時的な構造や帰結部に相当するプロット（話の筋），ならびに人物や状況についての説明が含まれると考えられている（Labov, 1972；Riessman, 2008/2014）。しかし，予備調査における語りにはそれらの特徴が抜け落ちており，時間軸の説明やプロットが曖昧になったり，複数の出来事が区別されずに混在した状態で語られていた。このような語りに対しては，語りの構造に着目するナラティヴ分析や，個人の主観的体験を捉えてそのプロセスを概念間の関係によって構築するグラウンデッド・セオリー・アプローチを用いて分析を行うことは難しいと判断した。そのため本調査

では，主題分析を用いて語りの意味世界に着目し，個人の心理的主題（テーマ）とその様相に迫ることが適切であると考えたのである。なお，ここでのテーマとは，語りのなかに見いだされる意味のパターンのことであり，現象の諸側面を解釈したものを指す。

　主題分析は解釈学的立場と親和性があり，語りなどの質的データの主題を抽出し，解釈するための手法として用いられている。主題分析のプロセスは，質的情報のなかにある意味単位のパターンを発見し，それらに名前を付け，定義を付与し，パターンを分類するためのコード（符号）を作成する。そして生成したコードに基づいて語りの情報を解読し，パターンを解釈していく。本調査においても，これらの手続きを通して，当事者の主観的体験におけるテーマの共通性や差異を明らかにし，語りへの理解を深めていった。分析の流れは図8に示しているが，大まかな手順を以下に述べる。

　第1段階【ナラティヴデータの読み込み】：全ての語りのデータに対して文字起こしを行い，データを繰り返し読み込む。この際に，第2段階で行うコードの産出につながるよう，思いついたことや考えをメモに残した。

　第2段階【初期段階におけるコードの産出】：全てのナラティヴデータを意味単位で区切り，コードを産出する。コードは，分析者が関心を向けるデータの顕在的・潜在的な特性を特定するものである[3]。

　第3段階【テーマの探索】：第2段階で作成した各コードをテーマへと抽象度を上げるために，コード同士の結びつきを検討し，主となる包括的テーマとサブテーマの候補を見いだしていく。その際，各テーマを要約してリストにするとともに，候補となる主題図（thematic map）を作成した。

　第4段階【テーマの再検討】：この段階は，テーマの再検討と精緻化の2つの手順を含む。前者では，各テーマが首尾一貫したパターンを形成しているかどうか

---

3) コードは，ある現象に関するローデータの最も基本となる分節または要素を言及するものである（Boyatzis, 1998）。コーディングにはデータ駆動型と理論駆動型があるが，本調査においては，当事者の主観的体験について，既存の理論や研究者の客観的視点に基づく枠組みに当てはめるのではなく，当事者の視点から探索することを目的としたため，データに基づいてテーマを抽出するデータ駆動型の主題分析を行った。

① ナラティヴデータの読み込み

- 意味やコードを読み込みながらデータに慣れ親しむ
- 分析者の考えや思いついたことをメモに残す

② 初期段階におけるコードの産出

- データを意味単位毎に切片（データ抜出）に分ける
- データ抜出ごとにコードを産出する*1

*1 コーディングはグラウンデッド・セオリー・アプローチ（Corbin & Strauss, 2008/2012）の手法に則った。全てのデータ抜出（data extract）に対してコーディングを行った後に，元のデータと照合し，そのコードがデータを適切に表しているかどうかを確認した。

③ テーマの探索

- 諸コードをテーマごとに分類する*2
- テーマを要約してリスト化し，候補となる主題図（thematic map）を作成

*2 各テーマに分類された全てのデータを照合しながら行っていく。

④ テーマの再検討

- テーマの再検討：内的同質性と外的異質性の観点から，首尾一貫性を検討*3
- 精緻化：テーマの妥当性を検討し，データを移動・除去
- 候補となる主題図の検討と修正

*3 Patton, M. Q. (1990) のカテゴリーの判断指標に基づき，テーマ内・テーマ間の内的同質性と外的異質性の観点から，首尾一貫したパターンを形成しているかどうかを検討した。

> ここまでの分析手続きを全ての対象者のデータに対して同じ手順で行う。最終的に生成した主題図が全てのナラティヴデータを正確に反映しているかどうかを検討する。

⑤ テーマの定義と命名

- 各テーマをまとめ，一貫した記述（ストーリー）を行う*4
- 各テーマ内のサブテーマの同定
- テーマの特性を明確化し，最終的なテーマを確定

*4 これにより，包括的なテーマとそれに属するサブテーマによる階層構造を決定した。

図8　主題分析の流れ

を検討した。後者では，テーマの妥当性を検討し，候補となる主題図が全体のナラティヴデータの意味を正確に反映しているかを検討し，修正を行った。全ての対象者のナラティヴデータに対して同じ手順を繰り返し，最終的に作成された主題図を検討した。

　第5段階【テーマの定義と命名】：この段階では，さらなる精緻化を行い，テーマの定義づけと命名を行う。まず，各テーマについてストーリーをともなう記述を行い，各ストーリーが包括的なストーリーに合致しているかを精査した。さらに，テーマの中にサブテーマが含まれているかどうかを同定した。以上の精緻化のプロセスを経て，最終的なテーマを確定した。

　なお，研究協力者[4]との間で抽出したテーマの妥当性について討議・検討を行い，データの解釈を洗練・発展させることによって，コードとテーマの信頼性を高めた。

3　さまざまな自己の様相と自己像間の分極
──調査結果から

(1)調査協力者の頻回病休に関する特性

　調査協力者7人の内，2人は主として病気転退職を繰り返していた。2人とも調査時点では無職の状態であったが，心の病いによって転退職を繰り返す苦悩を抱えながら，再び働くことを希望されており，この点において，病気休業を繰り返す人と同様の語りが認められている。また，転退職を繰り返す背景も，職場でのストレスが誘因となってメンタルヘルス不調をきたしたことによるものであり，その他の組み入れ条件にも合致していたため，頻回に病気転退職を繰り返している2人を今回の対象者に含め，本調査における頻回病休として定義し直した。

　4）ここでの研究協力者とは，本調査における共同実施者である。

表 13　頻回病休における心理的テーマ

カテゴリー	テーマ	サブテーマ
病休の両価性	一時的な逃げ道としての病休	
挫折感が蓄積した現在の自己像	自己の自律性の喪失	仕事に規定される自己
		前景化しない病い
	自信の喪失	関係性からの回避による塞ぎ込み
		変わらねばならないという焦燥感
		望みのない未来像へのとらわれ
かつての自己像	「働くわたし」の連続性の断絶	
	過去と現在のコントラスト	
理想の自己像	働くことへの肯定的イメージ	
	理想の「働くわたし」の姿	

(2)共通するテーマの抽出

　主題分析の結果，①【病休の両価性】，②【挫折感が蓄積した現在の自己像】，③【かつての自己像】，④【理想の自己像】の４つの主要なカテゴリーを同定した。表13に抽出した各テーマを示している。各カテゴリー内，カテゴリー間におけるテーマの関係性は図９に図示した。以下に主題分析の結果を示す。調査協力者の語りの直接引用は**太字**で示し，性別と年齢がわかるようにしている。たとえば，「(Case A：男性，50代前半)」という表記は，１番目の参加者である A さん（男性，50代前半）を示している。なお，カテゴリーは【　】，テーマは《　》，サブテーマは〈　〉で示した。

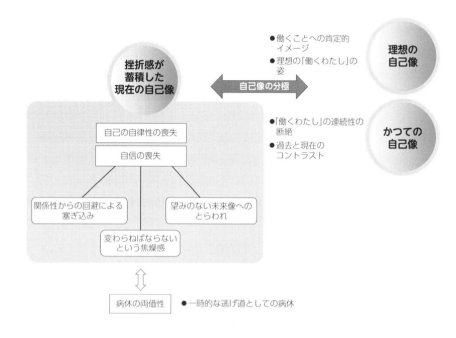

図9　頻回病休における自己の諸様相と自己像の分極

①【病休の両価性】

　このカテゴリーは,《一時的な逃げ道としての病休》というテーマによって説明され, 病休を繰り返すことにともなう両価的な意味, すなわち休職直後に経験される肯定的な側面と長期的に続く否定的な側面を示している。職場において, 業務量の多さや業務内容の煩雑さ, 対人関係の困難さなど, さまざまなストレスに苛まれる職業人にとっては, 職場や仕事そのものがストレス源として感じられている。そうしたとき, 病休は心身の回復のために必要な措置というよりも, 働くことから解放されるという免罪符として意味づけられる。次に示す語りでは, 病休によって職場から回避することができ, 「やっと休むことができる」「もう仕事をしなくてもいい」という解放感や安堵感が語られる。

もう怒られんで済むとか，いつまでに提出とか，書類とかせなあかんこととか（笑），嫌な人の顔見んでええとか，そうゆう方が強かったですね。

（Case A：男性，50 代前半）

その診断を頂いたことによって，とにかくあの職場から離れることができるっていうか，あ，休んでいいんだとか，もう行かなくていいとか……なんか通わされるとか，とにかく……，関わらなくていいっていう安堵感というか……。

（Case F：女性，40 代前半）

しかし，このような解放感や安堵感は，休業直後のほんの一時的に抱く感覚にすぎず，長くは続かない。そしてその後には，病休にともなう否定的な感情が押し寄せる。

ああやっと辞めれるわ，っていう感じで辞めますね。でも，また辞めてしまうなっていう自分もいて。なんかこう，ああなんでこれにもうちょっと辛抱ができないんだろうなあとか，思うんですけど，でも辞めたい自分もいて，結局辞めてしまう，みたいな。

（Case B：女性，40 代前半）

やっぱり，かなりの数休んでしまっていて，やっぱり，当たり前ですけども，会社をはじめ，家族とか，知り合いの人達に多大な迷惑と，心配をかけてしまったということは，改めて申し訳なかったなというのは，思います，はい。で，……そうですね，やっぱり……，いくつか，色んな形で休職とか病休に至ったわけなんですけども，大まかに言えば，自分に向き合えていなかったので，大枠で言えば，色んな病気とか色々ありましたけれど，大枠で言えば，自分と向き合ってなかったって，他人任せとか，他人のせいだとかにしていたので，……そういった意味では，やっぱり……，……どう言ったらいいのかな，人としてはちょっと，やっぱり間違っていたのかなと思いますし。

（Case E：男性，30 代後半）

休職してからしばらく経つと，仕事から離れたという現実が深刻さを増して当人に重く圧し掛かる。病休にともなう内省は長期的に続くものである。この意味において，病休は一時的な逃げ道にしかなりえていない。【病休の両価性】における否定的な側面は，次に示すカテゴリー【挫折感が蓄積した現在の自己像】における諸テーマとして表れている。

②【挫折感が蓄積した現在の自己像】

　病休は，職業人としての自己を揺るがすものであるため，繰り返すことによって，自己の在りようにネガティヴな影響を与える経験が蓄積されていく。この【挫折感が蓄積した現在の自己像】は，病休を繰り返す職業人が，現在どのような自己の状態であるのか，またどのような自己像を抱いているのかを示している。このカテゴリーは《自己の自律性の喪失》と《自信の喪失》の2つのテーマによって構成されている。

《自己の自律性の喪失》

　このテーマは，〈仕事に規定される自己〉と〈前景化しない病い〉の2つのサブテーマから成っている。〈仕事に規定される自己〉は，仕事や職場に影響を受けたりコントロールされている自己の状態を示している。頻回病休を生きる職業人にとっての「わたし」という自己の在りようは，心身の状態や自らの意志によってではなく，職場環境や就労状況に左右されている。次に示す語りは，職場において安定した自己像をもてるか否か，もしくは病いが治るか否かは職場環境によって決定されるという信念を抱いている人の語りである。

　　環境は……と言っても，自分でもよう分からんねんけど，環境に左右されやすい言うか……あの〜，ねえ，上手に上の人が上手に使うてくれはる人やったら合うねんけど，なんかもう，「これやっといてや〜」って言うて，なんも説明もなしに。はあ〜……と思う。で，「出来てるか？」って言われても，そんなん，今もそれに近いけれど……，周りが色々とやってくれてるから。自分で……1人でだかえこんでしまうと，もう……またってなってしまいそうな……。

（Case A：男性，50 代前半）

　　はっきり……はっきり言って……，もう……，正常に戻ることは……，今の職場
　　で働いている以上ないと思います。　　　　　　　　（Case D：女性，40 代前半）

　これらの語りにおいて，自己は受動的な状態にあり，環境や病いに対処しようと
する自律性が失われていることがわかる。この点において，職場と自己は，職場
が主で自己が従という関係にある。業務上のストレスによってメンタルヘルス不
調をきたした職業人は，自己の状態の原因を職場環境に帰属する傾向にある。そ
のため，病いからの回復も職場次第であると見なし，統制の所在を自己の内側で
はなく自己の外側に位置づけている。
　現在の自身の状況を説明する理由として，職場や仕事が挙げられる一方で，病
いはその理由として説明づけられることは稀である。繰り返しになるが，現在の
自己の状況は，病いではなく仕事や職場によって生じているという理由づけがな
されているため，環境が変わらない限り自分は治らない，もしくは職場そのもの
からの退避なしには回復はありえないという信念に基づく自己が生きられている。
　このような頻回病休という現象において，メンタルヘルス不調が前景化されな
い状態が，〈前景化しない病い〉というサブテーマの表す内容である。自身の病い
に対する捉え方は，病いを抱える当事者としての深刻さをともなっておらず，当
人の自己意識の中には位置づけられていない。このことから，病いを自身の内に
生じたこととして受け入れるという意味での「病者としてのわたし」ではない自
己が生きられているといえる。

　　あの……，自分でね，休職中，要は暇なんで（笑），本を，書物を見たり，イン
　　ターネットで病名は調べてたんですね，ええ。で，昨今，テレビでもね，そうい
　　うのがされてますから，見たりして勉強してたんで，あ，これ自分に当てはまる
　　なあという感じで，別にショックとかそういった感情はなかったですし，素直に
　　受け入れましたけどね。そうなんだ，みたいな感覚でしたけど。

（Case E：男性，30 代後半）

適応障害いうんは，どんなんかいまいちピンとこおへんけれど，要は適してない
んでしょうね，今の事に対して。

〈Ｉ：でもご自身としてはいまいちピンと来られていない状態で？〉

　うつ病かなあと思っててんけど……。

〈Ｉ：うつ病と言われるとそうかなと？〉

　違和感はあるけれど。

〈Ｉ：違和感？ご自身のイメージとは違うなという……？〉

　うーん……適応障害……[5]。

（Case A：男性，50代前半）

　これらの語りでは，一見すると病いを否定しないで受けとめているようではある。
しかし，病いを対象化したうえで自身に生じた事態として受け入れているかとい
うと，そうではないだろう。診断名に対して少なからず違和感を抱く一方で，そ
れに引っかかりを覚えて疑問視するのではなく，意識からはすり抜けていくよう
に遠ざかっているようである。ここで，たとえば，自分自身が診断を受けた病い
が一体どのようなものであり，それが自分にとってどのような意味をもつのか，
または何故，自分が病休を繰り返すのかといった問いが生じる場合，病いを自身
との関係において捉えようとする心の動きを見ることができるだろう。しかし，
〈前景化しない病い〉では，そうした問いが生じる以前の状態にある。

　そのため，現在の病いに対するイメージや予後イメージが生き生きとは語られ
にくい語りとなっている。当人にとって，病いとは働けない状態にあることとし
ても意味づけられており，回復することは働ける状態になることと同義であると
捉えられている。当人が自身の病いに対してもつイメージが不明瞭であるため，
病いから回復していくイメージも具体性を帯びにくい。このような自己の在りよ
うにおいては，治療に取り組もうとする主体的な意志や未来へと向かう自己の展
望が浮かび上がってこないため，このことが回復イメージのもちにくさにもつな

5）〈Ｉ：〉はインタビュアーの発言を示す。以降も同様である。なお，Ａさんの診断名は，現在
　はうつ病から適応障害に変更されている。

がっている。

　このように，仕事においても病いに対しても主体的な「わたし」が前面に出て
こないのは，自己が仕事や職場環境によって規定されており，自己の内側に統制
の所在をもたないためである。そのため病休を繰り返す職業人においては，「○○
としてのわたし」が積極的もしくは意識的には生きられていない状態にある。言
い換えると，語られる自己そのものが希薄した状態であるか，自己が職場や働く
ことを含めた頻回病休という現象に後退している状態にあるといえる。

《自信の喪失》

　このテーマには，〈関係性からの回避による塞ぎ込み〉，〈変わらねばならないと
いう焦燥感〉，〈望みのない未来像へのとらわれ〉の 3 つのサブテーマが含まれる。
頻回病休には，仕事を続けられないことや病休を繰り返してしまうことへの後悔
や無念さが付随する。病休を繰り返すことによって働くことへの不安が増幅し，
「自分はだめな人間だ」という自己批判・自己否定が蓄積し，自己価値が低下する。

> やめてしまった自分が，あの一，自信を失くしていくんです。やめていくごとに，
> またやめてしまったって，また次（職場に）出れるかなっていう不安があったり
> して，で，やろうと思ってやるんですけれど，また挫折してやめてしまって，あ
> あまたやめてしまった，どんどんどんどん自信がなくなっていって。それの繰り
> 返しですね。
> 〈I: どんどんどんどん出にくくなるっていう思いが強くなって？〉
> 強くなって，自分は何が出来るんだろうかっていう，で，自分自身の価値っても
> のをだんだん失っていくっていうか，……自信喪失ですよねえ，うん。
>
> （Case B：女性，40 代前半）

自信を失う経験を繰り返すことによって，「働くわたし」の自己像が不安定になる。
そのなかで自己の価値が低下していくように感じられる。《自信の喪失》は，《自
己の自律性の喪失》のテーマと相互に関係している。自己が外部によって翻弄さ
れているために，たしかな自分の姿をつかむことができず，本来の自分ではない

ような不全感とともに，現在の自分も未来の自分も信じることができない無力感に呑み込まれている。

〈関係性からの回避による塞ぎ込み〉

　自信喪失のただ中にあり，精神的に追い詰められた職業人は，さまざまな関係性から回避的になり，塞ぎ込んだ状態にある。これは，社会における対人関係と，自己領域の関係性の次元において生じている。前者は他者や社会とのつながりの希薄化や孤立による塞ぎ込みであり，後者は趣味など仕事以外に没頭できる関心事がなく，逃げ場がない状態である。

　対人関係について，精神的に追い込まれて自己価値が極度に下がると，「自分なんかいなくなった方がよいのではないか」と自己を卑下する。そして職場や社会との関係に区切りをつけ，接触を断とうとして回避的になったり自己の内に閉じこもったりする。

> とにかく，自分がダメだと，なんか，ダメな人間というか……役に立っていないというか，全くそこにいる意味がないというか……，その……，という……職場に対する気持ちと，あとは……，またこの人と会わなきゃいけないとかまたこの人からこういうこと聞かなきゃいけない，またそれに対して，こういう返事をしなきゃいけないとかっていう……気持ちと，いっぱいいっぱいになるというか，身体が……ついていかなくなるというか，重くなるというか，気持ちの中だけで処理がしきれないというか，本当に……家に帰って何も出来なくなって寝るだけとか。でも，寝るんですけど，何回も起きて色々考えてまた寝て，考えて，寝て，みたいな繰り返しだったりとか。それで……，ああまた行かなきゃ，みたいな感じで。で……，なんかだんだん，……行ったらいけないような気持ちになってくるというか，迷惑をかけているんじゃないか，みたいな……，私じゃなくてもっと，なんだろう……役に立てる人がいるみたいな……なんだろう……すみません，あのー……そうですね，とにかくそこに行っちゃいけないみたいな感覚になるというか……。

> （Case F：女性，40代前半）

このように自己が無価値化され，回避的になるとき，他者と異なる自己イメージに直面し，働くことが困難な状態にある自分自身を「普通ではない」と見なすようになる。特に，働いていない間や職場復帰の直前・直後には，職場から離れた自分が異質であり，よそ者であるように感じられるような疎外感を抱く。

> 1 人になったときとか，周りのみんながこう，働いていて，普通に，普通に働いていて，普通に乗り越えてることが，自分……にはなんで出来ないんだろうかとか，なんで乗り越えられないんだろうか，とかいうふうに，1 人になったときとかによく考えたりします。
>
> （Case B：女性，40 代前半）

こうした疎外感が募って追い詰められると，さらに自己価値が低下していく。そして恥の意識に苛まれ，自分を見る他者の目が冷やかに見えたり自分が批判されているように感じられ，他者との交流が恐怖として体験される。

> バツが悪いですね。いざ，行くぞ！となるんですけれど，やっぱり緊張もしますしね，で，顔を合わせるのもね，なんかね，忍びないというかね，ちょっと……（笑），恥ずかしいというかね。うーん……というのがあったんですけども。
> 〈Ｉ：他の人に対してということですか？〉
> そうですね。周りの人がみんなね，多少は……究極論ですけれど，恐怖感を覚えますね。
> 〈Ｉ：他の人に対して？〉
> そうですね，怖いですね，やっぱり。
> 〈Ｉ：怖いというのはどんな感じ？〉
> なんかみんなが偉く見えたりとかですね，こう……，風の噂とかで，同僚がやっぱり出世とかしたりとか，後輩が優秀な者がいたりとかですね，あとはまあ……それはまあ肩書きとかそんなんだけの話なんですけども，体がですね，勝手に，こう……，他の人たちは普通に当然仕事をしているだけなんですけども，なんかね，なんか視線が冷やかに見えるんですね，すごく。……それは，先ほど申し上げた

とおり，私が，やっぱり恐怖感を抱いているから，必然的にそういうことになっていると思うんですけども。

（Case E：男性，30 代後半）

彼らは，「働けないわたし」や「病休を繰り返しているわたし」を周囲にいる他者と共有することができないため，同僚や上司，家族などに，悩みや不安といったネガティヴな感情を表出することができずにいる。そのため，他者や社会から疎遠になり，自分の殻に閉じこもる。

こうした関係性からの回避や関係性の欠如は，対人関係だけではなく，自己領域の次元においても生じている。頻回病休においては，職業以外に開かれない，もしくは開かれにくい状態にあるため，自己意識が仕事のみに向けられ，狭窄化した自己領域の中に生きている。多くの場合，趣味や関心事など，仕事以外に没頭できるものを見つけることができず，気分転換をするための逃げ道がない状態であった。

趣味がまたないんですよ。だから，趣味とかあったらね，気分も変えれたりしていいんでしょうけれど，ないですね。

（Case B：女性，40 代前半）

趣味をもち，気分転換をするための機会をもつ場合であっても，仕事のストレスに苦しんでいたり，自己が仕事によって左右されている状態では，趣味は気晴らしとして機能しないため，回避の手段にはなりえない。

お習字教室あるし，行ってくる〜って言って出るんですけれど，そのときの気持ちって，るんるんみたいな気持ちではないんですよね。好きなんですけれど。着付け教室も同じように好きで行くんですけど，ものすごく，その，なんて言うんですか，ものすごく楽しみ〜って，この日を待ってましたみたいな，そんな感じではないですね。

（Case D：女性，40 代前半）

自己意識のバランスが保たれている状態であれば，仕事によるストレスの逃げ場を見いだすことができるかもしれない。しかし，《自己の自律性の喪失》において見られたように，自己が仕事や職場によって規定されているとき，仕事以外に逃げ道がないために退路が断たれている状態にある。その結果，職場や社会から回避的になり，一人の世界に塞ぎ込むのであるが，それによってさらに他者との関係が希薄になったり，さまざまな関係性とのつながりを失うという悪循環が生じるのである。

〈変わらねばならないという焦燥感〉

　自信を喪失し，自己の価値が低下するなかで，頻回病休を生きる職業人は現在の働いていない自分や，病休を繰り返している自分を否定する。そして，「このままではいけない」「何とかしないといけない」と焦り，変わるべき自己の必然性に駆られる。焦燥感にかき立てられている場合は，心身の状態に向き合うことがなおざりになるため，気持ちと身体のバランスが保たれないことが多い。

> 一日寝たり……動けないんですよ，とにかく，もう。動かないといけない気持ちと，いやいや，自分は動けない。体は実際動かないんですね。だけど，こんなことをしていたらあかんやろ……という……自分を責めながら，でも体が動かないんやっていう葛藤で，一日寝て。　　　　　　　　　　（Case G：女性，40代前半）

> 何かしなきゃいけない，何かしなきゃいけない，という気持ちに変わっていくというか，とにかく今のままじゃ……ダメ，みたいな。それで，元気が出るというよりは，何かしなきゃいけないという気持ちの方が強かったと思います。それで，次を探して，でも……，なんだろう，結局急いで決めるというか，決めなくても仕事してないから時間はあるはずなのに，……なんていうんですかね，……変な時間だけが過ぎていくというか，何も形が変わらないというか，焦るというか，何かしなければいけないと思って，とにかく身近にあるものに手をつける，手をつけるというか始めて，で，結局同じことの繰り返しというか。

> （Case F：女性，40代前半）

変わらないといけないという焦燥感は，同時に現在の自己を否定することになる。そして，変わらない状態が続くとさらに自信を失い，焦りが増幅する。このような自らによる自己否定が，さらに現在の自己を苦しめるのである。

〈望みのない未来像へのとらわれ〉

　現在の自分を変えようと前に進もうとするものの，自信を喪失する経験の繰り返しは望みのない自己の未来像を作り出すため，その歩みが阻まれる。自らの行動や能力に自信を失って自己効力感 (self-efficacy：Bandura, 1977) が低下すると，未来の自分を信じることができず，否定的な未来の自己像が生じるのである。この自己表象は，自らがコントロールできない所で規定されてしまうことによる不全感や空しさのただ中にあるため，当人は「前のように仕事をすることができるだろうか」「もう働けなくなるのではないだろうか」と不安になったり怖くなったりする。さらに，「何をやってもだめ」「また結局同じことが起こる」と，絶望的な未来イメージを作り出し，そのイメージの中にとらわれるようにもなる。

　「どうにもならない」という経験が内在化され，無力感に圧倒されると，《自己の自律性の喪失》で見られたように，自己の内に統制の所在を失い，将来の見通しが立たずにどうしたらよいか分からない状態に陥る。ネガティヴな自己イメージによって方向性を見失い，先に進めずに停滞している職業人は，展望が開けない暗闇のただ中にいるようである。

　　今まではそこまでの気持ちはなかったんですけど，今回，（病院に）通うようになったその頃からすごくその不安……不安は昔からあったんですけど，不安というより怖さの方が，また繰り返すという怖さの方がかなり先に立って，今度は逆に何も出来なくなったというか，今そういう状態なので，なんか，何かしなきゃとは思うし，何か始めなきゃという気持ちはあるんですけど，どれを見てもまた同じ繰り返しというような怖さの方が先に来て，先に進めないというか。でもそれは多分自分が弱かったり我慢しなきゃいけなかったりというような，なんか色々そういう一般的な人達が我慢しているようなことを自分がしなきゃ進めないのかな，みたいな，そんな繰り返し繰り返し……で，毎日毎日考えて……色々な

状態ですね。

（Case F：女性，40代前半）

③【かつての自己像】

　病休を繰り返す職業人は，最初の病休以前は休むことなく働き，心の病いによる休職を経験することのない自己を生きていた。しかし，いったん病休を経験し，その後も病休を繰り返している現在においては，その自己は現在とはかけ離れた「かつての自己」である。それは，心身の調子を崩すことなく働いていた姿であったり，問題状況に直面してもそれに対処していた姿であったり，病いを患ったり薬に頼ったりせずに過ごせていた姿でもある。このように，【かつての自己像】は，現在とは異なる自身の過去の姿を示すカテゴリーであり，《「働くわたし」の連続性の断絶》と《過去と現在のコントラスト》の2つのテーマによって構成されている。

《「働くわたし」の連続性の断絶》

　病休は，過去と現在の時間軸の間に区切りを入れ，かつての自分と現在の自分を分断することによって「わたし」の連続性を奪う。一度，病休を経験することによって，それまでの「働くわたし」から「働けないわたし」へ，もしくは「病休を繰り返すわたし」への移行を余儀なくされる。自身の内に突如として現れた「仕事をしないわたし」という自己は，その後の「わたし」を形成していくための参照枠にもなり，その結果，自身の内に弱さや甘えが生じ，病休に対するハードルが低くなる。そして，「もうここでは働けない」といったように，職場への帰属意識やロイヤルティが低下したり，働くことに対する動機や意欲に区切りがつけられる。

　　この以前にもそういうのがあっても，やってこれたんやけど，ここ（初回の休業）で，線が切れてもうて……，自分でも，無理したらあかんいうか，なんかそういう甘えが心にあんのかなと思うんやけど……。……言うたら，ねえ，休む……もうしんどいのに休む……（笑），休まなしゃーないし，行っても分からんし，余計

139

しんどなって，ねえ……うーん……（笑）。

（Case A：男性，50代前半）

　仕事や職場に対して心の距離が生じると，仕事に対する優先順位が低くなる。反対に，自己意識は自身の心身の調子を守ることに対して優先的に働くようになり，無理をしないように休むという動きが引き出される。

　　　変わったな，という所は，なんか，あの，自分も限界があって，そのキャパを超
　　　えてたんだな，というのをもう，受け入れた……。でも，受け入れてしま……っ
　　　た途端に，弱くなるなあっていう……。人間って弱くなるんかなあっていう。
　　　〈I：弱くなる……？〉
　　　あの，なんて言うんですかね，あの，気持ちが前に行かなくなっちゃうっていう
　　　か，うまく言えないんですけど。あの……，ちょっと，波があるので，ここは私，
　　　今日はいけるやんっていうときはあるんですけど，仕事でも家でも。だけど……，
　　　なんて言うんですかね。なんか本当に，もう，ご飯も食べる気しーひんし，仕事
　　　も，文章読まなきゃいけないけど，文章読んでいるんですけど，文字が入ってこ
　　　なかったり，何をしてもダメだったり（笑），なんか，頑張るんですけど，それが，
　　　ちょっとうまくいかなかったり，そういうの……を目の当たりにすると，もうい
　　　なくなりたくなるという感じ……の弱さです。前は多分なかったはずなんです。
　　　そういう。……なんか，弱くなったな……って思うこともあります。

（Case D：女性，40代前半）

　病休を繰り返すことや病いを受け入れることは，同時に自らの弱さを引き受けることを意味し，自身の内に，病休以前にはなかった甘えが生じて前に進むことが阻まれる。自己の連続性の断絶は，このようにして過去の自分とは異なる現在の姿を浮き彫りにする。
　そして彼らは，現在の自分はもはや病休以前の自分には戻ることができないという現実に直面し，過去の自己を喪失したという現実を突きつけられる。「休まなければこんなことにはならなかった」という現実を嘆き，途方に暮れると同時に，

あるべき現在の自己の喪失に直面し，取り返しのつかなさを感じている。

> （昔に）戻りたいですけれどね。でも，一回なっちゃうと，難しいですね。頭が記憶してしまっているっていうのが，自分でもわかるんですね。あのときの恐怖が。やっぱりどうしても甦っちゃうんですね。
>
> （Case G：女性，40代前半）

> 初回のこの時期に戻りたいとは思うんですけど，出来れば，気持としては。どうやったら……もっていけるか全然分からないですし……。……だから，こうなりたいって思うところまで考えられないから……，全然……，なんか……，なんか……，本当はね（笑），こんなはずじゃなかったのにって，ずっと思うくらいの感じですね。
>
> （Case D：女性，40代前半）

《過去と現在のコントラスト》

　このテーマは，過去の自分の姿がコントラストとして現在の自分の姿を照らすことによって，現在の自己像がネガティヴな表象として浮き彫りになり，否定されることを示す。そして，病休以前には安定して働くことができていた「かつての自己」が，「戻りたい自己」と等価になる。以前はこのような自分であったという過去の記憶が，「そうではない」現在の自分とを対比させ，現在の否定的な側面ばかりが強調される語りをもたらす。

> 変わった部分といえば，多分……，そういう……悪い記憶の方がより残ってしまったというか，なんかそれがどんどんどんどん溜まっていって，どんどんどんどん動けなくなるというか……，どんどん……あれ，このとき自分どうしたらいいんだろうっていう，身体が止まってしまうというか，そういう頻度が増えていってしまって……。……多分そこで，初期の頃に，それに対して自分が対処せず，どんどん辞めたりとか，逃げるというか，逃げてしまったので，そこで学ぶ

こともなく悪い事ばっかりが残ってしまったんじゃないかなと今思うんですけれど。だから，軽かったときにですね，もうちょっと自分が出来たんだろうなあと思うんですけど。ただ今はもう，どうしてもそっちの方が強くなってしまってて，その……前ほど動けないというか……，そうですね，そういう……。……なんか，より，前よりはより考えるように……考え過ぎるようになったというか。前は……，ある一定の期間休むと，ふと，吹っ切れる瞬間があったんですよね，前は。休んでると，なんかいいやみたいな，そんなこと考えなくてもいいや，みたいな。で，焦りもあったんですけど，でも，そういう吹っ切れた部分があったから次に進めたというか。……うーん，ただ，それがどんどんどんどん吹っ切れなくなってきてるというか……増えていっているというか。

(Case F：女性，40代前半)

自己の連続性を喪失したことによって，安定した自己像をもち続けることが困難な状態にある人が多くいた。語りの中心は，失われた過去に対してというよりも，過去の自己を現在の自己を語る際の参照枠として用いることを通して，現在の自己がもつ弱さへの嘆きに焦点化されている。

④ 【理想の自己像】

　このカテゴリーは，病休を繰り返す職業人が「こうなりたい」と思い描く理想の自己像を示すものであり，《働くことへの肯定的イメージ》と《理想の「働くわたし」の姿》の2つのテーマによって成り立っている。病休を繰り返すことによって，現在の自己像はネガティヴなイメージに覆われ，職業人としての自己が脅かされて不安定な状態にある。その一方で，働くことや仕事そのものについてはポジティブなイメージが抱かれていた。これが《働くことへの肯定的イメージ》のテーマが示すものである。当人にとって仕事は，自分を成長させてくれるものや，学べるもの，他者と交流する機会に触れるものなど，自身にとって意味のあるものとして位置づけられている。

　だんだんだんだん歳をとると，働くにつれて，色々知ること，得ること，人と接

するうえでね，自分は……，なんて言ったらいいんでしょうね。自己研鑽って言うんですかねえ。上手い言葉が見つかりませんけれども。なんか，自分をね，成長させてくれてます，ですね，本当に。なんか，色んなことに気づかせてくれる場所と言いますかね。

（Case E：男性，30 代後半）

　彼らは，社会に出て職業役割を担うことで，充実感や生きる力を実感できるような意義深いものが仕事にあるという信念を抱いている。頻回病休という現象のただ中にあり，挫折や不安によって自己が脅かされているにもかかわらず，働くことをやめなかったり，やめた後も再び働くことを望んでいることからは，職業人としての自己を生きる意識が根づいていることがわかる。
　頻回病休のただ中にあろうとも，職業人である当人にとって，働くことはそれだけ自己と密接に関わるものであるために，《理想の「働くわたし」の姿》として，自己の回復イメージや，なりたい自己像を働くことのなかに見いだす人が多くいた。

やっぱり，人の，一般の人並みに，働けて……なんだろう，充実感とかを得れて，こう社会に……こう，交わっていけるようになれば，良いなとは思います。

（Case B：女性，40 代前半）

　病休を繰り返す職業人にとって，理想の自己とは，病休をしないで働くことができる自己として語られる。この理想の姿を，かつての自身の姿に重ねて語る人もいれば，新しい自己を獲得できるかのように語る人もいた。また，自分の心情を共有できる社交の場として仕事を捉え，社会的な場で働くことを通して自分が理解され，自分であるという実感を得ている職業人もいる。

まあ経済的にはもちろんなんですけども，（自分の体験や心情を）共有してくださる方がいるから仕事をしたいと思ってしているわけなんです。

（Case C：男性，50 代前半）

多くの人は，現在の自己を否定するかのように「現在の自分ではない姿」を理想として思い描いていた。しかしそのイメージは，頻回病休によって自信を喪失し，自律性を見失い，前に進む希望を抱けない現在の自己像とはかけ離れたイメージである。理想のなりたい自己像が生き生きと描かれる語りには，その理想に近づくための具体的なプランや意志を示す語りをともなってはいなかった。この点において，理想の自己像とは，【挫折感が蓄積した現在の自己像】で示された「望みのない未来像」とは別の次元における自己イメージである。すなわちそれは，現在の自己像とはつながりをもたない別の自己像であるといえる。頻回病休を生きる職業人の心の内には，このように複数の自己像のパターンが存在している。

4　頻回病休における「働くわたし」の喪失

　これまで見てきたように，頻回に病休を繰り返す職業人にとって，病休は職場や仕事からの回避になりえてはいるが，それは一時的な逃げ道にすぎない。職場のストレス状況下に置かれて心身が疲弊し，追い詰められたとき，逃げ場として病休という手段を用いたり，あるいはそのように意味づけたりする。そこで，一時的な安堵感や解放感を抱くと同時に，病休にともなう多くの喪失の内に投げ込まれてしまうのである。このように頻回病休においては，逃げ場であったはずの病休が本質的な逃げ場にはなりえないというパラドクスが存在している。

　頻回病休における喪失についての考察を深めていくうえで，その手がかりをWeiss, R. S.（1998）の喪失・悲嘆論に求めてみたい。Weiss（1998）によると，喪失には，大きく分けて，「重要な関係の喪失」，「自尊感情の喪失」，「被害の結果として生じる喪失」の３つがある。この内の「自尊感情の喪失」には，失業や，組織・家族の中で果たしてきた役割の喪失が含まれる。これはまさしく，頻回病休において見られた自信の喪失や自己価値の低下が示すものだろう。そこで，頻回病休におけるさまざまな喪失を自己との関連から考察し，当事者の自己の様相について検討を進めていく。

(1)職業役割の喪失にともなう自己の連続性の喪失

　職業人にとって，病休によって職場から離れるという状況は，職業人としての役割が果たせないことと同時に，組織や家族における立場の変化をも意味している。「働くわたし」という職業役割によって自己が構成されているとき，病休を繰り返すことによってその役割を失うと，自己全体が揺るがされ，バランスを保てなくなる事態となる。Harvey, J. H.（2000/2002）によると，重大な喪失はアイデンティティの変容をともなうものとされている。そこでは，自分が一体何者であるのか，何のために生きるのかについて根底から問い直しを迫られる。【かつての自己像】の《「働くわたし」の連続性の断絶》において示されたとおり，当人は，病休によって自己の連続性が失われることにより，安定した自己像を抱くことができなくなり，混乱した状態に陥っているといえる。「これがわたしである」という確固たる自己をつかめずにいるとき，彼らは「あるべき姿ではないわたし」「こんなはずではなかったわたし」という否定としての自己を生きている。「他の人と同じように働けている」というかつての自己を失わなければ，現在も変わらずにその自己を生きていたはずが，病休を繰り返す現在の自己は，そうした過去の延長線上に続く現在を生きることができていないことを知るのである。

　そうした気づきが，「また同じことが起こるのではないか」という予期不安ともいえる，望みのない未来の自己像を作り出す。Seligman, M. E. P.（1975/1985）によると，人は出来事を予測したり統制しているという感覚をもつことによって，心の健康状態を維持したり，希望を感じたり，出来事にうまく対処したりすることができる。しかし，頻回病休において，統制の所在を自己の内にもたないとき，人は，病いからの回復も未来の自己像も自己の外部次第であるという信念を抱く。自律性を失い，自己の在りようが外界によって決定されるという体験が繰り返されていくと，自己効力感が低下し，無力感に苛まれるようになるのであろう。

(2)自尊感情の喪失にともなう恥の意識

　【挫折感が蓄積した現在の自己像】におけるテーマの一つである《自信の喪失》では，仕事に対する姿勢や取り組み方，処理能力や対人関係の築き方，ストレス

対処といった，限局された個人の一側面が批判の的になるのではなく，自己全体が批判の対象になっている。「自分はだめな人間だ」という語りは，自己全体が無価値化され，批判の対象となっていることを示している。このような自己による自己全体への批判は，自尊感情の喪失によって生じていると考えられる。そして，自己全体が批判されることによって，さらに自己価値が低下し，自尊感情が失われるという悪循環が繰り返される。こうした自尊感情の喪失と自己全体への批判という双方向的な揺れ動きのなかで，恥（shame）の意識が生じるのだろう。ここで，Lewis, M.（1992/1997）の恥に関する論を見てみると，恥は自己が自己全体の方向へ向かい，全体的自己の評価をするときに生じると考えられている。

　自己全体を無価値化してしまう恥の意識は，Goffman, E.（1963/2001）が「台なしにされたアイデンティティ」（spoiled identity）と表現する「スティグマ（烙印）」による全体的な自己規定に通じている。この烙印は社会的な事象であるため，烙印にともなう感情は，他者との相互作用もしくは相互関係の予測によって生じるとされている（Goffman, 1963/2001）。すなわち，「自分はだめな人間だ」という自己全体への打撃とその支配性は，他者との関係性において生じているのである。頻回病休において，人は働く他者を見て「普通だ」と見なす一方で，働いていない自分自身を「普通でない」と評価をくだす。ここでいう「普通」とは，社会的文脈において位置づけられ，他者との比較によって意味づけられた信念であるだろう。こうして，彼らは烙印を押しつけられた被害者となり，社会的に排除された者としての疎外感を抱く。それゆえに，職場に復帰するときや離職している間，自分が異質な存在であるように感じ，居場所を失ったような孤立感を抱くのだろう。しかし実際には，現実の社会によってではなく，自らが全体的自己への批判を行い，自らに烙印を押しつけているという点において，Goffman の烙印の概念とは異なっている。それはすなわち，自己の内に社会や他者を作り上げ，その関係のなかで烙印が押された「恥ずべき自己」を生きているということである。

(3) あるべき自己の喪失と出口の見えなさ

　病休を繰り返す職業人は，自ら望んで職場からの回避を選択しているというよ

りも，職場から離れること以外に逃げ場を見つけられず，結果として頻回病休という現象にとらわれ，抜け出すことができずにいると理解できる。社会や職場において，主体としての自己を見いだそうと願う反面，もはや自分の力ではコントロールできないという不全感や苛立ちを抱き，抑うつ的になっている。これは，Seligman（1972）の提唱する学習性無力感（learned helplessness）のように，自分ではどうにもできない状況に長期にわたって置かれることによって生じる無力感であるともいえる。しかし彼らは，Seligman の指摘するような，受動的に回避できない状況に置かれているのではないだろう。むしろ，職場や社会において，自分の意志や行動が何一つ結果に結びつかないという失敗状況を回避しようとするものの，それによってさらなる失敗状況を招くという，自らによって繰り返される挫折体験に晒されているのである。

　このようにして，頻回病休を生きる人は社会との関係から距離を置き，塞ぎ込むようになるが，この点において，当人が抱く恥の意識は，メランコリー親和型の職業人が抱く罪責感（guilty）とは異なることが浮かび上がってくる。Lewis（1992/1997）によると，恥は自己が自己全体に焦点化するときに生じるのに対して，罪責感は自己の行為に注目するときに生じるとされる。第 3 章で示したように，メランコリー者は自己全体に対してではなく，休職にともなう部分的な行為や側面，たとえば職業人としての責任を全うできないことや家族に経済的負担を負わせることなどに意識が向けられ，職場や家族に対する負い目や罪責感を抱いている。罪責感の特性は社会的に統合されることにあるが，恥は脱統合であり，一種の社会離脱である（Tisseron, 1992/2011）。つまり，メランコリー親和型における罪責感は，自己の再生を達成し，再び職場に戻ることを目指すことにあるが，頻回病休における恥は，自己が脱価値化され，社会から回避的になるという重要な違いがある。

　それゆえに，頻回病休において，人は出口を見いだすことが困難な状態にあるといえる。〈望みのない未来像へのとらわれ〉において，「また同じことが起こる」「結局失敗する」といった語りに見られたように，先に進もうとしてもどのように踏み出せばよいのか分からずに途方に暮れ，暗闇の中に停滞している。頻回病休における喪失の核心にある出口のなさは，メランコリー者とは大きく区別される

だろう。第2章・第3章で示してきたように，メンタルヘルス不調によって病休を余儀なくされた職業人は，「休職中の自己」を引き受け，人生の問い直しを通して働き方を再構築し，病いを意味づけていた。この自己変容のプロセスには，病いの発症から病休を経て，回復へと向かう一連の過程としての出口が存在している。一方，頻回病休では，病休を繰り返すことによって，職場復帰を果たしてもまた休業するという環の中に閉じ込められ，そこから抜け出せずにいるため，到達すべき出口が見えない状況に置かれている。この出口の見えない中に閉じ込められている感覚は，斎藤（1998）が指摘するような引きこもりの心理的状態にも通じるであろう。

　Harvey（2000/2002）は，人間の心や感情を最も決定的に人間たらしめているのは出口であるという Kierkegaard, S. K.（1954）の言葉を引用し，喪失の核心は「あるべき所にない」経験であると強調している。頻回病休において，この「あるべき所」とは何を意味するのだろうか。自己との関連からこの「あるべき所」を考えてみると，自己には，現実自己・理想自己・当為自己があると想定されている。この内，当為自己（ought self）が「あるべき所」に相当すると考えられる。当為自己とは，自己または重要な他者が所有すべきであると信じている属性についての，本人による表象である（Higgins, 1987）。また，当為自己とは，自分は本来ならこうでなければならないという現在の自己像に対して義務づけられているものに加えて，本来こうあらねばならなかったという過去の自己像に対して義務づけられるもの，また将来的にはこうならなければならないという未来の自己像に対しても義務づけられるものであるとされている（榎本, 1998）。この意味において，病休を繰り返す職業人にとっての「あるべき所」とは，病休以前の「働くわたし」という過去の延長線上に続いていたはずの現在であろう。「あるべき所にない」という感覚は，「あるべき自己」の喪失によって生じているものと考えられる。

　この点において，頻回病休において目指される「あるべき自己」の規範は，自己の外部にではなく，自己の内部に存在しているといえる。彼らの自己は，自律性を失い，社会や職場環境といった外部に規定されることを待ち受けているが，その一方で，現実の社会との接触を回避し，自己の内部に閉じこもることによって，従うべき対象を自己の内部に求めている。その対象とはすなわち，過去や現

在，そして未来において，「本来はこうあるべきだった」はずの自己である。しかし，「あるべき自己」という，もはや存在しない自己表象に出口を求めようとする心の動きは，逆説的に，出口の見えなさをいっそう浮き彫りにしている。そのため，当事者が抱く恥の意識は，外部の規範や他者が実際には存在しない自己内界で生じているのであり，ここに，私たちは完結的に閉じられている自己の在りようを見るのである。

(4)分極化した自己像

　これまで見てきたように，頻回病休において，出口の見えない自己の内にとどまる現在の自己像は，かつての自己像と，そして理想の自己像との関係において不一致の状態にある。Higgins, E. T.（1987）の提唱する自己不一致理論（self-discrepancy theory）では，現実の自己は，自己指針である理想自己や当為自己に一致した状態を目指すように動機づけられるとされている。このモデルは，指針となる自己像と現在の自己像とのズレを一致させることを目指す心の動きを捉えるものであり，それぞれの自己像間の重なりが想定されている。

　しかし頻回病休においては，自己像間の重なりを前提とした不一致というよりも，自己像が分極化している状態であると理解した方がよいだろう。彼らの当為自己とは，現在の自己とは断絶されたかつての自己像であり，理想自己とは，現実の自己像の延長線上にはない自己表象である。理想の自己像は，通常，現在の自己像の延長線上に思い描かれるだろうが，彼らは，職業のなかに自己の可能性を見ていると同時に，望みのない未来像にとらわれた自己の姿を，現在の延長線上にある未来の自己像として思い描き，その苦痛に苛まれている。つまり，彼らの現在の自己像の先には，「また失敗を繰り返すわたし」という望みのない自己像と，「普通に働くことができるわたし」という理想の自己像という，相反するイメージが存在しているのである。

　この分極化した自己像の在りようについては，対人恐怖において見られる2つの極端な自己像のモデル（岡野, 1998）がその理解を深めることにつながるだろう。このモデルは，極度に理想化された自己と過度に卑下された恥ずべき自己という

分極された2つの自己像の間を揺れ動く対人恐怖者の在りようを説明するものである。対人恐怖者は常に理想自己の実現を希求しながらも，理想自己と恥ずべき自己とを行き来してその中間に安定することができずにいるとされる（岡野，1998）。このような対人恐怖と頻回病休が異なる点は，頻回病休では，人は理想の自己像やかつての自己像の実現を希求するものの，自らが作り出した望みのない未来像にとらわれ，現実の自己との行き来が阻まれているために，理想の自己像やかつての自己像を生きることができないことにある。ここでは，自己そのものが自律性を失い，完結した自己の内に閉ざされた状態にあることから，分極した自己像の一致を目指そうとする心の動きは見られない。主題分析によって抽出された【挫折感が蓄積された現在の自己像】におけるテーマの複雑性と完結性が，当事者の心の内を占める現在の自己像にともなう苦悩を示している。

　しかし，病休を繰り返す職業人が挫折を繰り返し，先行きの見えない暗闇の中にいようとも，その奥底に深く沈み込まず，浮上と停滞を繰り返しているのは，理想の自己像や，かつての自己像を自己の内に抱いているためではないだろうか。働くことを通して自己の傷つきを繰り返し経験しているにもかかわらず，当事者が働くことに対して肯定的なイメージを抱いていることは強調されるべき点だろう。【理想の自己像】において示されたとおり，彼らは，働くことそのものが生きる力であり，自分を成長させてくれるもの，もしくは充実感を得られるものとして職業を意味づけ，理想化している。働くことに理想の自己像を見いだそうとする願望が，彼らを就労不能に陥らせたり人生に絶望させたりするのではなく，「頻回に病休を繰り返す職業人」たらしめている所以であるともいえる。

　理想の自己像もかつての自己像も，現在の自己像を否定し，批判する自己表象ではあるが，それによって変わらないといけないという焦燥感が生じ，前に進もうとする。そのため当人は，何もする気が起きないという絶望感に打ちひしがれるのではなく，何かしようとする気はあるものの前に進めないという途方に暮れた状態にとどまっていると理解できる。理想の自己やかつての自己の断片を抱き，「働くわたし」の自己像を根底にもち続ける一方で，現在の自己を恥じながらも，現在の自己以外には安住することができない居場所の見つけられなさや居心地の悪さが，頻回病休を生きるという，当事者が現実に抱えている苦悩なのであろう。

5　自己全体が抱えられるための支援——臨床実践に向けて

　重大な喪失を経験した個人への心理的支援については，喪失を意味づけ，洞察を得て，肯定的な事柄を他者に伝えることが重要であり（Harvey, 2000/2002），それによって，恥の感覚に支配された喪失を肯定的な体験へと変容することができると考えられている。しかし，誰もが自身の体験を肯定的に意味づけることができるわけではないだろう。たしかに，第3章では，自身の病休に関してこれまで生きられてこなかった自己側面を受けとめ，それらを自身の生活史に統合し，生き方を再構築するきっかけとして意味づける変容過程を見てきた。また，本書の冒頭で述べたように，一時的に就労不能になった職業人であっても，多くの人が，自己との関係において職業に対して新たな意味づけをしている（Saunders & Nedelec, 2014）。しかし，頻回病休においては，人は挫折感が蓄積するなかで自己が翻弄され，希望や意味を見いだせないような混沌の状態にある。そのため，職業の意味づけそのものは変わらず，働く動機を失っていないものの，現実の自己との関係において捉え直すことができずにいる。主体が自己の内に閉ざされている状態にあるとき，自分自身の喪失に対して肯定的な意味づけをすることは難しいのではないだろうか。

　《自己の自律性の喪失》，《自信の喪失》，〈関係性からの回避による塞ぎ込み〉，〈変わらねばならないという焦燥感〉，〈望みのない未来像へのとらわれ〉といった自己の諸様相は，頻回病休という現象を生きる職業人の心の主題である。これらの主題は，個人の内に閉じられ完結した心的世界におけるものである。そのため，当事者の心理的テーマを意識的な水準において個別に扱うのではなく，それらのテーマを生きる自己全体を抱えていける場や関係性がまず重要になると思われる。

　〈関係性からの回避による塞ぎ込み〉というテーマは，前述したように，「他者とは違う，普通ではない自分」が焦点化されることによって，全ての関係性から疎遠になり，他者や社会とのつながりを失うものである。誰ともつながれない感覚や自分だけが異質なのではないかという孤立感は，同じ境遇にいる他者との出会いによって支えられることが期待される。そこで，たとえば共通する困難や苦

悩を抱える当事者が集まるセルフヘルプグループでは，感情を分かち合うことを通して自尊心や知識を獲得し，状況に対する統制感を高めることができ（Seebohm et al., 2013），相互に支える場として効果的であると考えられる。「自分以外にも同じように苦しんでいる人がいる」という実感においては，個人は他者にとっての異質者ではなくなる。頻回病休にともなう苦悩や生きづらさを共有していくことで，それまで自身の内にとらわれていた「わたしだけ」の世界から，「わたしたち」の関係性へと開かれていく。そして，そのような他者との関係のなかで自己が支えられ，「わたしである」という生き生きとした感覚を得ていくことが期待される。

　なお，頻回病休において見られた諸テーマは，第2章ならびに第3章で示したメランコリー親和型に通じる心理的テーマと共通する側面がある。頻回病休における《自己の自律性の喪失》，〈関係性からの回避による塞ぎ込み〉や〈望みのない未来像へのとらわれ〉は，メランコリーにおける停滞，つまり，自我と世界の一体性が危機にさらされ，先を見通すことができなくなり，どう手をつけたらよいのか分からなくなる体験（Tellenbach, 1983/1985）が優勢的な状態に通じていると考えられる。また，メランコリー親和型性格の人は，Tellenbach, H. (1983/1985)がその存在様式としてまとめた負い目性（レマネンツ）の基本構造でもある事後的（ポスト・フェストゥム）存在構造を有しており，過去に完了した回復不可能な事実や行為を悔やみ（木村，1979），過去に戻ることのできない取り返しのつかなさを抱えている。

　一方，この取り返しのつかなさは，頻回病休のそれとは異なるものである。木村敏（1979）によれば，事後的存在構造としての悔いは，比較的近い過去の出来事に向けられるのに対して，事前的（アンテ・フェストゥム）存在構造としての悔いは，遠い過去に向けられることが多く，そのような人は「過去における可能性実現の選択の失敗を悔んでいる」（p.117）。後者の事前的存在構造による悔いは，頻回病休を生きる職業人がその心理的テーマとして有していた「あるべき所」の喪失によるものであると考えられる。

　この点において，病休において同じ「取り返しのつかなさ」を抱えているといっても，その時間的文脈は大きく異なっている。これは，頻回病休とメランコリー

【解説】メランコリー親和型

　ドイツの精神医学者である Tellenbach, H. が 1961 年に提唱した，うつ病に
親和傾向がある性格類型。メランコリー親和型の人は，真面目で責任感が強く，
他者に献身的であり，几帳面で秩序を重んじる。また，自己に対して質・量の
両面で過度に高い要求水準をもつため，それに遅れをとったとき，常に「負い
目」を体験する。熱心で頑張りすぎる，頼まれたことを断れない等から業務量
が増え，たくさんの仕事をきちんとしあげようとすることから，心身ともに疲
弊し，結果的にうつ病の発症につながるとされる。昇進や転居など，依拠する
秩序が変化するときにも，危機的な状況が訪れるという。この概念は，当時の
日本人の性格傾向と親和性が高いことから，日本でも広く紹介され，うつ病の
理解と治療の手がかりとなった。

親和型と重なる単回病休との差異であり，この差異は，病休を繰り返すことが職
業人の自己の在りように与える影響を示していると考えられる。しかし，両者の
基本構造にこのような差異はあるものの，見通しのつかなさや出口の見えなさと
いうテーマは，メランコリーにおいても一時的には見られる側面であろう。その
ため，頻回病休において示された諸テーマは，メランコリー親和型性格の人や単
回の休職者が自らの心情や経験をストーリーとして語れないときの理解の手がか
りになりうるだろう。

　最後に，本調査における課題を述べる。第1に，本調査は頻回に病休を繰り返
す職業人を対象としたが，これは，調査に協力するモチベーションが高く，新奇
の場面に対応可能な参加者が集まったといえる。頻回病休では，結果において示
したように，人は社会から回避的になる傾向があるため，調査協力の場に参加す
ること自体が困難さをともなうことが考えられる。第2に，今回の調査協力者は，
精神症状が比較的軽度な状態である人に限定されている。そのため，語られた内
容の深刻さは，中～重度の状態にある人の深刻さに比べると多少の差異が生じる
可能性がある。しかし，語られた内容は頻回病休全体を通した体験が想起された

ものであるため，抽出したテーマの内容や程度は病休体験について知るうえで，十分に重要な情報となろう。第3に，今回，頻回病休という定義に頻回病気転退職を含めたことによって，狭義の意味での頻回病休に見られる特性が抽出できなかった可能性がある。しかし，組み入れ条件に合致した対象者であっても，転退職を経験している人もいたため，病気休業と病気転退職を明確に区別して調査を行うことは現実的に困難であることが考えられた。これらの課題はあるものの，頻回病休を生きる当事者の体験世界を帰納的に探索するために，語りを通して心理的主題を抽出することにより，これまで十分に実証的に理解がなされてこなかった頻回病休における生きづらさについて明示することができたと思われる。

6　頻回病休を生きる「わたし」へのまなざし──本章のまとめ

　本章では，当事者の視点に基づいた探索的な主題分析を通して，頻回病休を生きる自己の心理的テーマについてみてきた。頻回病休は，当事者にとっては両価的な意味をともなうものである。仕事から離れた直後は，ストレス状況から逃れられた解放感に浸るが，それは一時的な逃げ場にすぎない。回避としての頻回病休は，当事者に不安と挫折感の蓄積・増幅をもたらすのであり，最終的な逃げ場にはなりえないのである。

　頻回病休においては，現在の自己像，かつての自己像，理想の自己像という3つの分極された自己像が存在する。かつての自己像は，病休以前の，もはや戻れない自己の姿として現在の自己像を批判する。理想の自己像は，なりたいと望みながらも手が届かない自己像として現在の自己像を批判する。現在の自己像は，自律性の喪失，自信の喪失，関係性の喪失，自己の連続性の喪失，あるべき自己の喪失といった諸側面における喪失のただ中にあり，自己全体が恥の意識によって批判された否定的なイメージに覆われている。このような自己の在りようは，他者との関係性から回避的になり，他者からの理解と援助を受けることをより困難にしている。

　このような職業人への支援においては，自己と関係性の観点から，セルフヘル

プグループなど，同様の体験をした他者との交流によって，自己全体が抱えられる場が必要になる。喪失の体験を他者と共有し，「わたしだけ」の閉じた世界から「わたしだけではない」世界とつながり，「わたしである」という感覚を得ることによって，閉塞的な自己の世界が現実の世界での関係性へと開かれていく可能性がある。このように，頻回病休を生きる人にとっては，職場復帰がすなわち当人にとっての回復を意味することではないといえるだろう。本章では，頻回に病休を繰り返す職業人の心理的テーマを探索することによって，頻回病休を生きる自己の諸様相を示し，そうした自己の在りようへの理解に基づいた心理的支援の在り方を示した。

第5章 語りにならない病休の語りを聴くために

——ナラティヴアプローチの新たな可能性

　第2章から第4章までは，当事者の語りを分析することで，メンタルヘルス不調を抱えて休職する職業人および頻回に病休を繰り返す職業人の主観的な病休体験を探索してきた。職業領域に没頭していた人が，病休を通して「働かないわたし」という新たな自己イメージを受け入れることにより，以前とは異なる自己の側面に開かれていく。そうした「働かないわたし」という自己から照射されて，新たな「働くわたし」という自己が再構築される。病いによる休職は，そのプロセスのなかでは挫折として体験されうるが，自己の変容をもたらす転換点になることが示された。一方，頻回病休においては，挫折体験が蓄積し，それが大きな痛手として体験されている。そこでは，人は自己内界に「社会」を作りあげ，現実社会とではなく，それとの関係によって「わたし」という自己像を構成している。それはすなわち，「恥ずべき自己」として自己によって批判され，否定される自己像であることを見てきた。

　ところで，頻回病休を生きる人のこのような「わたし」という自己は，一体，どのように構成されているのだろうか。そうした自己の在りようを掘り下げて見ていくためには，語りのなかで，「わたし」がどのように語ろうとするのかという，

語るという行為の在りようそのものにも目を向ける必要がある。ここで，自己を語り入れる発話行為としての語りの重要性が浮かび上がってくる。第4章第2節で述べたように，頻回病休の語りは，ストーリーとしての構成要素を欠くような，混沌とした様相を呈していた。そのために主題分析の手法を用い，心理的なテーマ（主題）を読みとってきたわけである。しかし同時に，インタビューの中で，語りにはならないものの，必死で表現し構築しようとする当事者の「自己」がよりリアルに感じ取られた。このような病休体験を「語ろうとするわたし」という側面から，その人の自己を汲みとっていける方法はないのだろうか。そして，語りを聴く者は，その人の存在にきちんと耳を傾けることができているのだろうか。そこで本章では，「語る」ことのなかに，その人の自己がどのように立ち現れるのか，そしてそれを聴く者は，どのような態度であるべきかについての論を進めるために，語るという行為そのものの意義に焦点を当て，病休を生き，語ろうとする自己への理解をさらに深めていきたい。

1 「語り」へのアプローチ

　人は，語りを通して「わたし」を構成し，かつそれによって自身の体験や生を他者に伝え，自己を表現している。質的研究法は，そうした個人の体験世界やそのプロセスを理解するための研究法として発展してきた。語られたデータを解釈するための分析手法は，理論開発を目的として発話内容をコード化するカテゴリー分析と，語りの構造の再構成を目指して発話の全体的性質を捉えるシークエンス分析とに分けられ（Flick, 2007/2011），語りの内容だけではなく，どのように語られたかという語りの構造に着目した理解のされ方がある。Flick, U.（2007/2011）によると，カテゴリー分析では，テクストの全体的な形が削ぎ落とされるため，代替案として，語りの文脈や構造に目を向けるシークエンス分析が用いられるようになった。この内，シークエンス分析として位置づけられるナラティヴ分析では，個人は主にストーリーという形式で自らの経験を理解し，それを他者に伝えていると考えられている（McLeod, 2000/2007）。ナラティヴ分析は，

語りの全体的な性質に着目し，人生における経験との関連から語りを捉えようとすることから，心理臨床において語りを通した心の作業を行っていく営みと重なるといえる。

　ナラティヴの定義は理論的立場によって異なるが，発話データからナラティヴが選択され，分析されるという点で共通している。多くの立場において，ナラティヴの構造に対して詳細な分析を施し，新たなナラティヴとして再構成することが目指されている。しかし，「ナラティヴ」の定義から外れる発話データは，分析の対象外に位置づけられたり，見落とされたりしている可能性も否定できない。そのような語りにならない語りや，再構成されえない語りにこそ，はっきりとは概念化されにくい当事者の自己を発見するための手がかりを探っていけるものと思われる。語りを自己の構成物，すなわち既に構成された自己の語りとして聴くのではなく，語ろうとするなかで「わたし」を構成しようとする，まさにその心の動きにこそ，当事者の自己への理解を深める手がかりを見いだしていけるのではないだろうか。

　本章では，そうした構成されえない語りに対して，どのように耳を傾けることができるのかを考えるために，「ナラティヴ」の概念を捉え直し，新たな接近法を探求するとともに，そこから浮かび上がる語りの在りように目を向けていきたい。語りにおける発話者の自己や心の動きにアプローチするために，Frank, A. W.（2010, 2012）の対話的ナラティヴ分析（Dialogical Narrative Analysis：以下，DNAとする）の理論的立場と手法を提示し，語りを聴くことへの考察を深めていく。

2　対話的な語りの視点

(1)垂直方向の次元に基づく視点

　伝統的なナラティヴ分析では，ナラティヴは経時的な構造をもつものと考えられてきたが（研究ノート2参照），そのような構造を有さない混沌とした様相を呈する語りは，一体どのように理解したらよいのだろうか。その手がかりの一つとして挙げられるのが，FrankのDNAである。Frank（2012）はストーリーを，従来

の水平的な次元だけではなく，垂直的な次元からも捉えている。それは，どのような出来事が起こったかに着目して一連の流れを把握するような理解の仕方ではなく，何故それが起こったのかに着目し，その背後にある人物の心の動きを想像するような，対話的な理解を試みるものである。Frank（2012）によると，ストーリーとは，登場人物，ものの見方，ジャンル，サスペンスを有し，とりわけ想像力に関わるものである。また，語り手が構成するいかなるストーリーであっても，ストーリーそのものに人の想像力を呼び起こす力があり，聞き手を教え導き，語り手が何者であるかを伝え，他者を引き込む特質があるとしている。Frank（2010）は，何が語られているのか，そして語られた結果，何が生じているのかという，間（あいだ）に映し出されるものを吟味し，語りが成していることに目を向ける必要性があると強調した。そこで考案されたのがDNAである。

DNAでは，個人の語りの多声性（Bakhtin, 1984）に注目している。個人の内側には複数の志向性をもった声があり，語りとなって発せられるときは，それが一つの声となって編み上げられる。DNAはそうした潜在的な複数の声による対話可能性を重視している。さらに，Bakhtin, M. M.（1984）の非完結性（unfinalizability）の概念に基づき，ナラティヴとは完結されえないものであり，それゆえに，語りの分析を行うときも，完結したものとして結論づけないことが強調されている。Frank（2005）は，モノローグとの差異を説明しながら，ナラティヴは対話的な関係性において，場や時によってさまざまな様相へと常に変化し，語り直されていくため，終わりがなく完結しえないものであるという，非常に重要な指摘を行っている。

(2)分析における対話的問い

Frank（2010）は，ストーリーが成していることを検討するためには，ストーリーに「ついて」考えるのではなく，ストーリーと「ともに」考えることが必要であると述べている。そのために，ストーリーを選択する際は5つの対話的な問い（dialogical questions）を立てることが推奨されている（Frank, 2012）。以下，5つの問いについて見てみよう。①リソース（resource）に関する問いは，どのよう

にストーリーが語られ，聞き手が理解するかを形成する，ストーリーの源に関わるものである。②広がり（circulation）についての問いは，ストーリーがどのような人々に向けて語られ，広まるかという視点に基づいている。③帰属（affiliation）に関する問いは，ストーリーがどのグループと結びついているのかに着目し，「わたしたち」の物語に含まれる人物は誰で，その部外者は誰か，言い換えると，誰がそのストーリーを共有しているかを明らかにしていく。④アイデンティティ（identity）の問いは，語り手がナラティヴを通して，自分が何者であるかを見いだそうとしているのかに着目する。⑤目下の危機に関する問い（questions about what is at stake）では，語り手がどのような人生の状況下にあり，物語を語ることによってどのように自分自身をもちこたえているのかに注目する。そして，物語を語るという行為は，その人がもちこたえられうる想像力の限界を知ることでもあるという。これら5つの対話的な問いは，個人の語りが生まれ，位置づけられる社会的な文脈に目を向けるとともに，語りの内容だけではなく，語ることによって生じることや語り手の在りようにも目を向ける視点につながっている。

(3)語りの類型化

　Frank（2012）は，DNAにおける一つの分析手法として，類型論を用いたアプローチを提唱している。語りは常に語り直され，流動的であるが，類型を用いることによって，逆説的に，個々の語り手や語りを完結しないままにしておくことができるというのである。語りの類型はさまざまにあるが，一つの例として，Frankが病いの語りを分析するなかで見いだした3つの類型，すなわち，①回復の語り，②混沌の語り，③探求の語りがある。この類型については，既に邦訳（Frank, 1995/2002）が出版されているので，以下，それを参考にしつつまとめてみたい。

　①回復の語り（restitution narrative）は，病いを健常な状態からの一時的な逸脱と見なし，健康な状態への回復を到達点とする語りである。これは，たとえば，「昨日私は健康であった。今日私は病気である。しかし明日には再び健康になるであろう」という基本的なプロットパターンをもつとされている。一方で，回復の

語りは，近代医療や社会制度が受け入れることのできる帰結として，病人に期待する語りであるとも指摘されている。②混沌の語り（chaos narrative）は，「回復の対立項」であり，そのプロットは，決して快癒することのない生を描くものである。現に生きられている混沌においては，直接性だけがあると指摘されており，混沌の語りを生きる人は，自らの生に対して距離を取ることも反省的に把握することもできないでいる（Frank, 1995/2002）。そのため，語りは，「物語としての一貫性と統一性を見いだせぬまま，断続的な言葉の反復において生起する語り」となり，「筋立てによる統合を可能にする媒介と反省の作用を欠いた状態で，病いの現実が直接に露呈するような語りの形式」（p.11）となる。③探求の語り（quest narrative）は，「病いの苦しみを受け入れ，身体の偶発性に翻弄される生のあり方に，新たな意味の探求の機会を見いだすような語り」（p.11）である。この語りにおいて，病者は初めて病いの経験を自己物語へと変換し，自分自身の声で語ることができるようになる。

　Frank（1995/2002）は，類型論は複雑な語りを単純化したり固定化するのではなく，「病いの物語は，さまざまな語りの糸をより合わせ，織り上げていくものであるために，それを聴くのは難しい」（p.112）ため，類型によってその糸を選り分け，病者の言葉を聴くことを助けると指摘している。実際の病いの語りは，3つの類型のいずれかにぴったりと当てはまるものではなく，それらを組み合わせたものであり，それぞれは他の語りに絶え間なく介入する。そして聞き手は，その時々によってどの語りが前面に現れ，後ろに下がるのかという変化に注意を傾けることができる（Frank, 1995/2002）。こうした類型論は，単なる分類のための手法ではなく，類型を参照することにより，従来のナラティヴ分析からこぼれ落ちていた語りを拾い上げ，その語りが成していることを発見していくための一つの糸口として理解できる。

3　対話として聴きとる頻回病休の語り

　発話への対話的な関わりを開く DNA を用いるならば，従来のナラティヴ分析

において，ナラティヴの構成要素を満たさないと位置づけられて分析の手が届かなかった語りを理解していく手がかりが得られると考えられる。前章では，頻回病休における当事者の主観的体験について，自己と職業の観点から探索するために面接調査を行い，心理的なテーマを抽出した。しかし，前章の第3節でも述べたように，頻回病休の語りは複数の病休エピソードが混在していたり，記憶の忘却によるオリエンテーションの欠落があったりするという特徴が見られたため，従来のナラティヴ分析を用いて語り方の特徴を捉えることが困難であった。

　そこでここからは，Frank（1995/2002, 2010, 2012）の DNA の手法に倣い，語りの類型を参照しつつ，病休を繰り返す職業人の語りを再検討する。インタビュー調査は，第4章の調査研究と同一のものであり，2016年7月から12月にかけて，心療内科・精神科クリニック3施設に協力を呼びかけ，包含条件に合致する対象者を主治医が選定し，同意を得た7名に個別の半構造化面接を実施したものである（面接時間は65〜120分，平均96分）。頻回病休は，「職業上のストレスをきっかけにメンタルヘルス不調（うつ病などの気分障害やストレス関連障害等，Common Mental Disorders に含まれるもの）をきたし，3回以上休職を繰り返していること」と定義し，メンタルヘルス不調により職業から離れるという「自己の在りよう」を繰り返し体験している職業人を対象者として選択した。

　インタビューでは，頻回病休が個人にとってどのように体験されているのか，自身や仕事をどのように捉えているのかに焦点を当てた。詳しい選定基準や質問内容は，前章の第2節を参照されたい。なお，本章における分析では，まず，前述した5つの「対話的な問い」を通してストーリーを検討した。このとき，職業人の自己の在りようの探索というリサーチ・クエスチョンに基づき，④アイデンティティの問いと，⑤目下の困難に対する問いに焦点を当てることにより，当事者が語ることを通して，どのように「私が何者であるか」を語ろうとしていくかを探究した。その後，3つの類型を参照することにより，語りを以下のカテゴリーに分けた。

(1) 回復の語り

　病休を繰り返す人は,「回復したい」「普通に戻りたい」と回復の語りを語ることを望みながらも, 語れない苦しさを抱えていることが浮かび上がってきた。回復の語りの様相を帯びるためには, 頻回病休が過去に起こったこととして対象化される必要があるだろうが, 現在も頻回病休を生きている当事者にとっては, 距離を置いて語ることが困難になるのだろう。E さん (男性, 30 代後半) は, 8 回の病休を繰り返しているが, その途中で, 後輩の面倒を任されたことに充実感を覚え, 一時期は調子の良さを感じていたが, 業務量が増えてくるにつれて調子を崩してしまい, そのことが大きな衝撃として体験されていた。次に示す語りは, 回復のイメージを尋ねられたときの E さんの語りである。

> この会社に入って初めて回復のイメージをもったんですけども, それが覆されたので, じゃあ, 僕の回復ってなんなんだろうって自問自答はこの辺ずっとしていまして。じゃあ, 俺は元気になるとか, 普通の生活を送れるというのはどういうことなんだろう, と自分に問いましたね。

E さんは治る自己像を語ろうとして当時の状況を語り始めるものの, その語りは, 回復のイメージをつかむことができずにいる自己についての語りに回収されてしまう。また, 次に提示する D さん (女性, 40 代前半) は, 3 回の休職を繰り返し, 3 回目の病休中に「もう仕事出来なくなっちゃうんじゃないだろうか」という不安を抱いていた。今後の職業人生を考えていくなかで, D さんは次のように語る。

> 初回のこの時期に戻りたいとは思うんですけど, 出来れば, 気持ちとしては。どうやったら……もっていけるか全然分からないですし……[1]。……(6 秒) だから, こうなりたいって思うところまで考えられないから……, 全然……, なんか……, なんか……, 本当はね (笑), こんなはずじゃなかったのにって, ずっと思うくらいの感じですね。

---

1) 本章では, 語られ方に着目したことから, 3 秒以下のポーズ (間) は〔……〕, 3 秒以上のポー

Dさんの語りからは，初回の病休前の自分に戻りたいと願うものの，どのように戻ればいいのか分からず，途方に暮れていることが伝わってくる。これは同時に，病いの否定，もしくは病休を繰り返す自己の否定とも考えられる語りである。しかし，Frankが，回復の語りには混沌の語りが介入すると述べているように，Eさんとdさんの語りは，回復の語りを語ることを望み，語ろうとしながらも語れ<ruby>ない<rt>・・</rt></ruby>という語りの様相を示している。頻回病休を生きる職業人にとっては，病休を繰り返すたびに，自身にとっての「普通」や「元の状態」が何であったかをつかむことができなくなり，回復の物語を見いだすことから遠ざかってしまう。そうして回復の語りは混沌の語りに呑み込まれ，異なる様相を帯びはじめるのだろう。

(2) 混沌の語り

　Frankは，混沌の物語は，「継続性なき時間，媒介なき語り，自己について完全に反省することのできない自己についての話という意味」（同訳書，p.141）において，語りではない（anti-narrative）と述べている。頻回病休における語りの多くに見られたのがこの混沌の語りであった。語られる内容が不明瞭であったり，現在についての語りに過去のエピソードが唐突に挿入されたり，断片的なエピソードが羅列されるなど，構造としてまとまらない語りの様相を呈していた。

　さらに多くの語りで特徴的であったのが，「覚えていない」「あまり記憶がない」というように，過去の自身の体験が忘却され，曖昧にしか記憶されていないということである。特に，病休前の自身の状況や他者との関係，病休中の生活については不明瞭で，語りは断片的なエピソードで紡がれていた。3回の病休を繰り返しているAさん（男性，50代前半）は，自身を「環境に左右されやすい」と語り，職場環境によって「ダメになってしまう」，仕事や今後については「分からない」と繰り返すのであるが，病休時の状況について尋ねられると，固有名詞を挙げながら，以下のとおり詳細に語った。

ズは〔……（秒数）〕と記した。

病院行ったかどうかちょっと僕も間が飛んで覚えていないんですけれど，え〜……なんか，手切って……，……自分で手切って，嫁さんがこれは1人で置いとけへんからって，えー…… え〜……（笑），P病院，1ヶ月ほど入院して，2ヶ月くらい，まあ90日，3ヶ月病休してたのかな。で，11月頃に復帰して，で，運良くそこの課をX-7年の3月に，今度はQ局に4月から，X-7年の，Q局の方に異動になって，そこはアットホーム的な，あたたかく迎え入れてくれて，4年間悠々と，ねえ，病気もせず，まあ普段有休あるから，その有休で休むくらいでおったんですけど，4年経ったX-3年かな……X-3年に，今度はRの施設の所に行って，……保育士の先生と一緒に色々運動とか，保育園か幼稚園でやっているようなことをやってたん……1年間やってて，で今度は，今度はね，そこはS施設なんで，一つの課みたいな所やったんですけれど，今度，えー X-2年かな……，X-2年4月に，Tセンター言うて，今度，Sグループと，もう一個のUグループいうのができたんです。僕，Uグループのグループ長で行ったんですけど，あのー，……まあ1年目，ほんまの新しい事業やから，分からんなりに，まわったんですけれど，あ，それがX-3年かな？……これ（記載した病休の年月），僕間違うてるわ。

これは2回目の病休についての語りであるが，一見すると，時系列に沿って状況説明がなされている。しかし，その語りは外的な出来事をつなぎ合わせたものであり，またその年月は正確ではないことがわかる。そして話が進むにつれて，記憶の混在に気づき，そのたびに語りが中断される。このように過去の記憶が混然とした語りは，頻回病休という現象に巻き込まれている自己を表しており，急き立てられるようにあふれ出る語りでもある。この点について Frank は，混沌の語りは，その特徴として「それから，それから，それから（and then）」の反復という統辞的構造を有していると指摘している。Aさんの語りもまた，「……で，……して，……で」と個々の出来事を断片的につなぎ合わせたものであるため，個々のつながりや全体としてのまとまりを見いだすことが困難になる。

　このような語りを精神症状の悪化による記憶の変容や欠落，ないしは解離性健忘や混乱として捉えることも可能ではあるかもしれない。しかし，対話的な問いの視点に立ち，語りの当事者に目を向けるならば，自身に生じたことを体験とし

166

て引き受けることから遠ざかったまま，体験として定着されえない生を何とか語ろうとしている在りようが見えてくる。すなわち，その現在において語り手が生きている姿のリアリティを，混沌とした語りを通して理解することができるのである。

　次のFさん（女性，40代前半）は，3回の病休を繰り返している。職場での対人ストレスに苛まれ，突然，職場に行けなくなったりするも，罪悪感との葛藤に苦しんでいた。働いていないときの自分を「ダメな人間」と語り，「このままではいけない」と焦るものの，「こんな自分は職場に行ってはいけない」と八方塞がりになり，先行きの見えなさを語っていた。以下は，今後の展望やビジョンについて尋ねられたときの語りである。

　　歯車がこう緩やかに動いているというか，穏やかにというか……なんか，穏やかに仕事をして，……（8秒）介護を手伝って，出来ればやっぱり動物関係の資格を取って。でもそれが多分そんなに直結して仕事に生かせる資格ではないと思うので，……（12秒）そうですね，……（4秒）そうですね，介護と動物に関わって，ちょっと人の少ない……少ない方が住みやすいのかな……うーん……そうですね，なかなかビジョンが……出てこないというか，……（8秒）なんか役に立ってる自分というか。……（13秒）でも，仕事が嫌いなわけではないので，働くのが嫌いという気持ちではないので，何か……（4秒）働きたいなあという……そうですねえ……。……（5秒）うーん。……（4秒）あ〜……なんだろうなあ……，うーん……，すみません……言葉が出ないですねえ……。……（6秒）でも，その……何かを見つけたいというか，どうにか自分が変わりたいというか，……（4秒）何か……そう……ですね。でも，海外には行きたいですね。……（6秒）ああ，昔は海外に移住しようと思っていたんですけど，でも……，それはやめて，……結局日本で住むと決めたので，……（8秒）そうですねえ，でも……それもまた仕事とは関係ないですね。その……うーん，まあ出来れば今までの経験……経験って言っていいのかなあ，そういうのを生かせる何かが……うーん，どうなんだろう……生かせる何かがあるのかどうか本当に不明なんですけれど……，ちょっとまだごちゃごちゃごちゃごちゃしていますね。

この語りは，働く自己イメージが定まらない状態で進行しているため，先行きの見えなさを聞き手に感じさせる。Frank が「混沌の物語における起源の欠落は，これに対応する形で，未来の感覚の欠如をもたらす」（同訳書，p.153）と述べているように，ポーズ（休止，間）の多用や，他者に向けた語りと自身に向けた語りの区別のされなさ，また切れ目のなさからは，語り手が現在の自己を捉えて語る困難さがうかがわれる。F さんの語りは，「こうなりたい」と思う自己像を探求しようとするが，次第に，「うーん」「そうですね」と言葉に詰まるようになる。それでも探求を続けようとするものの，最後は，「仕事とは関係ない」「本当に不明」と混沌の語りに引き戻されてしまう。そうして F さんの語りは出口のない思索の中に呑み込まれていく。そのとき，語りは他者が意識されていない語りとなるだけではなく，「私が語っている」という主体的な感覚が失われ，語る「私」と語られる「私」の境界が曖昧になる。つまり，語り手は語りのなかに生きる「私」に出会うことが困難になり，その「『私』を語り生きること」が阻まれてしまう。回復や探求の語りを語ることの困難さからは，頻回病休という混沌とした，コントロールできない生の体験世界が示唆される。

(3) 探求の語り

　探求の語りには，病いを意味づけたり，病いをきっかけに自己を再構築したり，病いの経験を他者に還元していく語りが含まれる。しかし，頻回病休においては，多くの場合，探求の語りを語ることは困難であるようであった。そのなかで，探求の語りの萌芽ともいえる語りが見られたため，ここで取り上げたい。E さんは，病休を振り返り，その体験を他者のために語ろうとする。

　　自分がこういった……，いろんなね，紆余曲折を経ている……今日に至るまでの間に，何かしらの……自分のような，苦しんでいる方もいると聞きますので，昨今，そういった人に何かしら自分の経験ですとか，体験ですとか，こういったことがあったんだけども，こうしていけたというのを，人に伝えても良いのかな，と。

ここでの語りでは，自身の頻回病休の過程を「紆余曲折」と表現することによって一つの体験として対象化し，自らの語りとして語ろうとする動きが見てとれる。そのように自己の体験と距離を取りつつあるときに，語りは他者に向けて語る様相を帯びてくると考えられる。またＥさんは，病休を繰り返す自身について次のように語っている。

> 最終的には自分がもう，完全に逃げてたんですけども，うん。ですので，……やっぱ自分にとってなかなかうまくいかないときから逃げてたことが多かったんですね。だから，このときもやっぱり病気から逃げてた時期もありましたしね。なんでこんな目に遭わなあかんねんということは，やっぱり自分で現状を受けとめ切れていないから，自分から逃げていたんだと思いますね。

Frank（1995/2002）によると，探求の語りは，自分自身の物語を歩んでいくために，自身の病いの体験について問いかけ，追求し，意味あるものへとまとめあげていくプロセスである。それは，苦しみに真っ向から立ち向かい，病いを受け入れ，探求へとつながる過程でもあるという。そうして，病いは旅であったのだという語りが浮かび上がり，「自らが踏みこえてきた世界」（同訳書, p.167）のなかに生きる語り手の姿が見いだされる。Ｅさんの語りは，頻回病休の体験についての思いがめぐらされており，一見,「自己の再定義」といえそうである。しかしそれは，「今ある私」ではなく，「そうであった私」に言及するものであり，過去を意味あるものとして探求するというよりは,「逃げていた」という否定的な評価を繰り返すにとどまっているといえるだろう。探求の語りを語ろうとしながらも，逆説的に，体験を意味づけたり物語化できない当事者の苦しみが伝わってくる語りになっているのである。

4　語りを対話的に捉えることの臨床的意義

　ここまで，頻回病休を経験する職業人の語りについて，3つの類型に基づきな

がらナラティヴを検討してきた。その過程で，たとえば，回復を願うものの混沌の語りに回収されていく語り，混沌のただ中に呑み込まれる語り，いまだ語りえぬ探求の語りといったように，一つの声に集約されえないさまざまな語りの様相が浮かび上がってきた。類型の視点があるからこそ，類型に当てはまらない語りや，変化しつつある語り，類型から派生していく語りなど，直接的には見いだされない語りを発見し，捉えることができる。能智（2006）が「素材としてのナラティヴ」と「見出されるナラティヴ」を区別し，ナラティヴは積極的な働きかけのなかで見いだされるものであると論じているように，DNA は，想像力による対話を通して，分析者がナラティヴを細分化したり再構成するのではなく，ナラティヴのそのままの形態を保ちながら，さまざまなナラティヴの様相を見いだしていく発見的なプロセスに誘うものであるといえる。

　DNA では，語り手が何者であり，どのような生を生きているのかを伝えようとしているかについて，聞き手の想像力を引き起こす発話行為としてナラティヴを捉える。ここでの発話行為とは，物語を組み立てていく構成力を指すのではなく，語ることそのものの主体的な行為を意味している。この意味において，「語られた生」は，語られる現在において語り手によって主観的に「生きられている生」であるとも捉えられる。そのため DNA は，混沌の語りを単なる「混沌」として理解するのではなく，そのような混沌の語りの世界を生きている生に目を向ける。DNA が重視する非完結性（unfinalizability）は，語りや語られる生が変化していく可能性を見いだすものである。

　そのため，ナラティヴは，語られた時点における個々人のアンビバレンスや完結しえない苦闘を表している（Frank, 2005）。頻回病休を生きる職業人も，自身の経験を対象化することが困難な世界にいるために，語りは秩序を失い，加工されないまま表出されている。こうした生々しく聞こえる語りは，聞き手に理解の困難さを感じさせる。Frank（1995/2002）は，混沌の物語は語り手の周囲に壁を築き，それによって他者からの援助が妨げられ，そしてまた語り手は「それから」を繰り返すモノローグによってその壁を乗り越えようとすると指摘している。頻回病休の語りもまた，このような悪循環を生じさせ，その環の中に落ち込むがゆえに，他者との関係性からも閉ざされてしまい，開かれていくことが困難になっ

ていると思われる。こうした混沌の物語に出会ったとき，支援者は自分たちが受け入れることのできる形式の物語に変容させようとするのではなく，完結しえない「物語り」として聴いていくことが求められる。

　Frank（1995/2002）は，混沌の物語を否認することは，その物語を語る人間を否認することであり，新しい物語が語られる以前に，混沌は受け入れられる必要があると指摘している。このことは，ナラティヴアプローチにおける，一見つながらない物語の連関に意味を見いだし，新たな未来の物語を生む可能性を見通す視点（森岡，2005）や，ナラティヴ研究における，物語の多様性と変化可能性を重視する視点（やまだ，2007）に重なるところである。そのため支援者は，自己物語りがさまざまな様相へと変化しうる未完のものであることを念頭に置きながら，混沌とした円環的な語りにおいても，「語るわたし」「語られるわたし」が立ち上がる過程をまなざし，寄り添う姿勢が求められる。そうした姿勢が，「人生の過程を発見的に歩むのを援助すること」（河合，1992）を目標とする臨床心理学の実践につながっていくと考えられる。

5　新たなナラティヴへの展望

　本章では，ナラティヴを捉える新たな可能性として，対話を通して，語りを完結しえないものとして聴いていく DNA の理論的立場と手法を参照しながら頻回病休の語りの分析を試み，さまざまなナラティヴの様相を提示してきた。これまで見てきたように，従来のナラティヴ分析では，研究者は，語り手の物語の構成力としての発話行為に焦点を当て，構成要素の配列や組み合わせを詳細に分析し，新たなナラティヴとして再構成してきた。一方で，病いの体験を語ることとは，一つのストーリーには収拾していかず，矛盾のなかで逡巡し，語りにならない語りが生じるものである。DNA では，語ることそのものの主体的な発話行為に焦点を当て，聞き手の想像力との対話のなかで見いだされるナラティヴもしくは生にまなざしを向ける。それにより，これまで「ナラティヴ」に当てはまらないものとして見落とされたり，聞き手の理解を困難にさせるものとして排除されていた

語りに，ナラティヴの形を見いだすことが可能になる。このことは，心理臨床の場において，臨床家がどのように発話者の心の微細な動きを捉え，語りにならない語りを聴いていくかについての臨床的な視点を与えてくれる。

　一方，研究法としては，Riessman, C.（2008/2014）が指摘しているように，語られた内容と語りの構造の分析を組み合わせ，当事者の主観的体験や意味世界への探究を深めていくことも，よりいっそう求められてくるだろう。昨今，質的研究や混合研究法において，方法論的なトライアンギュレーションとして，複数の研究法を組み合わせることによって多角的に理解することがトレンドになっている。しかし，そうした技法的な理解にとどまるのではなく，技法を通して見いだされる語り手の生に心を寄せることが必要である。たとえば，語りを完結したものとして提示しようとするカテゴリー分析と，完結しえないものとして提示しようとするDNAという，アプローチの異なる方法論を組み合わせ，その狭間で生じる葛藤に，語り手の"生きる"をめぐる葛藤が見いだされ，さらなる理解が開けていく可能性がある。このような研究法と人間理解の間におけるダイナミクスへの視座によって，臨床心理学におけるナラティヴ研究の新たな可能性が開かれていくのではないだろうか。

従来のナラティヴ分析における
語りの認識

　第5章では対話的ナラティヴ分析（DNA）を参照することにより，語りへの新たな接近可能性を論じてきた。第5章第2節では，従来のナラティヴ分析からはこぼれ落ちてしまう語りがあることを指摘したが，ここで，従来のナラティヴ分析において，ナラティヴがどのようなものとして捉えられていたのかをまとめておこう。

　ナラティヴ分析は，McLeod, J.（2000/2007）によると，談話分析や会話分析と並んでシークエンス分析に含まれ，語りの全体的な流れや構造を損なわないよう，言語の使われ方や発話による現実構成のされ方を読み解くことを目的としている。その背景には，社会的・主観的現実の文化的枠づけへの着目や，構造主義や精神分析的立場における心理的・社会的な無意識過程の探究への関心があると言われている（Flick, 2007/2011）。ひとえにナラティヴ，ナラティヴ分析といっても，その定義や認識論は一様ではないが，ここでは，臨床心理学，特に臨床心理実践との関連から，従来のナラティヴ分析を概観し，ナラティヴがどのように捉えられてきたのかを整理したい。

1　ナラティヴの認識論的背景

　心理学におけるナラティヴへの関心は，1970年代に"ナラティヴへの転回

(narrative turn)"と呼ばれる現象が生じ，高まってきたと言われている（McLeod, 2000/2007）。特に，Ricœur, P.（1981）が「経験のナラティブ性あるいは前ナラティブ性のテーゼ」と指摘していたり，Bruner, J.（1987）が「ナラティブは人生を模倣し，人生はナラティブを模倣する。この意味での『人生』は，『ナラティブ』と同じく人間的想像力によって構築されたものである」と指摘しているように，心理学における知の在り方として，ナラティヴにおける人生，また人生におけるナラティヴ性が着目されるようになった（Flick, 2007/2011, p.98）。

　ナラティヴの定義や分析手法をめぐっては議論が重ねられているが，Flick, U.（2007/2011）によると，ナラティヴ分析には，人生の経過を再構成するためにナラティヴ・インタビューを用いてナラティヴを引き出すアプローチと，人生そのものをナラティヴと見なすため，そのようなデータ収集法が明示的に使われる必要はないとする立場がある。前者はナラティヴを実際に起こったことの再現もしくは反映と見なす実証主義的な立場であり，ライフヒストリーや事実的な経過を再構成することを目的としている。後者は，Bruner（1987）に代表されるように，「現実は言語を通じて構成される」という構成主義的な立場をとり，ナラティヴを実際に起こったことの再現ではなく，主観的または社会・文化的に構成される表現様式であると捉えている。言い換えると，前者は，語り手によって「生きられた生」と「語られた生」を同等と見なしているが，後者は，「語られた生」はあくまでも構成されたものであるとして捉え，「生きられた生」とは区別している。

　ナラティヴ分析では，語り手の発話における「行為主体性」が注目されている。ナラティヴは，既に作り上げられた事象や体験を示すだけではなく，それらを自らの言葉として編み上げていく心の作業でもある。これは，ナラティヴには「物語」「語り」と訳されるような〈もの〉的側面と，「物語り」「語ること」と訳されるような〈こと〉的側面があると能智（2006）が指摘していることでもある。しかし，従来のナラティヴ分析における行為主体性とは，McLeod（2000/2007）が指摘するところによると，語り手がナラティヴという形でコントロールし，聞き手に伝える発話行為を意味している。人が物語として語るためには，人生におけるさまざまな出来事や心情を「組み合わせと筋立ての中で統合していく力」が求められる（森岡, 2002）とも言われている。このように，ナラティヴにおける行為主

体性とは，語り手が自身の経験をどのように物語として構成し，組み立てていくかという「構成力」を意味するものとして捉えられてきた。

2　従来の水平方向の次元に基づく視点

　ナラティヴ形式の基になるストーリー[2]の定義はさまざまではあるが，従来のナラティヴ分析では，ストーリーは出来事の開始から終わりまでの文節を形成する要素を備えた経時的な構造を有していることが前提とされている。すなわち，一連の出来事の直線的で一方向的な構造を有するものであり，Frank, A. W. (2012) はこれを語りにおける水平方向 (horizontal) への動きであると捉えている。Labov, W. (1972) によると，「形の整ったナラティヴ」には，概要・オリエンテーション・行動の展開・評価・帰結・結尾という6つの構成要素がある。具体的には，概要として話の要点が述べられてから，時間・場所・登場人物・状況についてのオリエンテーションが導入され，事象の配列や筋立てといった行動の展開が続く。その次に，それに対する評価がなされ，語り手が行動を振り返り，その意味を述べ，感情を伝える。そして帰結として，その筋立ての結果を語り，ストーリーを終え，現在に戻るという結尾で締めくくられる。Riessman, C. (2008/2014) は，構造的な要素がどのように配置され，ストーリーが組み立てられているのかは個々の語り手によって異なるため，その配置を検討することで，意味と行為との関係を解釈することができると述べている。

　しかし，どのナラティヴにも全ての要素が含まれているというわけではなく，それらが経時的に組み立てられていなかったり，帰結部に相当するプロットがなかったり，登場人物や状況設定といった，通常のナラティヴには見られるものが描写されない発話データがあることも指摘されている (Riessman, 2008/2014)。Riessman (2008/2014) は，Gee, J. P. (1991) の社会言語学の手法を紹介し，解釈

---

2) McLeod (1997/2007) は，ナラティヴとストーリーの差異について，ストーリーは，ある特定の出来事についての説明で，ナラティヴはストーリーに基づく出来事の説明であると述べており，ナラティヴのプロセスは多くの心理療法に見られる世界観とより調和していると指摘している。

が困難とも思われるテクストに対して，発話データの韻律的な単位（行，連，段，部）から詳細な構造分析を施して意味のまとまりを解釈し，ナラティヴの形式を見いだして提示している。

第6章 「語り」を通して見えてくる病休体験の意味
——総合考察

　ここまで，職業上のストレス負荷がきっかけとなって心を病み，休職せざるをえなくなった人にとって，病休がどのように体験されているのかを探究するために，「働くわたし」という自己の在りように焦点を当て，当事者の語りを読み解いてきた。具体的には，インタビュー調査を行い，単回病休と頻回病休の語りに耳を澄ませ，その体験への心理的接近を試みた。本章では，これまでの論を振り返り，病休において人がどのように語り，どのような「わたし」が生きられているのかを総合的に考えていきたい。そのために，まず，各章をまとめながら，これまでの論の展開を概観する。次いで，職業人の自己の様相を語りの様相との関連から捉え直し，病休を通した自己の在りようへの考察をさらに深めていく。最後に，病休の語りに対して私たちがどのように耳を傾け，支援の可能性を見いだしていけるのかを検討する。

1 これまでのまとめと展開

　第1章では，職業人の病休体験がもつ個別的な意味に言及し，わが国でメンタルヘルス不調による休職者に対してどのような理解と支援がなされているかについて，その現状を概観した。そこでは，精神症状や職場適応の観点だけではなく，「わたし」という自己の観点から「回復」を問い直すことが求められる。そしてそれは，職業と自己との関連から，当事者の語りに耳を傾けることによって理解される必要があることが浮き彫りになった。

　第2章から第4章では，当事者の自己の在りようを探るために，質的研究を用いて，病休を経験している，もしくは経験した人が何を語るかに注目した。続く第5章では，病休の語りがどのように語られるかについて，語り方を探るとともに，語りを聴くことの意義に主眼を置いて論を展開した。まず第2章では，職業と自己との関連から単回の病休体験を探索することによって，職業人としての「働くわたし」を生きる自己の在りようを描出し,病いの発症から専門機関の受療と休職に至るプロセスを示した。「働くわたし」という社会的な役割を担うとともに，そのような職業的自己を生きてきた職業人の受療プロセスは，援助要請行動やセルフマネジメントといった概念のみによって説明されうるものではなく，それまでの自己を手放す体験ともなっていることを見いだした。ここでは，職業人の受療プロセスにおける「働くわたし」を含めた自己の在りようと揺らぎを明らかにしたが，そうした自己の揺らぎを抱える職業人が，休職してから職場復帰や回復に至るまでに，どのような自己を生きるのかというプロセスを包括的に探る必要があると考えられた。

　そのため第3章では，病休を通した職業人の自己の在りように着目し，その変容プロセスを探索した。そこでは，「働くわたし」という自己を何よりも優先してきた人が，休職に際して「働かないわたし」という自己に出会い，さらに復職に際して再び「働くわたし」を再構築していくなかでの，職業人としての役割的自己と実存的な主体的自己における変容を示した。病いによる休職は，挫折として体験されると同時に，自己の再体制化のための転換点としての意味をもつことか

ら，休職した職業人の支援にあたっては，病休にともなう自己の挫折や断念を理解し，支えていく視点が重要になることが示された。

　ところで，第 2 章・第 3 章で対象となった職業人は，単回の病休を経験し，いわゆる Tellenbach, H.（1983/1985）が指摘するようなメランコリー親和型ともいえる職業的自己が生きられていた。単回の病休では，病いをきっかけとした自己の変容が一連のプロセスとして描出され，「復職」「回復」ということが，病休の先にある出口として，あるいは一つの到達点として当事者に実感されていた。しかし，病休は一度であっても，その長いプロセスにおいてさまざまな次元での自己変容をともなう。そこで，病休を繰り返す場合，職業人にとってどのようなものとして病休が体験され，どのような自己が生きられているかという疑問が立ち上がる。

　そうした問題意識のもと，第 4 章では，病休を繰り返す職業人を対象としてインタビュー調査を行い，頻回病休にともなう心理的テーマを抽出するに至った。病休の繰り返しによって，当人は出口の見えないさまざまな喪失の内に置かれ，「恥ずべき自己」としての烙印を押されていることが見いだされた。頻回病休において見られた自己の諸様相，すなわち，現在の自己像・かつての自己像・理想の自己像は，過去と現在，未来とのつながりが失われて分極化されている。それゆえに，心理臨床実践の場では，自己の内界に構成された理想の自己像やかつての自己像の断念とともに，当事者が「これがわたしである」という主体の感覚をつかんでいくことが重要なテーマとして生じることが考えられた。

　第 2 章から第 4 章までは，病休の語りについて，その内容を分析してきたが，そこでは，当事者が「わたし」として語る自己のほかに，意図せずに立ち現れてくる「わたし」や，「わたし」として語ろうとしながらも語りえないなかで浮かび上がる「わたし」の様相が見いだされた。そこで第 5 章では，語りの語られ方に着目して分析を進めることになった。従来のナラティヴ分析では，一定の構造を満たす語りが「ナラティヴ」として見なされてきたが，Frank, A. W.（2010, 2012）の対話的ナラティヴ分析（DNA）を参照しながら頻回病休の語りを見ていくことで，発話者の心の動きを対話的に捉えていくための新たな視点がもたらされた。また，回復の語り・混沌の語り・探求の語りの 3 つの類型を参照したが，こうし

た類型があるからこそ，頻回病休における語りにならない混沌とした語りを一つ
の語りの様相として捉えることが可能になり，また，類型から派生していく語り
や類型の狭間で揺れ動く語りなど，さまざまな語りの様相を見ていくことができ
る。語りは常に流動し，語り直され，非完結性（unfinalizability）を備えているか
らこそ，聞き手が当事者の語りを結論づけようとしない姿勢が改めて問われるこ
とを示してきた。混沌に出会ったとき，混沌を超えて，病休の語りを聴こうとす
るからこそ，その聴き語りの営みは単なる情報の収集ではなく，人の語りに心を
添わせ，「生きる」在りようにまなざしを向ける臨床心理学への途が開かれるので
はないだろうか。

2 病休の語りを「知ること」から「聴くこと」へ
——質的研究と心理臨床における語りの差異と重なりから

　本書では，職業生活を営むなかで心を病む人への心理的支援を考えるうえで，
病休自体を対処すべき事象として見なすのではなく，当事者の自己に関わる体験
として理解していくことを目指してきた。そのために語りを手がかりとし，質的
研究の手法を用いてきたわけである。そこでは個別性を重視しながらも，病休と
いう特定の現象を生きる人に共通する知の構築を試みてきた。その観点から，第
2章から第4章では，病休の語りを分析し，共通する概念や心理的テーマを探索
した。一方で，第5章で論じたように語りは完結しえないものであり，常に語り
直されるという視点から，当事者の語りを結論づけないという重要性も浮かび上
がってきた。ここで，質的研究を通して導き出された病休体験の語りをどのよう
なものとして捉え，支援につなげていけばよいだろうか，という問いが色濃く
なってくる。

　たとえば，多数の対象者から一般的な法則を明らかにしたものではない研究結
果をどのように理解し，実践につなげていけばよいのかと疑問に思う人もいるか
もしれない。その結果は特定の人を説明しているだけで，それを異なる人への理
解に当てはめてよいものだろうか——と。また，本書において行ってきたインタ

ビュー調査は，実際の心理臨床の現場で語られたものではない。初対面の調査者
を前にして，一度きりの調査の場で当事者が語った語りである。そうした限定的
な場面における少数事例の語りは，実際の心理臨床における語りとは異なるので
はないかという声もあるだろう。しかし，それはたしかに聞き手である調査者を
前にして語られた語りであり，質的研究という場だからこそ生成された語りでは
ないだろうか。もしそうだとしたら，私たちはその語りに対して，どのように耳
を傾けることができるだろうか。

　臨床心理学，なかでも心理臨床面接では，悩みを抱えた人の心に寄り添い，そ
の語りを聴くことで発見的な過程をともにするが，これは質的研究のアプローチ
においても重視されている。それでは何故，臨床心理学において改めて質的研究
を行う必要があるのだろうか。質的研究における語りと心理臨床における語りの
あいだには，どのような差異があるのだろうか。そこで，これまで提示してきた
結果をさらなる理解に生かしていくために，質的研究における「語り」や「語る
こと」が，一体どのような意味や意義をもつのかについて検討すると同時に，そ
うした語りを「聴く」ことへの理解を深めていきたい。そのため，語りの生成の
場という観点から質的研究[1]を捉え，心理臨床における語りとの差異と重なりに
着目しながら論じていく。

　なお，質的研究にもさまざまな理論的立場や手法が存在するが，ここでは，関
係性のなかで生まれる語りの生成の場としての質的研究の意義について考察する
ため，質的研究のなかでも，特に二者関係での語りを対象とした調査面接につい
て焦点を当てる。調査面接には，構造化面接・半構造化面接・非構造化面接があ
り，それぞれ自由度は異なるが，ここでは，構造化された場におけるデータ収集
ではなく，半構造化面接や非構造化面接など，ある程度，自由度の高い面接を前
提としている。同様に，心理臨床面接においても，さまざまな学派や理論がある
が，ここでは，「心理療法とは，悩みや問題の解決のために来談した人に対して，

1）質的研究のなかにもさまざまな立場やアプローチがあり，またその対象は，面接による口頭
　データや，観察や写真などによる視覚データ，文書資料などの記述データなど多様であるが
　（Flick, 2007/2011），その内容や特徴が記述され，テクスト化されたものが分析対象となる点
　では共通している。

専門的な訓練を受けた者が，主として心理的な接近法によって，可能な限り来談者の全存在に対する配慮をもちつつ，来談者が人生の過程を発見的に歩むのを援助すること」という河合（1992, p.3）の定義に倣いたい。面接の形態は，家族療法や集団療法を含めるときわめて多岐にわたるため，一括りに論じることはできないが，ここでは一対一の個別面接を基本とする心理療法について論じることとする。また，語りについては，ストーリー（story）や物語，ナラティヴ（narrative）といった概念で説明される（McLeod, 1997/2007）ばかりでなく，人が語る（narrating）という行為的な側面（森岡，2002；能智，2006）も含んで捉えることとする。

(1)調査面接と臨床面接における語りの差異

　質的研究における調査面接と心理臨床における臨床面接には，目的とするものやアプローチの方法を含め，基本的な差異があることについて，はじめに整理しておきたい。

　面接の対象者について，質的研究では，研究者が関心を寄せる特定のカテゴリーに属する人を対象とするため，研究者が設定したリサーチ・クエスチョンに対して，十分に情報を提供してくれる協力者（インフォーマント）を選定する。そのため語り手は，たとえば「○○症の人」や「○○を体験した人」といったように，あらかじめ研究者によってラベリングされている。それは本書でいうところの「メンタルヘルス不調によって休職した職業人」（第2章・第3章）と「頻回に病休を繰り返している職業人」（第4章・第5章）である。一方，心理臨床では，「悩みや問題の解決のために来談した人」（河合，1992）と出会うため，対象者はセラピスト（心理療法における治療者）が設定したテーマに基づいて選定されているわけでもなく，また，セラピストの関心によって事前にラベリングされているわけでもない。心理臨床では，セラピストが設定したテーマに基づいてクライエント（心理療法における来談者）が自己定義して語ることを求められるのでもないことは，質的研究との差異を考えるうえで重要である。このことは，語りをどのように聴くかについての聞き手の態度の差異にも関わる。質的研究の立場から調査面接と

臨床面接における聴く技法や態度の違いを見てみると，調査面接[2]では，調査者が主導して話を聞きだすための「問う」技法が重要であるのに対し，臨床面接では，効果的な介入や援助を心がけてクライエントの語りを「聞く」技法が重要であることが指摘されている（やまだ，2007；山口，2006）。

　次に，語り手はどのような意図をもって語るのか，また聞き手はどのような目的で語りを聴くのかといったことについて見てみよう。調査面接では，語り手は研究の趣旨に同意し，調査に協力するという形で面接場面を訪れる。語りは言語活動である限り，他者の存在が前提となっているが（Bakhtin, 1986/1988；藤本，2003；岩野，2010），特に調査面接では，語り手は第三者に聞かれることを意識して語るという構造を有している。物語が他の誰かに対して語られるという一面をもつとき，個人の私秘的な「わたし」の語りはある種の公共性を帯びるようになる。そうした物語り（narrating）の相互性において，語り手は，他者の自己形成の導き手として自らをさしだすのである（Frank, 1995/2002）。つまり，調査への協力にあたっては，自身の体験を証言することによって他者に還元したいという願いや，社会の制度や支配的な言説に対する訴えに動機づけられているとも考えられる。そして聞き手である調査者 / 研究者は，ある現象を生きる人がどのような体験をしているのかについて理解することを，もっぱらの目的とする。一方，臨床面接では，基本的にはクライエントが話したいことを何でも自由に話してもらう。クライエントは自身の悩みや問題をきっかけとして来談しているのであり，そこでの語りは，第三者に向けて語られるのではなく，自分自身のために，目の前のセラピストに向けて語られる。そのため語りは，二者関係においてのみ共有される，きわめて私秘的なものである。また，その個人への理解が目指され，クライエントの問題解決はどのようにすればよいか，何が有効かという有効性が問題になる（山口，2006）。

　面接で語られた後の記録の取り扱いや語りに対するアプローチについて見てみると，質的研究では，語りは発話データとして記録・録音されたものが書き起こ

　2）調査面接は，調査者 / 研究者のリサーチ・クエスチョンに基づいて調査が行われるという構造上，そこで聴きとられる語りはある一定の水路づけがなされることになる。

され，テクストとして分析される。質的研究にはさまざまな分析手法があるが，主に語られた内容に着目するカテゴリー分析と，語り方や文脈に着目するシークエンス分析がある。前者は語りを切片に分けて分類し，概念を抽出する手法であり，後者は語りの構造を詳細に分析して語りを再構成する手法である。ここでの語り手－聞き手の関係の位相は，研究者の視点からテクスト化された語りと相対するという関係へと変化することが指摘されている（藤本，2003）。一方，心理臨床では，語りは分析データとして書き起こされるというよりは，セラピストの記録という形で残される。そこでは，セラピストによって心に留められた語りが二次的に書き留められるという点において，クライエントの語りだけではなく，臨床面接で生じたことについてのセラピストの理解が書き記される。

(2)体験を語るということ

「今・ここ」で生み出される語り

　ここまで述べてきたように，調査面接と臨床面接には目的や態度などの基本的な差異があるが，語るということ（narrating）という発話行為としての側面に着目するならば，そこには共通性があることが見えてくる。第5章でも取り上げたBakhtin, M. M.（1984）の多声性の概念によれば，人の心には複数の声が内在しており，語りとして表現されるためには，一つの声として編み上げられる必要がある。その過程には，ある出来事や心情が意識的に取捨選択されたり，意図せずに隠蔽されたり，ふいに口をついて出たりするなど，語り手のなかにさまざまな心の動きが生じる。このように語りの生成の場として質的研究を捉えたとき，調査面接においても臨床面接においても，今まさにその場で，当事者の体験についての想いが言葉になるという点において両者の重なりが見てとれる。リアルな体験の前では，語りは止まらざるをえなくなり，人は次の言葉を探し求めようとするが，諸富（2005）はこれを「体験の辺縁」と呼び，そうした過程にこそ生きた言葉や新たな言葉が生まれると述べている。また山口（2006）は，ライフストーリー研究と心理療法を比較し，人々が出来事をどのように語り，経験として意味づけるのか，どのような状況で意味づけが変容するのかは共通の関心であり，両者と

も言葉にならないものが語られ、それが経験として意味づけられ、再構成されていく過程を重視していると指摘している。ナラティヴ・セラピーにおいては、出来事には「未完了」の部分があると捉えられており（森岡，2005），また語り研究においては、語りの変化可能性（やまだ，2007），すなわち新たな語りの生成可能性が指摘されている。

　しかし、これらの論において「語りえないこと」は，「いまだ語られていないもの」「いずれ語られるべきもの」として否定的に捉えられてしまってはいないだろうか。語ろうとしても語れないことを抱える主体、あるいは、語りえないということを語ろうとしている主体の在りようにも思いを寄せる必要はないだろうか。このことについては、本節の最後で再び論じたい。

語り手と聞き手による共同生成としての語り

　一人語りのモノローグや内言とは異なり、語りが面接の場における「今・ここ」で生み出されるためには、それを聴く聞き手が存在している必要がある。調査面接においても臨床面接においても、語りは語り手と聞き手との関係性によって生まれることが多くの論者によって指摘されており（McLeod, 2000/2007；森岡，2007；能智，2006），ここでも両者の共通点が見いだされる。

　この点に関して、まず、質的研究の場で語られる語りがどのように捉えられているのかについて整理する。Flick, U. (2007/2011) によると、質的研究では、発話データを実際に起こったことの再現または表象と見なす立場と、主観的もしくは社会的に構成される表現様式と見なす立場がある。社会構成主義的な立場からは後者の見方が支持されており、調査面接は社会的現実の再構成の場であり、そこで生み出される語りは語り手と聞き手の対話的な構築物であると考えられている（山口，2006）。この考えに基づくと、語りは語り手の心の内に既に形成されたものの表出ではなく、能智（2006）が、「人は常に、何かを発話することで、聞き手に対して何ごとかを行おうとしており、そういう点から言うと、"ナラティヴ"は、過去に生じた出来事を表現していたとしても、あくまで『今・ここ』の行為」(p.51) であると述べているように、語り手と聞き手がともにいる、その場の関係性によって生じるものであるといえる。調査面接において、語りのオーサーシッ

プは語り手のみに帰属されるものではなく，面接者も「その一端を担う存在と位置づけられる」（遠藤，2006）と指摘されているように，面接者としての聞き手も語りの共同生成者であることを十分に意識しておく必要がある。

　他方，心理臨床では，共同作業や間主観性の概念に代表されるように，質的研究に比べると，語りにおける共同性が古くから強調されている。これに関して山口（2001）は，心理臨床においては，語られる物語を媒介として語り手と聞き手との間に関係性が生じ，物語は耳を傾ける聞き手を織り込みながら展開すると指摘しており，森岡（2007）は，そのような場にこそ治療的な意味が生じると強調している。前項で述べたように，心理臨床は人の心の問題への援助に関わる実践活動であるため，心理臨床における共同生成は，単に語りを理解するために耳を傾けることを意味するのではなく，その物語を生きるように聴き（皆藤，2010），そうして語り手自身が自分の物語を生きることができるように促していくという，心の動きやその過程が強調されてもいる。

語る「わたし」との出会い

　調査面接においても臨床面接においても，語るという発話行為自体が，語り手の内に新たな体験を生じさせている。そして，そこで語られた自己——物語的自己（narrative self）を通して，人は自己を理解し生きることになる（Anderson & Goolishian, 1992/1997）。すなわち，高橋（2012）が指摘するように，語ることを通して「わたし」という自己アイデンティティが生まれるのである。体験を語ることは，語り手と聞き手との共同生成という側面をもつことを見てきたが，それは同時に，語り手が語りとして表出された自身の想いや体験の姿を発見し，さらにそのように語る「わたし」との差異化が生じていく営みでもある。

　自己が自己を語るとき，「語る自己」と「語られた自己」という自己の二重性が生じることは，言語学や物語論の分野においても指摘されている（高橋，2012）。森岡（2007）は，心理療法における自己の二重性について，「自己を語ることを通して，人は語りを聞くということと語りのなかにいるということを同時に行っている」（p.259）と述べている。聞き手に向けて語りが語られるとき，語り手自身の内にも聞き手としての「わたし」が生じ，語りはそのような「わたし」に向けても

語られ，同時に受けとられる体験にもなる。そしてまた，語り手が過去の体験を語りながら，「過去にそうであったわたし」と「今あなたの前で語るわたし」が見いだされていくとき，「語るわたし」の主体が立ち上がっていくと考えられる。つまり，聴いている「あなた」がいると感じられてはじめて，語り手は「語るわたし」に出会っていけるのであり，その主体生成の営みは心理臨床にも通じているといえるだろう。

面接における権威性

　ここまで見てきたように，語りの発話行為としての側面に着目するのであれば，心理臨床での語りにおいても調査面接での語りにおいても，語ることによって，新たな「わたし」が生成されていくという共通性が浮かび上がってくる。しかし，ここにおいてこそ，調査面接が臨床面接とは異なる点が厳然と存在することについて，自覚的である必要があろう。すなわち，調査面接では，対象となる現象や，その現象を生きる人の体験世界を理解するために，「教えてもらう」という態度が基本的な構えとしてある。探索的な質的研究では，研究者のバイアスを避けるために，事前に仮説や推論を立てない立場があることも指摘されているが（Flick, 2007/2011），それでも調査者の視点や価値観が語りに影響を与えることは免れえない。能智（2006）は，語られたナラティヴは，研究者の「思考としてのナラティヴ」に沿って受け取ったものが整理されていくと述べているが，これは語りを聴く場においても生じているであろう。つまり，語りを聴いている最中にも，語りは調査者である聞き手の「思考としてのナラティヴ」に働きかけるため，それによって聞き手の応答には，おのずと変化が生じてくる。聞き手の表情や頷き，身振りや声かけのテンポなど，応答の一つひとつが，どのように語りを聴いているのかというメッセージとなり，それを受け取った語り手の語りもまた変化していくであろう。

　さらに，調査面接では臨床面接とは異なり，語り手は研究の趣旨に沿って，聞き手である調査者の問いに対する応答として自らの体験や心情を語るという特徴がある。藤本（2003）は，調査面接における語りの場では，聞き手が語りをコントロールすることによって，研究者の意図や社会的文脈に沿って自己を定義して

語ることを語り手に要請していると指摘している。つまり，調査面接は，研究者の設定したテーマに応じて自己の物語を語るように仕向けているという点において，そのような自己としてのアイデンティティを形成させてしまうという権力構造を有しているというのである。調査面接での語りは，たしかに調査者と対象者との共同性から生じてくるものであるが，そこには，調査者／研究者の意図や思惑と，語り手が調査者／研究者を前にして自己を説明しようとする，まさにそのあいだで語りが生じているという側面がある。心理臨床においても，セラピストとクライエントは，治療者−患者といったような，権威性をはらんだ上下関係に陥る危険性は自覚されており，だからこそ，セラピストはクライエントと水平の立場にいる必要性が強調されている（河合，2001）。これに対して調査面接では，調査者−調査対象者という「非対称的な関係性」（藤本，2003）が避けえないものとして存在していることは，研究を行うにあたって十分に自覚しておく必要がある。語りが生みだされる場においては，語り手と聞き手との共同生成という側面があるが，そこには調査のもつ権威性の課題が残されている。このことにいかに向き合っていくかという問いは，聞き手である調査者／研究者に対して，倫理的な命題として絶えず投げかけられているといえる。

（3）語りはどのように生きられるのか
語りと「ともにある」こと

　語りの受け取り手が，語りの倫理にどのように向き合っていくかという問いは，語りがどのように聞き手に受けとめられ，生きられていくのかという問いにも関わる。インタビュー調査を含む質的研究では，語り手の語りを発話データとして分析するが，ここでも留意しなければならないのは，Frank（1995/2002）が述べるように，語られた語りに「ついて」理解をするのではなく，その語りと「ともに」考え，物語に参加するという姿勢である。これは心理臨床において，語りを聴くときは，物語を理解するという姿勢よりも物語を生きる姿勢が重要（皆藤，2010）と強調されていることと重なる。

　質的研究における分析手法は，アプローチによって多岐にわたるが，基本的に

は発話データに徹底的に向き合う過程を経る。質的研究のなかでも，語りの内容に焦点を当てるカテゴリー分析は，データを細かく切り分け，脱文脈化するため，その段階で，発話の全体性や個々の対象そのもののリアリティは時に損なわれるという批判も向けられている（遠藤, 2006）。たとえば第2章と第3章で用いたグラウンデッド・セオリー・アプローチ（Glaser & Strauss, 1967/1996）は，分析者の主観をできる限り排除するために，発話データを細かく切片化し，厳密な手続きを踏むことで，データ自体から浮かび上がる概念を見いだそうとする（戈木, 2013）。質的研究は，前述のとおり，発話データに向き合う過程においても研究者の価値観や主観に沿ってデータを再構成する権威性をはらんでいる。ここでも研究者の倫理が問われるわけであるが，質的研究の分析における体系的な手続きは，研究者のもつバイアスに気づくと同時に，データを多角的な視点から見つめ，データと対話するための手法であるともいえる。

　この点に関してCharmaz, K.（1990）は，質的研究における発見のプロセスは，データとの対話の後で，研究者がデータに対して抱いている考えを発見することであると述べている。分析を進めていくなかで，分析者は，語りの核を捉えるためにデータを行きつ戻りつしながら，時に行き詰まりに直面する。しかし，分析者／研究者の理解が到底及ばないと思われたその先に，それまで思いもよらなかった見え方に，はっと気づかされる瞬間が訪れることがある。それは，Koch, K.（1957/2010）が，バウムという主題との出会いに際して，「人はそこに表れたものを前にして驚いたり，しばしば衝撃を受けたりする。そして，真実にして不可解だという感じが残る」（p.20）と述べていることとも通じる。人の心の内は，本来，誰にも理解されえないものかもしれないが，それでもなお，研究者の視点に回収することなく対象を理解しようとする試みに開かれるとき，研究者のものの見方は変化することを促され，驚きとともに対象の新たな側面に出会っていけるのではないだろうか。こうした質的研究における分析のプロセスも，当事者の語りとともにあり，ともに生きようとする一つの在り方を示しているといえる。

語りの公共性に向けて

　これまで見てきたように，面接の場で個人と個人が出会い，その関係性におい

て語りが生じ，見いだされたことが，どのように人間の普遍的な知に貢献できるかという問いは，調査面接においても臨床面接においても共通して投げかけられている。人の心とは何であるのか，人が生きるとはどういうことであるのかという人間存在の本質に関わる問いについて，自然科学モデルでは，見いだされた知見がどの程度，妥当性や信頼性をもって一般化でき，説明しうるのかということが重視されてきた。そのような科学的な知に対して，臨床心理学では，実践と研究をめぐる研究の在り方を問い，臨床の知（河合，1976）における普遍性の在りようを示すためにさまざまな方法論を模索してきた。

　心理臨床では，セラピストとクライエントの出会いから生まれた「知」は，二者間においてのみとどまるのではなく，専門家の間で共有される知として，事例研究という形でまとめられることで，公共性のなかに置かれることもある。心理臨床における関係性は，全くの個対個であるが，そうした個が「生きる」ことへのコミットを深めていくことで，その先には，人が「生きる」ことに関わる普遍性が立ち現れるとされる。たとえば河合（1976）は，「一個人の全体性を損うことなく，その個人の世界を探求した結果は，臨床家が他の個人に接するときに共通のパターン，あるいは型を与えるものとしての普遍性をもつ」（p.10）と述べている。そしてそのような知を伝えていく事例研究では，「『事実を伝える』ことよりも『心の動きが伝わっていく』というほうが大事」（河合，1995，p.200）と述べられている。個々人の体験は個別的なものであるが，そうした個が「生きる」語りをともにするとき，聞き手自身の中にも，「生きる」ことの心の動きが生じてくるというものである。そのように考えると，語りを継承するということは，単に行動や思考のパターンなどの内容を伝えるのではなく，一人の人が「生きる」ことをめぐって語りを紡ぐというリアルな体験の軌跡を辿ることであり，そうしてまた受け取り手も，人が「生きる」ことの本質に触れていくことができるのである。

　同様のことは，歴史学における「語り」の聞き取りの意義についても論じられている。証言として語られる個人の個別的な体験は，歴史的出来事（fact）の証言としては弱点と見なされることがあるが，個別性に徹することで，証言の受け手（聞き手）自身もまた一人の個人として，生きている証との関わりを築くことができると指摘されている（田村，2018）。ここに，「その主観性をどう解釈するかとい

う受け取り手の責任」（田村，2018）が生じるのである。これと同様に，質的研究における調査面接においても，受け取り側の問題として個別の知をどのように受け取り，生きていけるかという，その責任と倫理が問われているのである。

　語りが生まれる場における知は，いくら構造化された場といえども，人が「生きる」ことに関わる一つの語りの在りようとして捉えることができる。Frank（1995/2002）は，私たちが物語と「ともに」あることによって生み出される知の在り方について，次のように述べている。すなわち，「物語とともに考えるということが意味しているのは，語りの倫理は，人々が意思決定するための明確なガイドラインや原則を提供しうるものではないということである。そこでもたらされるものは，物語がいくつかの方向へと導かれていくことを信任する許容力である」（p.160, 拙訳）。そのように考えると，質的研究において生成される知は，ある現象を包括的に説明するものや他の当事者に当てはめて説明しうるものでもなく，また他者にとって目指されるべき目標や終着点でもない。一人の人の語りに耳を傾けることは，先人が生きた人生の軌跡を物語として辿ることであり，それは一つの人生の在りようを指し示すものになる。言い換えると，語り手と聞き手である研究者によって生み出された語りの知は，他の誰かが生きるうえでのモデルになるというのではなく，そうした生の在りようを一つの物語として受け入れることによって，個別的でかけがえのない「わたし」の生の多様性を認めることであり，一人ひとりが生きていくうえで，新たな「わたし」の可能性に開かれていくことを意味するものである。

　質的研究の調査面接において生成される語りもまた，個別性をともなうものであるが，質的研究において生成された知を，限定的な知と捉えるか，語りが生まれる場における知として捉えるかによって，生成された知への理解も変わってこよう。質的研究の質を評価する基準の一つに「転用可能性（transferability）」（Lincoln & Guba, 1985）があるが，これは生成された理論や見いだされた知を単に当てはめることではなく，得られた知を新たな対象との出会いと対話に重ね合わせることにより，自分自身や他者への理解が深まるという形での可能性のことである（能智，2006）。前述したように，当事者である「わたし」が語り手である「あなた」に向けて語る語りは，語り手を橋渡しとして，その物語を必要とする他の当事者

である「あなた」にも語られ，受けとられていく。つまり「転用可能性」とは，一人の「生きる」体験が他者の生に語りかける営みであり，またそのときに，両者の「生きる」物語が響き合うという普遍性をもつものでもあるといえる。

　さらに質的研究では，研究者が「今・ここ」で生成される語りを分析する過程を経ることにより，二次的な理解の在りようが立ち上がってくる。この点について Willig, C.（2001/2003）は，質的研究において生成された理論は，データについての唯一の真実というよりも，データのある読み方の一つであるとも述べている。遠藤（2006）は，支援をする側である研究者が，支援を受ける側について何とか理解しようと緻密な分析作業を通して悪戦苦闘した思考の軌跡と析出された概念は，その研究者なりの理解の枠組みを示すものとなり，同様の対象に接しようとする者に，その当事者ゆえのリアルな感覚をもたらしうると指摘している。これは，心理臨床の聴き語りが，他の聴く者の心にリアライズ（皆藤，2010）されるのと同様に，研究者が当事者の語りを聴き，それを語り継ごうとする過程も，当事者の支援に携わる者の心にリアライズされるといえる。こうした立場に立つと，質的研究において産出される知は，対象者やその現象を生きる個人を理解しようとする研究者——支援する側にいる「わたし」についての軌跡を指し示すものともなる。そしてそれを聴く者がその軌跡を辿り，心の中に動きが生じてくるとき，自らの支援者としての在りようを見つめ直すことへとつながっていくのではないだろうか。

（4）語りにならない声を汲み取る質的研究のまなざし

　ここまで，質的研究を語りの生成の場として捉えたときの臨床的な意義について，心理臨床との差異と重なりに着目して論じてきた。質的研究における調査面接と心理臨床面接には基本的な差異がある。調査面接は，研究を目的として行われるため，そこで生成される語りは，第三者に向けて伝達することが意識されるため，必然的にある種の公共性を帯びる。人が語るとき，目の前にいる「あなた」に向けて語られるが，特に調査面接での「わたし」の語りは，目の前にいる「あなた」に託しながら，その物語を必要とする他者である「あなた」，すなわち，同

じカテゴリーに属する人や，同じ現象を生きる当事者や社会に向けても語られるという公共性がある。臨床面接では，語り手は自身の抱える課題や問題のために，目の前にいるセラピストに向けて語るため，そこでの語りは私秘的なものである。両者にはこのような差異があるものの，語りを語るという発話行為に着目するとき，語りは，聞き手との関係性によって「今・ここ」で共同生成されるという共通点をもっている。

　河合（2001）が，心理療法には「はじめ」と「終わり」があるが，個人の物語は死ぬまで終わることはないと述べているように，人の物語は，絶えず新たな物語が生成され，紡がれていく。またBakhtin（1984）は，物語論において非完結性（unfinalizability）の概念を提唱しているが，これは，人は絶えず変化する可能性を秘めているため，語りは完結することはなく，完全に理解されることはないというものである。この点は，第5章において，頻回病休の混沌とした語りに接近するための重要な視点として論じた。人の「体験」は理解しえないものであるが，心理臨床では，「体験の語り」に聴き入ることで理解しようとする（皆藤，2010）。質的研究では，たとえば病いの物語を，病める身体を通して語られたものとして理解しようとする（Frank, 1995/2002）。私たちは語りを通して，語られたものから，その人の体験や「生きる」に関わる現象を理解しようと試みる。そうしてその語りも，他者によって生き直され，新たな物語を紡ぎはじめていくのだろう。

　物語には本来的に非完結性があるということは，物語は語りえないものを常に含んでいるということでもある。「語りえなさ」に関して，宗教学者・哲学者の萩原（2009）は，「責任（responsabilité）は，迫害する者にではなく迫害を受ける者に生じる」というLévinas, E.（1974/1990）の責任・主体論を援用しながら，個人が受難に直面したとき，「語りえないもの」を「語りえない」ままで開示し続けることが，普遍化・一般化による倫理的暴力を回避させていると述べている。この視点に立つと，調査面接や臨床面接における体験の「語りえなさ」とは，問いかけに対して「語りえない」痛みを引き受け，それでもなお他者に対して応答し，「語りえないこと」を開示していこうという，「わたし」の主体性の模索とその責任を示している。調査面接では，調査者／研究者は，「声」を聴き，受け取った者として，個と公共に対する責任から，語りの知を語り継いでいくのはもちろんのこと，

同時に，語りえないことへの尊厳をもちながら，対象者の声にならない声に耳を傾けていくことが常に問われているともいえる。語りに関する研究では，こうしたパラドクスを生き延びていかねばならないのである。

　臨床心理学において，病める人や悩める人が「生きる」ことについてその物語を紡ごうとするとき，どのようにして理解への可能性を開いていけるのだろうか。臨床心理学における質的研究は，語りえぬことをも含む，語る人の「全存在に対する配慮」をもちながら，人が「生きる」ことへの理解につなげていくための，一つの道筋を示すものであるだろう。そして，語りの生成の場として質的研究を捉えたときに見えてくる，調査面接における語りのパラドクスと倫理性を常に問い続け，引き受けようとするところに，心理臨床面接における倫理性について考える知の地平が開かれていくのではないだろうか。質的研究の方法論は，そのような「語り」と「語りを聴くこと」に対する私たちの理解を問い直し，新たな可能性へと導く力をもつのである。

3　語り生きられる「わたし」へのまなざし

　現在の職業人は，序章や第1章で述べたように，職業を通した自己実現や成長が目指される言説のなかに置かれている。そこでは，人が生きる歩みは一本の道筋のように直線的に捉えられ，人は，あらかじめ定められた筋道に沿って成長していくことを期待されているといえよう。心理臨床における休職者支援の現場では，精神症状や社会的技能だけでなく，心理的側面における回復が目指されているが，それはどちらかといえば企業の視点に軸足を置いた，休職以前の状態に「戻して」「直す」という故障・修復モデルがベースになっていた。しかし近年では，個人の視点に軸足が置かれるようにもなり，病休をきっかけとした「成長支援モデル」（松崎，2008）に代表されるように，回復の到達地点が見直され，復職支援における新たなエンドポイントが目指されている。

　その一方で，Saunders & Nedelec（2014）や Svendsen（2016/2016）が指摘しているように，職業は個人の自己存在やアイデンティティとの関わりが強く，島・

佐藤 (2004) が指摘するところでは，病休そのものが当人にとって大きな心の傷となる。このことから，メンタルヘルス不調を抱える休職者への支援を検討するうえでは，職場や業務への適応の問題ばかりでなく，病休によって生じる自己の傷つきや揺れ動きを一つの問題として捉える必要がある。自己は個人の「わたし」という一側面 ('me' aspect of the self) であり，ある特定の状況や社会的な文脈に組み込まれ，その都度変化するものであると考えられている (Oyserman et al., 2012)。そのため本書では，個としての視点に軸足を置いて病休体験を探索していくなかでも，職業人が生きるうえで，ある瞬間に「働くわたし」としての自己が生成され，決定づけられる主体としての在りように焦点を当て，休職者支援における課題を捉え直すことを試みてきた。

現在の復職支援において目指される心理的側面として，自己肯定感や自己効力感が重視されているが (小嶋・中村, 2006)，それは自己が自己をどのように規定するのかという自己概念 (Shavelson et al., 1976) に関わるものである。しかし，個人の「わたし」という主体としての自己は，絶え間なく変化し続けるものであることから，本書では，そうした自己の在りようが病休に際してどのように生成され，変化しうるかを検討してきた。そのような「わたし」の様を個人の内側から捉えていくためには，文脈や関係性によってその都度変化しうる語りの様相を検討することが重要であり，語りの内容だけではなく，その語られ方や，語るという主体的な発話行為を細やかに捉えることのできる質的研究が有効であると考えられた。

病休の語りを細やかに見ていくと，さまざまに生成され，変化していく語りの様相が浮かび上がる。それと同時に，その語りのなかに語り入れられ，新たに生きられる「わたし」というさまざまな自己の様相が立ち現れてくる。言い換えると，語り手である職業人が，「わたしが何者であるか」を語っていくことのなかで見いだされる「わたし」のほかに，語りにならない語りのなかで意図せず立ち現れてくる「わたし」や，語れないという不可能性から浮かび上がる「わたし」という，多声的 (polyphony：Bakhtin, 1984) な自己の在りようが見えてくる。本書では，この点において，質的研究を通して生み出された語りや見いだされた知をどのように捉えるかについて，新たな視点を提供できたのではないだろうか。本書

で描出してきた職業人の自己の様相は，客観的なデータや過去の出来事の再現というよりも，語る現在において語り手に生きられ，見いだされる自己であると同時に，語りの多様性から生まれてくる多声的な「わたし」という自己の在りようである。さまざまな社会的・文脈的な自己を生きる個人の心の在りようを見ていくとき，語りの場において生成され，語られる多声的な「わたし」の姿が，さまざまな関係性のなかで絶え間なく変化する「わたし」という個人の自己への理解にもつながるものと思われる。

　調査場面において，聞き手との間で生成される語りは，個人を「職業人」や「休職者」として自己規定させる枠組みのなかで生じさせる語りではあるが，当事者が語ることや語りえないことを聴いていくなかで，さまざまな語りが生まれてくる。そこでの語りは，構成された語りだけではなく，語り手と研究者／調査者の物語が共鳴しながら生じるものである。さらに，そこから第三者へと向かって伝えられる語りは，それに耳を傾ける人の物語と響き合っていく。この点において，調査の枠組みのなかで語られる語りは，その人によって生きられている「職業人」や「休職者」としての自己の一側面を引き受ける語りになるとともに，「職業人」や「休職者」を現に生きる他者の生へと開かれ，生きられる語りとなる。ここに，質的研究だからこそ生み出される語りの独自性がある。それは，語り手と聞き手の物語が一つの物語として集約するのでもなく，複数のモノローグを生成していくものでもない。「わたし」の語りが多声的に響き合う聴き語りのなかで，自身の実感をともなう体験に基づいた他者と自己への見方が開かれていくのである。さらに，そうした聴き語りは，心理臨床実践において語りを「聴く」ことを問い直すものでもあり，絶え間なく生成され，変わりゆく語りの多声性と「わたし」という自己の多層性とどのように出会っていくかを見つめ直す視点を提示するものでもあるだろう。

4 病休を生きる「わたし」への臨床的アプローチ

　本書を通して見えてきた職業人の姿は，メンタルヘルス不調で病休することに

より，それまで生きられてきた「働くわたし」という自己を手放す苦悩を抱える
人たちであった。「働くわたし」という自己は，Erikson, E. H.（1959/1982）のい
う心理社会的アイデンティティにも関わることである。それは，個人によって形
成されるばかりでなく，社会や他者によって形成される自己でもある。そうした
「働くわたし」という自己は，その人の一側面に過ぎないはずが，いつの間にかそ
の人の主体そのものに置き換えられてしまう。それゆえに，メンタルヘルス不調
によって「働くわたし」の自己が揺らぐとき，人はよりいっそう職業的自己を手
放すことが困難になるのだろう。

　病休を経験する職業人にとって，休職中に生じる「働かないわたし」という自
己は，これまでの職業人生では生きてこられなかったであろう側面である。そう
した自己との出会いは，主体を脅かす危機になると同時に，その後の「働くわた
し」という自己を再び構築していくための転換点ともなるだろう。他方，病休を
繰り返すことで挫折や傷つきが蓄積されていくと，自己を再構築するための出口
を見つけることが困難になる。頻回病休を経験する職業人の現在の自己像とは，
現実の社会や他者との接点において生成された自己ではない。自己内界に構成さ
れた社会や過去・理想の自己像との関係において生成された自己は，「恥ずべき
自己」として自己批判され，どこまでも自己内界を漂う自己表象である。

　本書で行ってきた質的研究は，常に変わりゆく自己を，常に変わりゆく語りと
ともに捉えようとする。しかし，そうした理解を一つの「正しい」道筋として捉
えてはならないだろう。病いによる休職を通した新たな自己との出会いや再構成
は，自己の成長物語として捉える見方も可能ではあるが，休職者への支援にあ
たっては，同様の道筋へと招き入れることがないように留意されるべきである。
それと同時に，個人の語りや自己が変わることにも慎重になる必要があろう。語
りの流動性や非完結性を捉える視点は，自己や語りを固定したものとして結論づ
けず，絶えず変化し続けるものとする見方である。そのことは，その時々におけ
る自己や語りの在りようを否定したり，またあるいは，新たな自己や語りを生み
だすように促したり期待されたりすることを意味するものではない。そうではな
く，語りえない語りや混沌として出口が見えない語りも，一つの語りとして耳を
傾けていく必要がある。病休の語りは，常に「わたし」とは何であるかを問い直

す心の営みである。私たちがその語りとともにあろうとするとき，その人の「わたし」との出会いに開かれていけるものと思われる。

　質的研究におけるインタビュー調査は，このような「わたし」の物語・物語りが生みだされる「出会い」の場である。質的研究の場で生成される「わたし」への理解の道筋が，常に変わりゆき，語り直される「わたし」という個人の理解にもつながる。そこで見いだされた知は，病休体験に共通する一つのモデルとして，新たな対象にそのまま適用したり当てはめたりされるものではなく，個人の物語を聴いていくための手がかりや視点を提示するものとなる。個人の「生きる」物語・物語りが，他者の「生きる」物語・物語りとの対話に重ね合わされ，自己や他者への理解が深まるという普遍性をもつとき，職業人の生きる在りようも，個別の多様性をはらんだものとして，職業人のメンタルヘルスの問題を見ていくことにつながっていく。そうした視点が，心理臨床の実践の場における語りに目を向けていくための糸口にもなりうるだろう。臨床心理学の独自性は，河合（2002a）が述べるように，臨床実践と研究の馴染みにくさを抱えるところにあるが，本書では，質的研究が本来もつ個別性から普遍性を捉える視点と，そうした視点からさらに個人を捉えていこうとする視点を提示し，理論的研究における質的研究の臨床性を論じることにより，研究と臨床実践をつないでいく視点も同時に示してきた。

　心理臨床実践における職業人と周囲の人への支援に際しては，「職業人」「休職者」を一括りにした理解や，支援者側が「回復」「成長」を判断するような関わりではなく，一人の「わたし」という自己にまなざしを向け，第三者の価値観によって決めつけて判断しない（non-judgemental）ような態度が求められる。病休の語りから，職業人が生きるということは，一つの「正しい」道筋が定められているのではないことが浮かび上がる。立ちどまり，逡巡し，行きつ戻りつし，絶え間なく問い直される語りのなかに，その都度「わたし」という自己が語り入れられる。それは他者の物語によって語り入れられる自己でも，直線的な発達理論によって説明されうる自己でもないだろう。そこから浮かび上がることは，職業人としての自己側面を超えた，「わたし」とは何であるかという問いの個別性と，そこから無数に広がる道筋の，さまざまな生の可能性である。

　職業と自己との観点から職業人の病休体験への理解を深めていくにつれて，「わたし本来であるという感覚」(sense of authenticity：Vannini & Franzese, 2008) の重要性が改めて強調される。それは，個人が生きるなかで，自分にとって働くとは何か，自分とは何であるかについてまなざしを向け，「これこそがわたしである」という主体としての感覚をつかんでいくことである。

　Frank (1995/2002) は病いの語りを旅路にたとえて，その探索の語りを説明する際に，以下のように述べている。

> ほとんどの物語は，これほど劇的な変化を語らない。語り手が見いだすのは，まったく新しい誰かなのではなく，むしろ「それまでもずっとそうであった私」なのである。この自己は，新たに発見されるというよりも，自らの記憶に新たに接続されるものである。過去は現在との関係において再解釈され，より高められた意味をまとう。その現在とはもはや，どこかほかの場所につながっているはずであった過去の上に，偶然につけたされた接木などではない。(p.181)

それまで職業役割を担い，職業人としての自己領域に没頭してきた人にとって，病休はこれまでの自己存在が揺るがされ，否定される体験ともなりうる。「働くわたし」を失うとき，「わたし」という自己存在を自らのものとしてつかむことが困難になる局面が訪れる。そこから，「わたし」をめぐる語りが動き出す。そのなかで，ほかならぬ「わたし」が「わたし」という自己の在りようを見つめていくことが，病休という体験を通した「わたし」に出会っていく心の営みになると思われる。それは同時に，人は「わたし」とは何かを問い直しつづけるという，完結しえない物語りの語り手であることを私たちに教えてくれるものであるだろう。

語りにおける応答と責任

1 「わたし」が「あなた」に語ること

　聞き手の存在が語り手の語りに影響を与えるということ，すなわち，そこで生成される「わたし」の語りに聞き手が影響を与えてしまうという権力性が不可避であるとき，調査面接における出会いの意義，そしてそこで語られる「わたし」の意義はどこにあるのかということを問い直さざるをえない。第 6 章第 2 節で述べたように，「語るわたし」の感覚は，「聞くあなた」がいてはじめて成立する。大山（2003）は，Benveniste, É.（1966/1983）の「〈わたし〉が『わたし』と言うときは，〈わたし〉が誰かに向かって語りかけ（l'allocution）をなすときだけ」であり，「〈わたし〉と〈あなた〉という人称は，『発話する〈わたし〉』と『〈わたし〉の話しかける〈あなた〉』として，その発話の中で，そのつどそのつど生成されるもの」という論を引きながら（pp.89-90），語るという行為は，先行してそこに存在する聞き手によって作り出されると指摘している。つまり，「あなたの語りを聴く」聞き手がいることによって，「語るわたし」の存在が立ち現れ，そうして「語るわたし」の語りは，「聞くあなた」に向けて語られるといえる。

　これを質的研究における調査面接に置きかえて考えてみると，「調査に協力するわたし」が「調査者であるあなた」に向けて，体験を語り始める。そこでの「わたし」と「あなた」の関係性も，はじめから存在しているのではなく，その場において生成されるものである。質的研究における語り手は，研究の趣旨に賛同し

ているという点において，自身の体験を語り手に聞いてもらうために語り，第三者に発信され，受けとられることを期待しているといえる。「人々は，主にストーリィという形式で自らの経験を理解し，それを他者に伝えている」（McLeod, 2000/2007, pp.134-135）と指摘されているように，語り手の自己物語は，他者に対して伝達しようとするとき，自己の物語としてとどまるのではなく，「自己と他者の物語」（Frank, 1995/2002）となる。

さらに Frank, A. W.（1995/2002）は，そうした物語を語ることは，声を見いだすということであり，それは過去になされたことに応答する責任を負うことであると同時に，後に続く者たちに少しでもよい実例をもたらすことで過去に起こったことの記憶を立て直す責任をもつことであると述べている。そのとき語り手は，「聞き手であるあなた」を，目の前にいる調査者／研究者だけではなく，その語りを必要とする第三者の「あなた」にも見ていることになる。質的研究における語りは，語り手を特定のテーマについて語る者としてのアイデンティティを構成させるという権威性のなかで生み出されるものではあるが，それでもなお語り手は，自身の「生きる」在りようを他者の「生きる」に還元されることを願い，自らを差し出し，聞き手に託すことで声を見いだそうとする権威性のもとで語り始めるからこそ，その語りはさらに広く他者に開かれた公共性をもつというパラドクスが存在しているのである。

2 　語りを聴き，語り継ぐことの責任

心理臨床の場で語られたことは，第三者に公表されることを前提としてはいない。人が援助を求めるとき，個人の心の内に秘められた想いや思索が語りとして紡がれていく過程は，目の前にいるセラピストとの間でのみ生まれるものであるため，語りはただ二人の間でのみ共有され，生きられていく。一方，質的研究において生成される知は二者関係に限定されるものではない。松島（2007）は，語りはテクストである限り，誰かに読まれる運命にあり，新たな意味という生命を吹き込まれると述べている。また，能智（2006）は，語りは一度語られて終わるのではなく，別の人に聴きとられることによってその人のナラティヴとして生き

直され，新たな「産物としてのナラティヴ」が生まれると指摘している。このように，質的研究における語りは調査の場限りのものではなく，他の誰かに受け継がれ，そのつど，姿を変えて生きられていく。Frank（1995/2002）が指摘するように，自身の物語を語ることが，自分の声を見いだし，過去や記憶の立て直しに対する責任を負うことであるならば，調査者である研究者は，語り手の「生きる」物語を公共の場に向けて語り継ぐ責任と使命を負っているといえる。このことが，質的研究における語りの倫理である。語り手の物語が他者のために生きられるとき，語り手もまた，その物語を必要とする他者とともにいることができるのだろう。

終章　「働くわたし」が語るとき

　本書は，職業と自己との関連から「わたし」という自己の在りように着目するとともに，語りの臨床的意義について，その論を提示することにより，職業人の病休体験を臨床心理学的視点から探索してきた。メンタルヘルス不調による職業人の病休の課題は，精神医学が直面している疾病性への理解，産業精神保健が直面している職場適応への理解，社会や企業が直面している雇用管理と職場環境への理解，そして心理臨床家が直面している個々人が生きる在りようへの理解という，多領域にわたるゆえの複雑さと難しさを抱えているといえよう。

　序章と第1章でも述べたように，これまでの休職者支援では，職場再適応の観点から，職場復帰を目指していくための標準化された制度や政策が構築されてきた。そこでは，病いを治し，業務に必要な能力や技能を元の状態に戻して回復させるという，Frank, A. W. (1995/2002) が指摘するような回復の物語が基盤となっているといえる。この物語では，休職した人にとってのあるべき姿とは，「病休以前の状態に戻って再び働く」ことであるという信念が暗黙のうちに織り込まれている。その自己イメージが支援者側においても当事者の内においても理想化されてしまうと，回復の物語のなかに働く人の個別の生や語りが絡み取られることに

なる。職業を通した自己成長の物語が社会的な言説としての統制力をもつとき，病休にともなう個々人の体験や語りが取りこぼされてしまう。そうして，職場に戻って働き，そのなかで自己実現を目指すことが強制力をもつようになる。

　しかし，個の視点から病休を捉えると，それは，心を病むという体験であると同時に，「働くわたし」という自己存在に関わる体験でもある。それゆえに，病休は個人の生きる在りようから切り離すことのできない個別的な意味をもつのである。本書は，そうした個々人の声を，社会における支配的な言説からすくい上げるために，病休の語りに耳を傾け，質的研究を通して主観的体験への探索的理解を試みてきた。そのなかで，病休を経験する人の内には，「働くわたし」を含めた，さまざまな「わたし」が生きられていることが示された。

　本書を通して見いだされた職業人の「わたし」という自己の在りようについてまとめてみると，単回の休職においては，休職前までその人を支えていた「働くわたし」という職業的自己を喪失するという，自己存在を脅かされる局面が生じる。そして休職後には，「働かないわたし」にいかに出会っていくかが一つの課題となりうることが示された。「働かないわたし」が主体に受け入れられないとき，病休以前の自己を取り戻そうとしたり，全く新しい自己像を追い求めようとする動きが生じる。それは，自己の内に生まれた「働かないわたし」という新たな側面を否定することでもあるが，やがて，変わらない「わたし」や変えられない「わたし」の姿に直面する段階が訪れる。そのとき，「働かないわたし」をどのように引き受け，職業領域以外に生きられる「わたし」の自己側面に開かれていけるかが重要なテーマとなるだろう。

　そこでは，単に病休以前の自己に戻ろうとするのではなく，自己の傷つきを抱えた「働くわたし」という，より弾力性をもった自己が再構成される。それは，自己の問い直しを迫られるという葛藤と苦しみに苛まれる危機ともなりうるため，自己の変容にまなざしを向けた関わりが求められる。現在の職場復帰における心理的支援では，認知・行動的な視点から，ストレスコーピングや自己効力感，社会的技能の回復が目指されている。これに加えて，精神力動的な視点から，職業人の病休体験への理解を基盤とした自己存在の揺らぎと再構成を目指した関わりが必要だろう。職業領域に過度に没頭し，「働くわたし」としての自己を最優先せ

ざるをえない人に対しては，職場の上司による受療や休職の後押しが「働くわた
し」を含めたその人の自己全体を支え，新たな「働くわたし」を模索していく主
体を支えることにつながる。また，そうした人は，潜在的なメンタルヘルス疾患
を抱えながら働き続けている可能性が高く，未受療期間が長くなるほど予後が悪
くなるため，早期の支援が重要であることは言うまでもないだろう。

　また，職場適応の観点から当事者を捉える視線は，産業保健スタッフだけでな
く，職場の上司や家族から向けられることも少なくない。組織の生産性や経済的
な事情から，早期の職場適応を目指すという観点もたしかに大切ではある。しか
し，そのことと当人の自己の回復は必ずしもイコールではないことに留意する必
要があろう。前述したように，休職を経験する人にとっては，「働かないわたし」
をどのように引き受けていくかが重要な課題となる。特に，休職期間中の過ごし
方として，休養に専念できる環境を整えられるかどうかが鍵となる。当人が休養
できているかどうか，当人にとって休養とはどういうことであるかは，一人ひと
り異なる。そのため，当人の語りに対話的に耳を傾ける必要があるが，そのとき，
私たちのものの見方や価値観の枠組みに当てはまるような聞き方をしてはいない
かどうかを，常に問い直す姿勢が重要であるだろう。

　また，頻回病休の語りからは，病休を繰り返すたびに自己の傷つきや挫折が蓄
積されるなかで，自己の自律性が失われ，自分が再び働けるようになるかどうか，
もしくは病いから回復するかどうかは職場環境によるといったように，自己の統
制の所在を外部に委ねるという状態にあることが示された。こうしたとき，当人
の自己内界には，以前は休むことなく働いていたかつての自己像や他者と同じよ
うに社会で働くことのできる理想の自己像が「あるべき自己像」として形成され
ている。そして現在の自己像は，そうした自己を生きられず，恥を抱えた自己と
して烙印を押され，自己批判の標的となる。それゆえ，社会との接触を回避しよ
うとするために病休を繰り返すという悪循環から抜け出すことができずにいるこ
とが示された。頻回病休を生きる職業人への支援を考えるうえで重要な点は，職
場への復帰が必ずしも支援の最終目標になるわけではないことである。挫折感が
蓄積し，混沌とした自己内界にとらわれて生きる自己の在りようへのまなざしが
何よりも求められるだろう。

頻回病休における語りは，単回病休における語りに比べると，語り（ナラティヴ）としての要素が欠けていることが多く，その語りを聴きとることが困難になる。そのため，周囲の人は支援の手を差し伸べることが難しくなり，当人との交流がさらに希薄になる。しかし，ここで大切なことは，まずは私たちが混沌とした語りに聞き入ることである。その語りは，まさに当人が混沌とした病休の世界を生きているという現実を教えてくれる。さまざまな声によって織り成された語りを見つめるとき，自己規定された「わたし」だけではなく，語るなかでさまざまに生成される多様な「わたし」を捉えることができるのである。そうしたとき，混沌としか表現されえなかった語りに新たな様相が生まれ，「わたし本来であるという感覚」をめぐる主体的な語りとして耳を傾けていくことができるのではないだろうか。

　質的研究はさまざまな語りの生成の場であり，多様な方法から職業人の自己の在りようを見ていくことによって，「わたし」を語ろうとして語り入れられる「わたし」のほかに，そのようにして語る「わたし」との出会いが生じてくる。メンタルヘルス不調によって休職する職業人は，病いだけではなく，社会における役割や位置づけの変化によって，病休が自己存在にも関わる体験となっているからこそ，「わたし」をめぐる語りはさらに多声性・多層性を増していくのである。それゆえに，聞き手である私たちもまた，「わたし」を生きる一人の個人としてその語りとともに考えていく姿勢が重要になると思われる。

　本書では，質的研究を用いて，職業人の病休のもつ意味や当事者によって生きられる体験を示してきた。「働くわたし」という自己は，さまざまな「わたし」を生きる自己の一側面である。質的研究では，そうした職業人という「わたし」を生きる個人の自己の在りように焦点を当てることにより，通常の個別の心理臨床の場では浮かび上がってこない，職業人としての心理的な主題に光を当てることができる。そこから得られた知は，職業人としての「働くわたし」という自己の一側面から個人を見ていくときの一つの視点を提示するものとなるだろう。言い換えるならば，本書で示してきた職業人の病休体験のもつ意味や自己の在りようは，休職した職業人を客観的に記述し，規定してしまうような物語を提示するものではなく，個々人の物語・物語りにまなざしを向け，理解に開かれていくため

の視点を提示するものである。

　最後に，本書をまとめるなかで見えてきた，将来に向けての課題を述べる。本書では，単回の休職者と頻回の休職者の語りを通した病休体験の理解を試みてきたが，それは全ての休職者の体験を説明できるものではないだろう。メンタルヘルス不調を抱えて休職する職業人のなかには，就労以前はメンタルヘルスの問題が顕在化しておらず，自身が休職することを考えたことがなかった人や，一度は休職した経験のある人，複数回休職を繰り返している人，もしくは就労以前からメンタルヘルス疾患を抱え，就労中に再発して休職する人などさまざまであり，病休にともなう体験もそれぞれに異なることが考えられる。さらにそのなかでも，同じ職場に戻れる人と，戻れずに退職や転職をする人，病休をきっかけに長期就労が困難になる人などがいるため，その後の支援の在り方もおのずと変わってくるだろう。

　本書では，そうした職業人の内，それまで職業人としての社会的役割を担いながら，職業上のストレス負荷を契機にメンタルヘルスに不調をきたし，病休に至った人と複数回病休を繰り返している人を取り上げた。さらに，今回の調査の対象となった職業人は，長期就労が困難になったり失業の状態に置かれることなく，「働くわたし」としての自己意識をもち，実際に就労を続けることのできる，精神症状としては比較的軽度の職業人であるといえる。本書では，重症度のメンタルヘルス疾患を発症してその後の就労が困難になる人や，就労以前から統合失調症などの精神障害や発達障害を抱えている人の病休体験については取り上げて論じることができなかった。今後は，筆者自身の臨床実践における支援活動を通して経験を重ね，検討を続けていく必要がある。

　また本書における研究は，実際の心理療法の事例を用いて検討したものではないことから，ここで示された結果をそのままクライエントの内的経験と捉えたり，一つのモデルとして当てはめたりすることには慎重になる必要があるだろう。そのため，今後は，個別の臨床事例において，本研究において得られた知や「聴く」視点を糧にし，自分自身の姿勢を問い直しながら，病休の語りを検討し，理解を深めていくことが課題となる。

　しかし，ここでの課題は，同時に今後の展望ともなりうる。質的研究では，個

人が何を，どのように語り，また語る行為そのものにも着目し，語りを細やかに捉えていこうとする。そうした多様で工夫された質的研究の方法論があるからこそ，職業人の自己の在りようを細やかに見いだしていくことが可能になる。そのことは，心理臨床の場において，人の心という不可知なものを対象にして，心理臨床家がどのように語りを聴いていくかを問い直していく営みにつながると考えられる。従来のナラティヴ（語り）は，発話者によって構成された語りとして捉えられてきたが，本書では，語りになりえない語りや矛盾した語りをも一つの語りの様相として捉える視点を提示した。臨床心理学における研究や臨床実践に携わるなかで，語られることだけでなく，語りえないことにも敬意を払い，理解の限界を引き受けていく姿勢を常に問い直していく必要があるだろう。

　本書では，実証的な基礎研究のなかでも質的研究をベースにした理論的研究に焦点を当て，臨床的意義へとまなざしを向けた。今後は，心理臨床実践を重ねながら実践的研究にも焦点を当てていきたいと考えている。個別の臨床事例を論じていくことを通して職業人が「生きる」ことの体験へとまなざしを向けることにより，双方向の視点から，臨床実践と研究をつなぎ合わせていくことが可能になるだろう。そうしたときに，本書において見いだされた知は，新たに語り直され，さらなる深まりと広がりをもって立ち現れてくるものと思われる。

あとがき

　本書は，2020年3月に京都大学大学院教育学研究科に提出し，受理された博士論文「職業人の病休体験についての臨床心理学的研究——自己と「語り」をめぐる質的研究の展望から——」を基にしたものです。このたび，一冊の本として出版するにあたり，大きく手を加えました。

　本書をまとめはじめていた頃，新型コロナウイルスが世界的な大流行を見せはじめました。日本でも次々と緊急事態宣言が出され，私たちの生活様式は一変しました。仕事ではテレワークの導入が急拡大し，一時期は，いつもの通勤時間帯の光景が消え，働く人の姿もまばらになりました。街全体がひっそりと静まり返るなか，私は，世界で一人きりになるような感覚をいだくとともに，働く人に思いを馳せていました。多くの人が自宅というプライベートな空間で仕事をすることになり，生活と仕事の区別が曖昧になったのではないでしょうか。働き方が急に変わり，「働くわたし」という在りようも変わらざるをえなかったり，なかには自宅待機の要請を受け，「働かないわたし」に直面した人もいたかもしれません。「働くわたし」は，自己の内側からだけではなく，外界のその時どきの状況によっても大きく影響を受け，変化を迫られるものだと改めて強く感じました。本書で示してきた働く人の病休の語りは，まさに，それまでの「働くわたし」を失うなかで本来的な「わたし」へと問いを向けるものでした。それは同時に，人は「わたし」をめぐる本質的な問いを抱えて生きる存在であることを気づかせてくれる語りでもあり，この危機の時代だからこそ，新たな響きをもって私たちを導いてくれるようにも感じます。

　私は，本書を通して，人の語りを聴くとはどのようなことだろうか，という問いに突き動かされながら，当事者の方の語りに向き合い，何とか理解への道を開いていこうと悪戦苦闘してきました。人の体験は，全てを言葉で言い表せられるものではないでしょう。むしろ，言葉にならない語りにこそ，その体験の本質が

あるようにも思います。だからこそ，語られた言葉に耳を傾けるとき，よりいっそう，語りの尊さに触れられた感覚を抱くのかもしれません。そうした私の聴き語りへの想いは，当事者の方の語りとその考察を提示していくなかに込めてきたつもりです。それはまた，私が今後，心理臨床実践や研究を進めていくなかで，そしてまた私自身が「わたし」の物語を語っていくなかで生き直されていくように思います。

　本書の執筆にあたりましては，多くの方々のご指導とご協力をいただきました。ここに全ての方のお名前を挙げることは叶いませんが，御礼を申し上げたいと思います。

　まずは，調査にご協力いただいた皆さまに感謝の意を申し上げます。皆さまとの出会いが，語りに耳を傾けることへの姿勢を改めて問い直す，かけがえのない体験となり，本書をまとめることができました。加えて，私が心理臨床実践の場で出会ったクライエントの皆さまにも感謝しております。皆さまお一人おひとりとの生きる歩みをともにさせていただくという出会いが，翻って，私自身の「わたし」を見つめ直すことにもつながり，本書を執筆するうえでの支えとなりました。

　放送大学教養学部教授の大山泰宏先生（元京都大学大学院教育学研究科准教授）には，卒業論文執筆時から終始，懇切丁寧に教え導いていただきました。先生の深く，鋭いご洞察からは，言葉にならないほどの学びをいただき，また臨床実践においても，私が思い悩むとき，いつも温かいまなざしで見守ってくださり，励ましのお言葉をかけてくださいました。先生のお力添えがあったことで，ここまでの道のりを歩みつづけることができました。心より感謝を申し上げます。

　そして博士論文の主査である京都大学大学院教育学研究科教授の岡野憲一郎先生には，卒業論文執筆時から，温かいご指導と励ましをいただき，深く御礼申し上げます。先生から教えていただきました研究から心理臨床実践へとつながる発展的な視点は，私の今後の研究や実践へとつながる大切な学びとなっております。また心理臨床実践においても，何度もご助言をいただきまして，本当に有難うございました。

　また，博士論文の副査である京都大学大学院教育学研究科教授の髙橋靖恵先生，准教授の松下姫歌先生にも，さまざまな観点から，貴重なご助言をいただきました。論文執筆に際しましても，細やかにご指導いただき，新たな視点をいただくとともに，心理臨床へとまなざしを向けていくための姿勢について，非常に多くの学びをいただきました。深く感謝申し上げます。

　また，京都大学健康科学センター教授の阪上優先生には，学部時代から多大なご尽力とご協力をいただきましたおかげで，本研究の調査を実施し，進めていくことができました。心より御礼申し上げます。さらに，本研究における調査にあたり，ご協力いただきました各医療機関の医師の先生方にも，深く御礼申し上げます。

　また，京都大学大学院教育学研究科の臨床心理学教室の他の先生方からも，講義やカンファレンス，研究会などを通して，多くのご指導をいただきました。厚く御礼申し上げます。また，ともに学び合ってきた臨床心理学教室の先輩，後輩，同期の皆さまにも感謝しております。

　なお，本書は，京都大学総長裁量経費・若手研究者出版助成事業の支援を受けて出版されたものです。本書の出版にあたり，京都大学学術出版会編集長の鈴木哲也様，同編集部の永野祥子様には，たいへんお世話になりました。本書の構成ならびに文章について，非常に多くのご助言をいただきましたおかげで，このたびの書籍として，新たに生まれかわりました。ここに深謝申し上げます。

　最後に，これまでの私の歩みを温かく見守り，応援してくれた家族に深く感謝いたします。

2020 年 10 月
野田実希

初出一覧

　本書における各章は，以下の論文をもとにしている。本書の文脈に即し，各論文にはそれぞれ大幅な修正・加筆を行っている。なお，本書の出版に際し，金剛出版ならびに Taylor & Francis Group から当該論文の転載許可を得た。

第1章
野田実希（2019）．休職者の視点から職場復帰過程における心理的支援を考える
　　──メンタルヘルスと職業的自己に関する文献検討．臨床心理学，19(2)，
　　233-243．

第2章
Noda, M., Sakagami, Y., & Tsujimoto, H.(2019). The psychological process of
　　workers who access mental health services: A qualitative study focused on
　　workers' sense of 'me as a worker'. *Asia Pacific Journal of Counselling and
　　Psychotherapy,* 10(2), 111-124.

研究ノート1
野田実希（2019）．臨床心理学において質的研究はどのように語られてきたか──
　　質的研究の認識論における臨床的可能性に向けて．京都大学教育学研究科紀
　　要，65，137-149．

第3章
野田実希（2015）．病を通した「働く私」の自己意識の変容過程──休職した職業
　　人の語りに基づく質的研究．平成26年度京都大学教育学部卒業論文後半（未
　　公刊）．

第4章

野田実希（2017）．頻回病休を生きる自己の諸様相．平成28年度京都大学大学院
　　教育学研究科修士論文前半（未公刊）．

第5章・研究ノート2

野田実希・阪上優（2020）．対話的ナラティヴ分析の臨床的意義に関する考察——
　　頻回病休者の混沌の語りからナラティヴ分析を考える．臨床心理学，20(6)，
　　pp. 755–764.

第6章・研究ノート3

野田実希（2020）．語りの生成の場としての質的研究の臨床的意義——臨床心理学
　　における質的研究と心理臨床の差異と重なりに着目して．京都大学教育学研
　　究科紀要，66, 151–164.

文　　献

Altamura, A. C., Dell'Osso, B., Mundo, E., & Dell'Osso, L.(2007). Duration of untreated illness in major depressive disorder: a naturalistic study. *International Journal of Clinical Practice*, 61(10), 1697-1700.

Altamura, A. C., Dell'Osso, B., Vismara, S., & Mundo, E.(2008). May duration of untreated illness influence the long-term course of major depressive disorder? *Europian Psychiatry*, 23(2), 92-96.

Anderson, H. & Goolishian, H.(1992). The client is the expert: A not-knowing approach to therapy. In S. McNamee & K. J. Gergen(Eds.). *Therapy as social construction*. London: Sage, pp.25-39.　野口裕二・野村直樹（訳）(1997)．クライエントこそ専門家である――セラピーにおける無知のアプローチ．ナラティヴ・セラピー――社会構成主義の実践．金剛出版，pp.59-88.

新居みちる (2010)．非定型うつ病の男性への復職支援デイケアでのアートセラピーの意義．日本芸術療法学会誌，41(2)，31-42.

Arends, I., van der Klink, J. J. L., van Rhenen, W., de Boer, M. R., & Bültmann, U.(2014). Predictors of recurrent sickness absence among workers having returned to work after sickness absence due to common mental disorders. *Scandinavian Journal of Work, Environment & Health*, 40(2), 195-202.

Arendt, H.(1958). *The human condition*. Chicago: University of Chicago Press.　志水速雄（訳）(1994)．人間の条件．筑摩書房.

有馬秀晃・秋山 剛 (2011)．気分障害の視点から（特集 疾患に応じた復職後支援の実際（ポイント））．産業精神保健，19，145-156.

Aristotle(1932). *The politics*: *With an English translation*. H. Rackham(Trans.). The Loeb classical library. London: Harvard University Press.　山本光雄（訳）(1961)．政治学．岩波書店.

Arksey, H. & O'Malley, L.(2005). Scoping studies: towards a methodological framework. *International Journal of Social Research Methodology*, 8(1), 19-32.

Bakhtin, M. M.(1984). *Problems of Dostoevsky's poetics*. C. Emerson(Ed. & Trans.). Minneapolis: University of Minnesota Press.(Original work published 1963)

Bakhtin, M. M.(1986). *Speech genres and other late essays*. V. W. McGee(Trans.). C. Emerson & M. Holquist(Eds.). Austin, TX: University of Texas Press.　新谷敬三郎・伊東一郎・佐々木 寛（訳）(1988)．ことば 対話 テキスト（ミハイル・バフチン著

作集 8）．新時代社.

Bandura, A. (1977). Self-efficacy: Toward a unifying theory of behavioral change. *Psychological Review*, 84(2), 191–215.

Beard, G. (1869). Neurasthenia, or nervous exhaustion. *Boston Medical and Surgical Journal*, 80, 217–221.

Benveniste, É. (1966). *Problèmes de linguistique générale*. Paris: Gallimard. 岸本道夫（監訳）（1983）．一般言語学の諸問題．みすず書房.

Blustein, D. L. (2006). *The psychology of working: A new perspective for career development, counseling, and public policy*. Mahwah, NJ: Lawrence Erlbaum Associates.

Blustein, D. L. (Ed.) (2013). *The Oxford handbook of the psychology of working*. New York: Oxford University Press. 渡辺三枝子（監訳）（2018）．キャリアを超えて ワーキング心理学——働くことへの心理学的アプローチ．白桃書房.

Bonß, W. & Hartmann, H. (1985). Konstruierte gesellschaft, rationale deutung-zum wirklichkeitscharakter soziologischer diskurse. In W. Bonß & H. Hartmann(Eds.). *Entzauberte wissenshaft: Zur realität und geltung soziologischer forschung*. Göttingen: Schqartz, pp.9–48.

Boyatzis, R. E. (1998). *Transforming qualitative information: Thematic analysis and code development*. Thousand Oaks, CA: Sage.

Braun, V. & Clarke, V. (2006). Using thematic analysis in psychology. *Qualitative Research in Psychology*, 3(2), 77–101.

Bruner, J. (1987). Life as narrative. *Social Research*, 54(1), 11–32.

Charmaz, K. (1990). 'Discovering' chronic illness: Using grounded theory. *Social Science & Medicine*, 30(11), 1161–1172.

Charmaz, K. (2006). *Constructing grounded theory: A practical guide through qualitative analysis*. London: Sage.

Colquhoun, H. L., Levac, D., O'Brien, K. K., Straus, S., Tricco, A. C., Perrier, L., Kastner, M., & Moher, D. (2014). Scoping reviews: time for clarity in definition, methods, and reporting. *Journal of Clinical Epidemiology*, 67(12), 1291–1294.

Corbin, J. M. & Strauss, A. L. (1987). Accompaniments of chronic illness: Changes in body, self, biography, and biographical time. *Research in the Sociology of Health Care*, 6, 249–281.

Corbin, J. M. & Strauss, A. L. (1988). Unending work and care: Managing chronic illness at home. San Francisco: Jossey-Bass.

Corbin, J. M. & Strauss, A. L. (1990). Grounded theory research: Procedures, canons, and evaluative criteria. *Qualitative Sociology*, 13(1), 3–21.

Corbin, J. M. & Strauss, A. L. (2008). *Basics of qualitative research: Techniques and procedures for developing grounded theory*. 3rd ed. Newbury Park, CA: Sage. 操 華

子・森岡 崇（訳）（2012）. 質的研究の基礎――グラウンデッド・セオリー開発の技法と手順 第3版. 医学書院.

Dickie, V. A.(2003). The role of learning in quilt making. *Journal of Occupational Science*, 10(3), 120-129.

Dörner, D.(1983). Empirische psychologie und alltagsrelevanz. In G. Jüttemann(Ed.). *Psychologie in der veränderung*. Weinheim: Beltz, pp.13-29.

Draucker, C. B., Martsolf, D. S., Ross, R., & Rusk, T. B.(2007). Theoretical sampling and category development in grounded theory. *Qualitative Health Research*, 17(8), 1137-1148.

Eakin, J. M. & MacEachen, E.(1998). Health and the social relations of work: a study of the health-related experiences of employees in small workplaces. *Sociology of Health & Illness*, 20(6), 896-914.

遠藤利彦（2006）. 質的研究と語りをめぐるいくつかの雑感. 能智正博（編）.〈語り〉と出会う――質的研究の新たな展開に向けて. ミネルヴァ書房, pp.191-235.

遠藤利彦（2013）.「質」と「量」を組み合わせる. 臨床心理学, 13(3), 360-364.

榎本博明（1998）.「自己」の心理学――自分探しへの誘い. サイエンス社.

Erikson, E. H.(1950). *Childhood and society*. New York: Norton.

Erikson, E. H.(1959). *Identity and the life cycle*. New York: International Universities Press. 小此木啓吾（訳編）（1982）. 自我同一性――アイデンティティとライフ・サイクル 新装版. 誠信書房.

Farmer, C., Farrand, P., & O'Mahen, H.(2012). 'I am not a depressed person': How identity conflict affects help-seeking rates for major depressive disorder. *BMC Psychiatry*, 12(164). https://doi.org/10.1186/ 1471-244X-12-164

Flick, U.(2007). *Qualitative sozialforschung: Eine einführung*. Reinbek bei Hamburg: Rowohlt. 小田博志（監訳）（2011）. 新版 質的研究入門――〈人間の科学〉のための方法論. 春秋社.

Fossey, E., Harvey, C., McDermott, F., & Davidson, L.(2002). Understanding and evaluating qualitative research. *Australian and New Zealand Journal of Psychiatry*, 36, 717-732.

Fossey, E. M. & Harvey, C. A.(2010). Finding and sustaining employment: a qualitative meta-synthesis of mental health consumer views. *Canadian Journal of Occupational Therapy*, 77(5), 303-314.

Frank, A. W.(1995). *The wounded storyteller: Body, illness, and ethics*. Chicago: University of Chicago Press. 鈴木智之（訳）（2002）. 傷ついた物語の語り手――身体・病い・倫理. ゆみる出版.

Frank, A. W.(2005). What is dialogical research, and why should we do it? *Qualitative Health Research*, 15(7), 964-974.

Frank, A. W.(2010). *Letting stories breathe: A socio-narratology*. Chicago: University of

Chicago Press.

Frank, A. W.(2012). Practicing dialogical narrative analysis. In J. A. Holstein & J. F. Gubrium(Eds.). *Varieties of narrative analysis.* Thousand Oaks: Sage, pp.33-52.

Frey, C. B. & Osborne, M. A.(2013). The future of employment: How susceptible are jobs to computerisation? Oxford University Marting Programme on the Impacts of Future Technology. http://www. oxfordmartin.ox.ac.uk/downloads/academic/The_Future_of_Employment.pdf（2019年11月25日取得）

Fromm, E.(1956). *The art of loving.* New York: Harper. 鈴木 晶（訳）(1991). 愛するということ 新訳版. 紀伊国屋書店.

Fromm, E.(1961). *Marx's concept of man.* New York: Frederick Ungar. 樺 俊雄・石川康子（訳）(1970). マルクスの人間観. 合同出版.

Fryers, T.(2006). Work, identity and health. *Clinical Practice & Epidemiology in Mental Health,* 2(12). http://doi.org/10.1186/1745-0179-2-12

藤川 浩（2006）. 質的研究を考える——心理臨床を研究する方法として. 臨床心理学, 6(1), 113-117.

藤川 麗（2013）. リサーチデザインの選び方——実践研究の質を高めるためのヒント（特集 対人援助職の必須知識 研究の方法を知る）. 臨床心理学, 13(3), 328-332.

藤本 愉（2003）. 語り研究における「共同性」の検討. 北海道大学大学院教育学研究科紀要, 90, 43-69.

藤岡 勲（2013）. 質的研究の新たな発展——合議のプロセスを用いた質的研究（特集 対人援助職の必須知識 研究の方法を知る——質的研究の臨床心理学的展開）. 臨床心理学, 13(3), 356-359.

藤澤大介・橋本直樹・小泉弥生・大塚耕太郎・奥川 学・館農 勝・五十君啓泰・上野雄文・菊地俊暁・佐藤創一郎・佐藤玲子・高橋克昌・高橋英彦・中川敦夫・藤内栄太・森 貴俊・諸隈一平・吉田公輔・早稲田芳史（2007）. 精神科受診経路に関する多施設研究——パイロットスタディ. 精神医学, 49(1), 7-15.

福島満美（2014）. メンタルヘルス不調により休職を繰り返す社員の心理と企業での効果的な支援について. 産業精神保健, 22(4), 310-316.

古川壽亮・大野 裕・宇田英典・中根允文（2003）. 一般人口中の精神疾患の簡便なスクリーニングに関する研究. 平成14年度厚生労働科学研究費補助金（厚生労働科学特別研究事業）心の健康問題と対策基盤の実態に関する研究 研究協力報告書.

Gee, J. P.(1991). A linguistic approach to narrative. *Journal of Narrative and Life History,* 1, 15-39.

Glaser, B. G. & Strauss, A. L.(1967). *The discovery of grounded theory: Strategies for qualitative research.* Chicago: Aldine. 後藤 隆・大出春江・水野節夫（訳）(1996). データ対話型理論の発見——調査からいかに理論をうみだすか. 新曜社.

Goffman, E.(1963). *Stigma: Notes on the management of spoiled identity.* Englewood Cliffs, NJ: Prentice-Hall. 石黒 毅（訳）(2001). スティグマの社会学——烙印を押されたアイ

デンティティ．せりか書房．

Goldberg, J. F. & Ernst, C. L. (2002). Features associated with the delayed initiation of mood stabilizers at illness onset in bipolar disorder. *Journal of Clinical Psychiatry*, 63 (11), 985-991.

Greenhalgh, T. & Hurwitz, B. (1999). Narrative based medicine: Why study narrative? *BMJ*, 318, 48-50.

Guba, E. G. & Lincoln, Y. S. (1989). Fourth generation evaluation. Newbury Park, CA: Sage.

萩原修子（2009）．語りえなさに耐える――水俣病事件がもたらした倫理と宗教の回路．宗教研究，83(2)，577-600.

羽岡健史・鈴木　瞬・小林直紀・宇佐見和哉・友常祐介・吉野　聡（2012）．リワークプログラム利用中のストレス関連要因の変化．臨床精神医学，41(12)，1749-1755.

Harper, D. (2013). Reflections on qualitative research in clinical psychology training. *Clinical Psychology Forum*, 243, 20-23.

Harvard Medical School (2010). Mental health problems in the workplace. Harvard Mental Health Letter, 26(8), 1-3. https://www.health. harvard.edu/newsletter_article/mental-health-problems-in-the-workpl ace（2019 年 11 月 23 日取得）

Harvey, J. H. (2000). *Give sorrow words: Perspectives on loss and trauma.* Philadelphia: Taylor & Francis.　安藤清志（訳）（2002）．悲しみに言葉を――喪失とトラウマの心理学．誠信書房．

Havighurst, R. J. (1979). *Developmental tasks and education.* 4th ed. New York: Longman.

林　俊秀・五十嵐良雄（2012）．リワークプログラムの標準化（特集　気分障害のリワークプログラム）．臨床精神医学，41(11)，1509-1519.

東　知幸（2005）．疾病逃避傾向の休職者に対して目的分析を行った心理療法事例．カウンセリング研究，38(4)，293-302.

東　知幸（2006）．うつ病で疾病休職している中年期男性への心理療法事例．カウンセリング研究，39(4)，317-326.

Higgins, E. T. (1987). Self-discrepancy: A theory relating self and affect. *Psychological Review*, 94(3), 319-340.

廣　尚典（2005）．うつ病の職場復帰および職場再適応に影響を及ぼす因子に関する検討．厚生労働省科学研究補助金労働安全衛生総合研究事業，平成 14 年―16 年度総合研究報告書，39-43.

廣　尚典（2013）．職場におけるメンタルヘルス対策の手引き――要説　産業精神保健．治療と診断社．

廣瀬幸市（2014）．事例を資料とするときに留意すること．臨床心理学，増刊 6，116-122.

Holland, J. L. (1997). *Making vocational choices: A theory of vocational personalities and work environments.* 3rd ed. Odessa, FL: Psychological Assessment Resources.

Hurrell, J. J. J. & McLaney, M. A.(1988). Exposure to job stress: A new psychometric instrument. *Scandinavian Journal of Work, Environment ＆ Health*, 14(Suppl 1), 27-28.

Huxley, A.(1932). *Brave new world*. London: Chatto & Windus. 松村達雄（訳）(1974). すばらしい新世界. 講談社.

五十嵐良雄(2010). リワークプログラム標準化に関する研究 平成 21 年度厚生労働科学研究費補助金（こころの健康科学研究事業）リワークプログラムを中心とするうつ病の早期発見から職場復帰に至る包括的治療法に関する研究報告書, pp.109-122.

五十嵐良雄 (2013). 職場復帰困難例におけるリワークプログラムの役割. 産業ストレス研究, 20(4), 279-286.

五十嵐良雄 (2018). リワークプログラムの現状と課題（特集 休職と復職──その実態と課題）. 日本労働研究雑誌, 60(6), 62-70.

井口博登 (2013). 認知療法の併用が奏効した内因性うつ病初発症例の寛解・復職過程──発生的認識論による構造化. 臨床精神病理, 34(1), 9-23.

入川常美 (2015). 中年期の人生の行き詰りの事例に対する外来森田療法. 日本森田療法学会雑誌, 26(2), 171-177.

Irvine, A.(2008). Managing mental health and employment. Research Report 537. Norwich: Her Majesty's Stationery Office.

IsHak, W. W., Greenberg, J. M., & Cohen, R. M.(2013). Predicting relapse in major depressive disorder using patient-reported outcomes of depressive symptom severity, functioning, and quality of life in the individual burden of illness index for depression(IBI-D). *Journal of Affective Disorders*, 151(1), 59-65.

石井義脩 (1985). 心因性精神障害の認定事例. 労働の科学, 40(6), 15-18.

Ito, S., Fujita, S., Seto, K., Kitazawa, T., Matsumoto, K., & Hasegawa, T.(2014). Occupational stress among healthcare workers in Japan. *Work*, 49(2), 225-234.

伊藤良子 (2003). 心理臨床の研究──普遍性といかに出会うか. 臨床心理事例研究, 30, 26-28.

岩壁 茂 (2009). 実践研究を発展させるために──心理療法の効果とプロセスの研究から感情の役割と感情の作業の治療原則. 臨床心理学, 9(1), 14-21.

岩壁 茂 (2010). はじめて学ぶ臨床心理学の質的研究──方法とプロセス. 岩崎学術出版社.

岩壁 茂 (2013). 臨床心理学における研究の多様性と科学性──事例研究を超えて（特集 対人援助職の必須知識 研究の方法を知る）. 臨床心理学, 13(3), 313-318.

岩野卓司 (2010). 語りのポリティクスと他者──アルチュセール，バタイユ，レヴィナスをめぐって. いすみあ：明治大学大学院教養デザイン研究科紀要, 2, 3-10.

Johns, G.(2010). Presenteeism in the workplace: A review and research agenda. *Journal of Organizational Behavior*, 31(4), 519-542.

Johnson, J.(1831). *Change of air: or, the diary of a philosopher in pursuit of health and recreation*. London: S. Highley.

Jung, C. G. (1960). The stages of life. In H. Read, M. Fordham, G. Adler, & W. McGuire (Eds). R. F. C. Hull (Trans.). *The collected works of C. G. Jung*, Vol. 8. 2nd ed. New York: Princeton University Press.

Jung, C. G. (1968). Conscious, unconscious, and individuation. In H. Read, M. Fordham, G. Adler, & W. McGuire (Eds). R. F. C. Hull (Trans.). *The collected works of C. G. Jung*, Vol. 9, Part 1. 2nd ed. New York: Princeton University Press.

皆藤 章（2010）．体験の語りを巡って．誠信書房．

梶田叡一（1988）．自己意識の心理学 第2版．東京大学出版会．

梶田叡一（1998）．意識としての自己――自己意識研究序説．金子書房．

梶田叡一（2008）．自己を生きるという意識――〈我の世界〉と実存的自己意識．金子書房．

唐津尚子（2007）．自己否定感の強さを緩めることで改善がみられた適応障害症例．心療内科，11(5)，360-366.

片山典子・川野雅資（2013）．うつ病を体験した人の心理社会的な職場復帰のプロセス――完全職場復帰後の当事者の語りから．日本サイコセラピー学会雑誌，14(1)，107-113.

加藤 敏（2006）．職場結合性うつ病の病態と治療．精神療法，32，284-292.

加藤 敏（2013）．職場結合性うつ病．金原出版．

川人 博（1998）．過労自殺．岩波書店．

河合隼雄（1976）．事例研究の意義と問題点――臨床心理学の立場から．臨床心理事例研究，3，9-12.

河合隼雄（1992）．心理療法序説．岩波書店．

河合隼雄（1995）．カウンセリングを考える（上）．創元社．

河合隼雄（2001）．「物語る」ことの意義．河合隼雄（編）．講座心理療法2――心理療法と物語．岩波書店，pp.1-19.

河合隼雄（2002a）．臨床心理学――見たてと援助，その考え方．臨床心理学，2(1)，83-88.

河合隼雄（2002b）．臨床心理学の研究法（特集 臨床心理学研究の課題）．臨床心理学，2(1)，3-4.

河合隼雄（2005）．物語の知・臨床の知――夢の物語．臨床心理学，5(4)，547-552.

Kawakami, N., Haratani, T., & Araki, S. (1992). Effects of perceived job stress on depressive symptoms in blue-collar workers of an electrical factory in Japan. *Scandinavian Journal of Work, Environment & Health*, 18(3), 195-200.

川喜田二郎（1967）．発想法――創造性開発のために．中央公論社．

Kawanishi, Y. (2008). On karo-jisatsu (suicide by overwork): Why do Japanese workers work themselves to death? *International Journal of Mental Health*, 37(1), 61-74.

川崎舞子（2012）．うつによる休業者が体験した援助専門家との関わりに関する質的研究．臨床心理学，12(3)，361-373.

川崎舞子（2015）．うつ病患者の職場復帰プロセスに関する検討――休業時からリワークプログラム参加への準備期に焦点を当てて．産業精神保健，23(1)，38-48.

Kessler, R. C., Andrews, G., Colpe, L. J., Hiripi, E., Mroczek, D. K., Normand, S. L.,

Walters, E. E., & Zaslavsky, A. M. (2002). Short screening scales to monitor population prevalences and trends in non-specific psychological distress. *Psychological Medicine*, 32(6), 959-976.

Kierkegaard, S. K. (1954). *Fear and trembling and the sickness unto death*. New York: Doubleday.

木村　敏（1979）．時間と自己・差異と同一性――分裂病論の基礎づけのために．中井久夫（編）．分裂病の精神病理 8．東京大学出版会，pp.115-140.

木下康仁（1999）．グラウンデッド・セオリー・アプローチ――質的実証研究の再生．弘文堂．

木下康仁（2003）．「臨床」におけるグラウンデッド・セオリー・アプローチのすすめ．臨床心理学，3(6)，887-892.

Kirsh, B. (2000). Work, workers, and workplaces: A qualitative analysis of narratives of mental health consumers. *Journal of Rehabilitation*, 66(4), 24-30.

Kleinman, A. (1988). *The illness narratives: Suffering, healing and the human condition*. New York: Basic Books.　江口重幸・五木田　紳・上野豪志（訳）（1996）．病いの語り――慢性の病いをめぐる臨床人類学．誠信書房．

小林直紀・笹原信一朗・友常祐介・道喜将太郎・商　真哲・大井雄一・羽岡健史・梅田忠敬・吉野　聡・松崎一葉（2012）．メンタルヘルス不全に伴う病気休業と休復職に関する規則・制度との関連に関する研究．産業衛生学雑誌，54(6)，286-293.

Koch, K. (1957). *Der baumtest: der baumzeichenversuch als psychodiagnostisches hilfsmittel*. 3 Auflage. Bern: Verlag Hans Huber.　岸本寛史・中島ナオミ・宮崎忠男（訳）（2010）．バウムテスト第 3 版――心理的見立ての補助手段としてのバウム画研究．誠信書房．

小泉弥生・藤澤大介・橋本直樹・大塚耕太郎（2007）．精神疾患に対する一般身体科医による病名の告知・説明と関連因子について――精神科受診経路に関する多施設研究の結果から．精神神経学雑誌，109(11)，1008-1021.

小嶋秀幹・中村　純（2006）．病休・休職者の動向とうつ病．臨床精神医学，35(8)，1047-1051.

近田真美子（2009）．うつ病回復者の生き方の転換――「状況構成」という視点から．日本精神保健看護学会誌，18(1)，94-103.

Koopmans, P. C., Bültmann, U., Roelen, C. A., Hoedeman, R., van der Klink, J. J., & Groothoff, J. W. (2011). Recurrence of sickness absence due to common mental disorders. *International Archives of Occupational and Environmental Health*, 84(2), 193-201.

Koopmans, P. C., Roelen, C. A., & Groothoff, J. W. (2008). Frequent and long-term absence as a risk factor for work disability and job termination among employees in the private sector. *Occupational and Environmental Medicine*, 65(7), 494-499.

Kopala, M. & Suzuki, L. A. (Eds.) (1999). *Using qualitative methods in psychology*. Thousand Oaks, CA: Sage.

厚生労働省（2006）．労働者の心の健康の保持増進のための指針について．https://www.mhlw.go.jp/houdou/2006/03/h0331-1.html（2019 年 12 月 15 日取得）

厚生労働省（2008）．平成 20 年版労働経済白書 労働経済の分析──働く人の意識と雇用管理の動向　第 3 章 雇用管理の動向と課題　第 3 節 産業・職業構造の変化と今後の課題．http://www.mhlw.go.jp/wp/hakusyo/roudou/08/dl/03_0003.pdf（2015 年 11 月 11 日取得）

厚生労働省（2009）．心の健康問題により休業した労働者の職場復帰支援の手引き 改訂版．https://www.mhlw.go.jp/bunya/roudoukijun/anzeneisei28/dl/01.pdf（2018 年 2 月 3 日取得）

厚生労働省（2015）．改正労働安全衛生法に基づくストレスチェック制度について．http://www.mhlw.go.jp/bunya/roudoukijun/anzeneisei12/pdf/150422-1.pdf（2016 年 12 月 20 日取得）

厚生労働省（2019）．平成 30 年労働安全衛生調査（実態調査）結果の概況．https://www.mhlw.go.jp/toukei/list/dl/h30-46-50_gaikyo.pdf（2019 年 12 月 18 日取得）

厚生労働省（2020a）．平成 30 年労働安全衛生調査（実態調査）．統計表一覧（e-Stat）過去 1 か月間にメンタルヘルス不調により連続 1 か月以上休業又は退職した労働者割合．https://www.e-stat.go.jp/stat-search/files?page=1&layout=datalist&toukei=00450110&tstat=000001069310&cycle=0&tclass1=000001137666&tclass2=000001137670&tclass3val=0（2021 年 1 月 10 日参照）

厚生労働省（2020b）．令和元年度「過労死等の労災補償状況」精神障害に関する事案の労災補償状況．https://www.mhlw.go.jp/content/11402000/000521999.pdf（2021 年 1 月 10 日参照）

厚生労働省（2020c）．令和元年版 我が国における過労死等の概要及び政府が過労死等の防止のために講じた施策の状況．https://www.mhlw.go.jp/wp/hakusyo/karoushi/20/dl/20-1.pdf（2021 年 1 月 10 日参照）

Kræpelin, E.（1913）．*Psychiatrie: Ein lehrbuch für studierendwe und arzte*. Ein Leipzig: Barth.　西丸四方・西丸甫夫（訳）（1986）．躁うつ病とてんかん．みすず書房．

Kraus, A.（1977）．*Sozialverhalten und psychose manisch-depressiver: Eine existenz-und rollenanalytische untersuchung*. Stuttgart: Ferdinand Enke Verlag.　岡本 進（訳）（1983）．躁うつ病と対人行動──実存分析と役割分析．みすず書房．

熊谷晋一郎（2015）．当事者研究の理論的考察．臨床心理学，15(6)，791-798.

Labov, W.（1972）．The transformation of experience in narrative syntax. In W. Labov （Ed.）．*Language in the inner city: Studies in the Black English Vernacular*. Philadelphia, PA: University of Pennsylvania Press, pp. 354-396.

Lazarus, R. S.（1966）．*Psychological stress and the coping process*. New York: McGraw-Hill.

Lévinas, E.（1974）．*Autrement qu'être ou au-delà de l'essence*. The Hague: Martinus Nijhoff.　合田正人（訳）（1990）．存在の彼方へ．講談社．

Levinson, D., Darrow, C., Klein, E., Levinson, M., & Mckee, B.(1978). *The seasons of a man's life*. New York: Knopf.

Lewis, M.(1992). *Shame: The exposed self*. New York: The Free Press. 高橋恵子（監訳）. 遠藤利彦・上淵 寿・坂上裕子（訳）(1997). 恥の心理学──傷つく自己. ミネルヴァ書房.

Lincoln, Y. S. & Guba, E. G.(1985). *Naturalistic inquiry*. Newbury Park, CA: Sage.

Markus, H. R. & Kitayama, S.(1991). Culture and the self: implications for cognition, emotion, and motivation. *Psychological Review*, 98(2), 224-253.

Markus, H. R. & Kitayama, S.(2010). Cultures and selves: A cycle of mutual constitution. *Perspectives on Psychological Science*, 5(4), 420-430.

Marx, K.(1844). *Ökonomisch-philosophische manuskripte aus dem jahre* 1844. Berlin: Dietz Verlag. 城塚 登・田中吉六（訳）(1964). 経済学・哲学草稿. 岩波書店.

松島恵介（2007）. テクスト分析. やまだようこ（編）. 質的心理学の方法──語りをきく. 新曜社, pp.160-177.

松下弓月・川上侑希子・眞柄翔太・能智正博（2016）. 臨床心理学的実践の学びにおける質的研究の意義（1）──全般的展望. 東京大学大学院教育学研究科臨床心理学コース紀要, 39, 66-73.

松崎一葉（2008）. 「うつ病」以外の精神疾患にも対応した職場復帰マネジメント手法の確立に関する調査・研究. 平成19年度労働者健康福祉機構茨城産業保健推進センター調査研究報告書, pp.1-12.

松崎一葉（2011）. 未成熟社会における成長支援の方法. 産業精神保健, 19(4), 265-269.

McLeod, J.(1997). *Narrative and psychotherapy*. London: Sage. 下山晴彦（監訳）. 野村晴夫（訳）(2007). 物語りとしての心理療法──ナラティヴ・セラピィの魅力. 誠信書房.

McLeod, J.(2000). *Qualitative research in counseling and psychotherapy*. London: Sage. 下山晴彦（監修）. 谷口明子・原田杏子（訳）(2007). 臨床実践のための質的研究法入門. 金剛出版.

宮川知彰（1975）. 教育と発達理論. 宮川知彰・寺田 晃（編）. 乳幼児・学童の心理学. 福村出版, pp.13-36.

宮川知彰（1988）. 生きるとは. 心理科学研究会（編）. かたりあう青年心理学. 青木書店, pp.163-168.

Möller-Leimkühler, A. M.(2002). Barriers to help-seeking by men: A review of sociocultural and clinical literature with particular reference to depression. *Journal of Affective Disorders*, 71(1-3), 1-9.

森 美保子・福島脩美（2007）. 心理臨床におけるナラティヴと自己に関する研究の動向. 目白大学心理学研究, 3, 147-167.

森岡正芳（2002）. 物語としての面接──ミメーシスと自己の変容. 新曜社.

森岡正芳（2005）. 今なぜナラティヴ？──大きな物語・小さな物語. 臨床心理学, 5(2), 267-272.

森岡正芳（2007）．物語の構成力．臨床心理学，7(2)，257-261.

森岡正芳（2008）．物語論から神話の心理学へ．臨床心理学，8(1)，35-40.

諸富祥彦（2005）．体験という物語——体験療法の新しい展開．臨床心理学，5(5)，705-710.

村上靖彦（2017）．当事者研究と現象学．臨床心理学，増刊9，61-65.

中村美奈子（2011）．職場復帰支援における復職者と企業のニーズに配慮したコーディネートのあり方について(1)．職業リハビリテーション研究発表会発表論文集，19，119-122.

中村美奈子（2012）．うつ病と診断された長期休職者に対する復職支援——クライエントの個別性に注目したかかわりについて．心理臨床学研究，30(2)，183-193.

中村聡美（2015）．うつ病の企業従業員の職場ストレス処理に関わる認知および行動のプロセス．応用心理学研究，41(2)，156-166.

中田洋二郎（2010）．臨床実践における質的研究の意味．カウンセリング研究，43(4)，297-303.

野田亜由美（2015）．研究法としての事例研究——系統的事例研究という視点から．お茶の水女子大学心理臨床相談センター紀要，16，45-56.

野口康彦（2014）．心理臨床研究における質的研究法の活用——複線経路・等至性モデルを中心に．人間と科学，21，43-53.

野村晴夫（2014）．語りからデータを得て実証する．臨床心理学，増刊6，66-72.

Notenbomer, A., Roelen, C. A. M., van Rhenen, W., & Groothoff, J. W.(2016). Focus group study exploring factors related to frequent sickness absence. *Plos One*, 11(2), e0148647.

能智正博（2006）．"語り"と"ナラティヴ"のあいだ．能智正博（編）．〈語り〉と出会う——質的研究の新たな展開に向けて．ミネルヴァ書房，pp.11-72.

能智正博（2008）．「よい研究」とはどういうものか——研究の評価．下山晴彦・能智正博（編）．心理学の実践の研究を学ぶ．新曜社，pp.17-30.

能智正博（2009）．質的研究法の視点と実践研究．臨床心理学，9(1)，22-26.

能智正博（2011）．臨床心理学をまなぶ6　質的研究法．東京大学出版会.

能智正博（2013）．臨床心理学における質的研究のあり方と可能性．臨床心理学，13(3)，352-355.

岡田康伸（2003）．心理臨床学における研究．臨床心理事例研究，30，15-18.

岡野憲一郎（1998）．恥と自己愛の精神分析——対人恐怖から差別論まで．岩崎学術出版社.

岡崎 翼・加藤 敏（2011）．「職場関連」気分障害患者の臨床特性——非関連群との比較．精神神経学雑誌，113(6)，537-553.

小此木啓吾（1993）．働くよろこびとストレス．「行動する産業医学」シンポジウム運営委員会（編）．行動する産業医学——アトミズムからホーリズムへ．近代文芸社，pp.68-94.

奥村満佐子（2004）．休職を繰り返した症例の人間存在分析例——社会環境・対人関係・個人条件．精神分析 & 人間存在分析，12，77-93.

Orwell, G.(1949). *Nineteen eighty-four*. London: Harvill Secker.　新庄哲夫（訳）（1972）．1984年．早川書房.

苧阪良二（1976）．臨床心理学と Case Study．臨床心理事例研究, 3, 1-4.

大山泰宏（2003）．語りの布置の中の主体生成．皇 紀夫（編）．臨床教育学の生成．玉川大学出版部, pp.82-100.

Oyserman, D., Elmore, K., & Smith, G.(2012). Self, self-concept, and identity. In J. Tangney & M. Leary(Eds.). *Handbook of self and identity.* 2nd ed. New York: Guilford Press, pp.69-104.

Paterniti, S., Niedhammer, I., Lang, T., & Consoli, S. M.(2002). Psychosocial factors at work, personality traits and depressive symptoms: Longitudinal results from the GAZEL Study. *British Journal of Psychiatry*, 181(2), 111-117.

Patton, M. Q.(1990). *Qualitative evaluation and research methods.* 2nd ed. Newbury Park, CA: Sage.

Reis, R. J., Utzet, M., La Rocca, P. F., Nedel, F. B., Martín, M., & Navarro, A.(2011). Previous sick leaves as predictor of subsequent ones. *International Archives of Occupational and Environmental Health*, 84(5), 491-499.

Rennie, D. L.(1994). Clients' deference in psychotherapy. *Journal of Counseling Psychology*, 41(4), 427-437.

Rickwood, D. J. & Braithwaite, V. A.(1994). Social-psychological factors affecting help-seeking for emotional problems. *Social Science & Medicine*, 39(4), 563-572.

Ricœur, P.(1981). Mimesis and representation. *Annals of Scholarship*, 2, 15-32.

Riessman, C. K.(2008). *Narrative methods for the human sciences.* Thousand Oaks, CA: Sage. 大久保功子・宮坂道夫（監訳）(2014)．人間科学のためのナラティヴ研究法．クオリティケア．

Roelen, C. A., Koopmans, P. C., & Groothoff, J. W.(2009). Occupational rewards relate to sickness absence frequency but not duration. *Work*, 34(1), 13-19.

労働政策研究・研修機構（2014）．「第2回日本人の就業実態に関する総合調査」結果．http://www.jil.go.jp/press/documents/20141125.pdf（2018 年 2 月 3 日取得）

Sado, M., Shirahase, J., Yoshimura, K., Miura, Y., Yamamoto, K., Tabuchi, H., Kato, M., & Mimura, M.(2014). Predictors of repeated sick leave in the workplace because of mental disorders. *Neuropsychiatric Disease and Treatment*, 10, 193-200.

戈木クレイグヒル滋子（2013）．質的研究法ゼミナール——グラウンデッド・セオリー・アプローチを学ぶ 第2版．医学書院．

斎藤清二（2008）．事例研究という質的研究の意義．臨床心理学, 8(1), 27-34.

斎藤清二（2009）．実践と研究——質的研究と量的研究．臨床心理学, 増刊1, 29-34.

斎藤清二（2014）．事例を通した仮説生成と検証．臨床心理学, 増刊6, 128-134.

斎藤清二・北 啓一朗（2001）．EBM から NBM へ（後編）Narrative Based Medicine ——物語りと対話に基づく医療．臨床心理学, 1(4), 541-546.

斎藤 環（1998）．社会的ひきこもり——終わらない思春期．PHP 研究所．

Sallis, A. & Birkin, R.(2014). Experiences of work and sickness absence in employees with depression: an interpretative phenomenological analysis. *Journal of Occupational Rehabilitation*, 24(3), 469-483.

佐藤郁哉（2008）．質的データ分析法──原理・方法・実践．新曜社.

サトウタツヤ・安田裕子・木戸彩恵・高田沙織・ヤーン＝ヴァルシナー（2006）．複線径路・等至性モデル──人生径路の多様性を描く質的心理学の新しい方法論を目指して．質的心理学研究，5，255-275.

Saunders, S. L. & Nedelec, B.(2014). What work means to people with work disability: A scoping review. *Journal of Occupational Rehabilitation*, 24(1), 100-110.

Schaufeli, W. B., Bakker, A. B., & van Rhenen, W.(2009). How changes in job demands and resources predict burnout, work engagement, and sickness absenteeism. *Journal of Organizational Behavior*, 30(7), 893-917.

Schein, E. H.(1978). *Career dynamics: Matching individual and organizational needs*. London: Addison-Wesley. 二村敏子・三善勝代（訳）（1991）．キャリア・ダイナミクス．白桃書房.

Seebohm, P., Chaudhary, S., Boyce, M., Elkan, R., Avis, M., & Munn-Giddings, C.(2013). The contribution of self-help/mutual aid groups to mental well-being. *Health & Social Care in the Community*, 21(4), 391-401.

Seligman, M. E. P.(1972). Learned helplessness. *Annual Review of Medicine*, 23, 407-412.

Seligman, M. E. P.(1975). *Helplessness: On depression, development, and death*. San Francisco: W. H. Freeman. 平井 久・木村 駿（監訳）（1985）．うつ病の行動学──学習性絶望感とは何か．誠信書房.

Selye, H.(1936). A syndrome produced by diverse nocuous agents. *Nature*, 138(32). https://doi.org/10.1038/138032a0

Shavelson, R. J., Hubner, J. J., & Stanton, G. C.(1976). Self-concept: Validation of construct interpretations. *Review of Educational Research*, 46(3), 407-441.

柴山雅俊（2007）．職場の対応・予防──うつ病と職場回避性障害．企業診断ニュース，4月号，20-25.

島 悟(2005)．精神障害による休業者に関する研究．うつ病を中心としたこころの健康障害を持つ労働者の職場復帰および職場適応支援方策に関する研究．厚生労働省科学研究補助金労働安全衛生総合研究事業，平成14年－16年度総合研究報告書，32-34.

島 悟（2006）．復職後のうつ病再発の問題．臨床精神医学，35(8)，1053-1057.

島 悟(2007)．労働者のメンタルヘルスの現状と課題──今後のメンタルヘルス対策の在り方．精神神経学雑誌，109(3)，247-253.

島 悟・佐藤恵美（2004）．精神障害による疾病休業に関する調査．産業精神保健，12(1)，46-53.

下田光造（1941）．躁鬱病の病前性格に就いて──丸井教授の質疑に対して．精神神経学雑誌，45，101-102.

Simon, D., Loh, A., Wills, C. E., & Härter, M.(2007). Depressed patients' perceptions of depression treatment decision-making. *Health Expectations*, 10(1), 62-74.

下山晴彦（2000）．事例研究．下山晴彦（編）．臨床心理学研究の技法．福村出版, pp.86-92.

下山晴彦（2002）．日本の臨床心理学研究の特異性．臨床心理学, 2(1), 15-19.

総務省（2020）．労働力調査（基本集計）2019年（令和元年）平均結果の概要．https://www.stat.go.jp/data/roudou/sokuhou/nen/ft/pdf/index.pdf（2021年1月10日参照）

杉村芳美（2009）．人間にとって労働とは——「働くことは生きること」．橘木俊詔（編）．働くことの意味（叢書・働くということ, 第一巻）．ミネルヴァ書房, pp.30-56.

Sullivan, H. S.（1954）. *The psychiatric interview*. New York: W. W. Norton & Company.

Super, D. E.（1976）. *Career education and the meanings of work: Monographs on career education*. Washington, DC: U.S. Office of Education.

Super, D. E.（1980）. A life-span, life-space approach to career development. *Journal of Vocational Behavior*, 16(3), 282-298.

Svendsen, L.（2016）. *Work*. 2nd ed. London: Routledge. 小須田健（訳）（2016）．働くことの哲学．紀伊國屋書店.

橘木俊詔（2011）．いま, 働くということ．ミネルヴァ書房.

田上明日香・伊藤大輔・清水馨・大野真由子・白井麻理・嶋田洋徳・鈴木伸一（2012）．うつ病休職者に対する心理職による集団認知行動療法の効果——うつ症状, 社会機能, 職場復帰の困難感の視点から．行動療法研究, 38(3), 193-202.

高橋美保（2005）．「働くこと」の意識についての研究の流れと今後の展望——日本人の職業観を求めて．東京大学大学院教育学研究科紀要, 45, 149-157.

高橋聡（2012）．言語教育における, ことばと自己アイデンティティ．言語文化教育研究, 10(2), 37-55.

田村直子（2018）．歴史の証人の語りにおける共感をよぶ力について——被爆者証言の分析を通して．言語文化教育研究, 16, 63-83.

谷内篤博（2007）．働く意味とキャリア形成．勁草書房.

Tellenbach, H.（1983）. *Melancholie: Problemgeschichte endogenität typologie pathogenese klinik*. 4 Auflage. Berlin: Springer-Verlag.（Original work published 1961）木村敏（訳）（1985）．メランコリー 改定増補版．みすず書房.

Thompson, A., Hunt, C., & Issakidis, C.（2004）. Why wait? Reasons for delay and prompts to seek help for mental health problems in an Australian clinical sample. *Social Psychiatry and Psychiatric Epidemiology*, 39(10), 810-817.

Tisseron, S.（1992）. *La honte: Psychanalyse d'un lien social*. Paris: Dunod. 大谷尚文・津島孝仁（訳）（2011）．恥——社会関係の精神分析．法政大学出版局.

上田知子・深間内文彦・榎本稔（2012）．利用者が体験する「休職」と「リワークプログラム」——うつ病のリワークプログラムに関する一考察．外来精神医療, 12(2), 40-47.

上畑鉄之丞（1993）．過労死の研究．日本プランニングセンター.

梅本堯夫（1974）．臨床心理学における研究論文の意義——序言にかえて．臨床心理事例研究, 1, 1-2.

梅澤 正 (2001). 職業とキャリア——人生の豊かさとは. 学文社.

Vannini, P. & Franzese, A. (2008). The authenticity of self: Conceptualization, personal experience, and practice. *Sociology Compass*, 2(5), 1621-1637.

Virtanen, M., Kawachi, I., Oksanen, T., Salo, P., Tuisku, K., Pulkki-Råback, L., Pentti, J., Elovainio, M., Vahtera, J., & Kivimäki, M. (2011). Socio-economic differences in long-term psychiatric work disability: prospective cohort study of onset, recovery and recurrence. *Occupational and Environmental Medicine*, 68(11), 791-798.

Wang, J. (2005). Work stress as a risk factor for major depressive episode(s). *Psychological Medicine*, 35(6), 865-871.

渡邊 誠 (2013). 臨床心理学における事例研究の役割に関する考察. 北海道大学大学院教育学研究院紀要, 118, 225-234.

渡邊 誠 (2017). 臨床心理学における事例研究の位置づけと課題. 看護研究, 50(5), 455-460.

Weinberg, A. & Creed, F. (2000). Stress and psychiatric disorder in healthcare professionals and hospital staff. *Lancet*, 355(9203), 533-537.

Weiss, R. S. (1998). Issues in the study of loss and grief. In J. H. Harvey (Ed.). *Perspectives on loss: A sourcebook*. Philadelphia, PA: Taylor & Francis, pp.343-352.

Weizsäcker, V. v. (1950). *Der gestaltkreis: Theorie der einheit von wahrnehmen und bewegen*. 4 Auflage. Stuttgart: Georg Thieme Verlag. 木村 敏・濱中淑彦（訳）(1995). ゲシュタルトクライス——知覚と運動の人間学 新装版. みすず書房.

Weizsäcker, V. v. (1988). *Der kranke mensch: Eine einführung in die medizinische anthropologie*. Gesammelte Schriften 9. Frankfurt am Main: Suhrkamp Verlag. 木村 敏（訳）(2000). 病いと人——医学的人間学入門. 新曜社.

Willig, C. (2001). *Introducing qualitative research in psychology: Adventures in theory and method*. Buckingham: Open University Press. 上淵 寿・大家まゆみ・小松孝至（訳）(2003). 心理学のための質的研究法入門——創造的な探求に向けて. 培風館.

やまだようこ (2007). ナラティヴ研究. やまだようこ（編）. 質的心理学の方法——語りをきく. 新曜社, pp.54-71.

やまだようこ (2013). 質的心理学の歴史. やまだようこ・麻生 武・サトウタツヤ・能智正博・秋田喜代美・矢守克也（編）. 質的心理学ハンドブック. 新曜社, pp.24-53.

山口素子 (2001). 心理療法における自分の物語の発見について. 河合隼雄（編）. 講座心理療法第2巻 心理療法と物語. 岩波書店, pp.113-151.

山口智子 (2006). 研究としてのライフストーリー法. 臨床心理学, 6(3), 391-396.

山川裕樹 (2014). 事例研究に存在する2つの方向性——事例に基づく普遍性を求めて. 臨床心理学, 増刊6, 101-105.

山本智子 (2014). 当事者研究——伝えたいことを伝えていくために. 臨床心理学, 増刊6, 166-170.

山岡由実 (2012). うつ病により長期休職した男性労働者の心理社会的な職場復帰のプロセ

ス——職場復帰リハビリテーションプログラムを受けた3名の事例を通して．聖路加看護学会誌，16(1)，1-8.

梁 誠崇 (2007)．グラウンデッドセオリーと現象学的記述の位相についての一考察．大阪大学教育学年報，12，27-40.

安田裕子 (2014)．質的データをどう扱うか——質的研究の手ほどき．臨床心理学，増刊6，94-100.

横山克貴・堀内多恵・古井 望・能智正博 (2016)．臨床心理学的実践の学びにおける質的研究の意義(2)——近年の発展．東京大学大学院教育学研究科臨床心理学コース紀要，39，74-81.

横山太範 (2012a)．職場の「うつ」——「うつ」の再休職予防を中心に．臨床心理学，12(4)，511-515.

横山太範 (2012b)．就労支援との違いからみたリワークプログラム(特集 気分障害のリワークプログラム)．臨床精神医学，41(11)，1521-1526.

索　引

［著者紹介］

野田実希（のだ　みき）

1983 年，愛知県に生まれる。2008 年同志社大学大学院文学研究科英文学・英語学専攻博士課程（前期課程）修了。5 年間の社会人経験を経て，2013 年京都大学教育学部に学士入学，2015 年同卒業。2020 年 3 月京都大学大学院教育学研究科臨床教育学専攻博士後期課程修了。京都大学博士（教育学）。臨床心理士，公認心理師。現在，京都大学大学院教育学研究科特定助教。専門は臨床心理学，心理療法。

（プリミエ・コレクション　115）

「働くわたし」を失うとき
——病休の語りを聴く臨床心理学

2021 年 3 月 20 日　初版第一刷発行

著　者	野　田　実　希	
発行者	末　原　達　郎	
発行所	京都大学学術出版会	

京都市左京区吉田近衛町 69
京都大学吉田南構内（〒606-8315）
電　話 075（761）6182
FAX 075（761）6190
http://www.kyoto-up.or.jp/

印刷・製本　亜細亜印刷株式会社